JINGSHI DAJIANGTANG

精神瑰宝：

周桂钿儒学讲义

JINGSHEN GUIBAO

周桂钿◎著 ➤

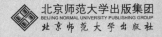

北京师范大学出版集团
BEIJING NORMAL UNIVERSITY PUBLISHING GROUP
北京师范大学出版社

图书在版编目(CIP) 数据

精神瑰宝：周桂钿儒学讲义／周桂钿著.—北京：北京师范大学出版社，2010.9
（京师大讲堂）
ISBN 978-7-303-11348-4

Ⅰ.①精… Ⅱ.①周… Ⅲ.①儒学-研究 Ⅳ.①B222.05

中国版本图书馆 CIP 数据核字(2010)第 150020 号

营销中心电话 010-58802181 58808006
北师大出版社高等教育分社网 http://gaojiao.bnup.com.cn
电子信箱 beishida168@126.com

出版发行：北京师范大学出版社 www.bnup.com.cn
　　　　　北京新街口外大街 19 号
　　　　　邮政编码：100875
印　　刷：北京联兴盛业印刷股份有限公司
经　　销：全国新华书店
开　　本：155 mm × 235 mm
印　　张：15
字　　数：201 千字
版　　次：2010 年 9 月第 1 版
印　　次：2010 年 9 月第 1 次印刷
定　　价：26.00 元

策划编辑：饶　涛　谢雯萍　　责任编辑：谢雯萍
美术编辑：毛　佳　　　　　　装帧设计：李　尘
责任校对：李　菡　　　　　　责任印制：李　啸

从王充到儒学

——我的学术历程（代序）

一、我与王充有缘

我的学术历程是从研究王充哲学思想开始的。

1961 年 8 月，我初中毕业的时候，到玉田镇大生春百货店的售书柜台那里买了一本只有 81 页的小册子——《王充——中国古代的唯物主义者和启蒙思想家》，这是科学出版社出版的、曾任苏联驻华大使阿·彼得洛夫著、李时译的学术专著。现在想不起来那时为什么买这本书，也根本不知道内容是什么，更不知道这么一个农村小书店怎么会卖这一类学术著作。没想到，这本书居然与我未来的研究历程有着密切的关系。

1964 年，我考上中国人民大学哲学系，将许多存书留在老家，有的送给一些同学，将这一本著作带到了北京。到北京以后，我又买了一些书，如陈伯达的《人民公敌蒋介石》《中国古代散文选》等，在"文化大革命"中一本本都不见了。后来我到河北邯郸下乡插队，任中学和大学教师，又散失了一部分。十年动乱，走南闯北，奇怪的是，就是这一本书一直保留到现在，它伴随我经历了四十多个春秋！

20世纪70年代，全国掀起批儒评法运动。书店除了红宝书，又增加了一些中国历史上被认为是法家的著作。我当时花了不到两元钱买到两本书：《论衡》和《荀子》。当时，荀子和王充都被定为法家代表人物。时间多而书少，我就细读这两本书，逐渐地对王充的《论衡》产生了兴趣。读了几年，自然有一些体会，在辅导全县中学教师学习儒法斗争时，还可以讲一些自己的看法。王充被封为"法家"，主要由于《论衡》中有《问孔》《刺孟》两篇，被认为是向儒家的大圣人与亚圣公开挑战。而韩非是最著名的法家代表人物，《论衡》在《问孔》《刺孟》两篇之间，还插入一篇《非韩》，许多研究儒法斗争的人却视而不见。我通读《论衡》还发现，王充对孔子相当推崇，问孔，不是反对孔子，而是反对汉儒将孔子神化。后来，我考上研究生，入学三个月，就在《光明日报》上发表文章《王充反孔吗?》这篇文章的观点在我考上研究生之前就已经形成。

我在中国人民大学哲学系上本科，学的是马克思主义哲学，得到一定的理论思维训练。在"文化大革命"中，我利用停课时间通读了《资治通鉴》，了解历史，同时学习了古汉语，再加上批儒评法时期对"法家"著作的阅读，恢复高考以后，我考研究生就选择了中国哲学史专业。在中国社会科学院研究生院刚上一个学期，导师就要求大家确定研究方向。我决定研究《论衡》，导师是钟肇鹏先生。

我第一本专著就是我的硕士论文《王充哲学思想新探》（河北人民出版社1984年3月出版），书中只有"三论"：天论、气论、知论。天论研究的是王充哲学与汉代天文学的具体联系；气论分析王充气的思想，否定气或元气一元论的说法，提出王充哲学是天地本原论的新观点；知论发现王充"知为力"的思想，肯定知识的力量，比西方培根早一千多年。李保平同志当时刚到出版社，接的第一本就是我的这本书稿。后来他当了河北人民出版社社长，我又有两本重要的专著在该社出版，加上我曾在河北工作八年，说明我与河北有缘。

　　王充丰富的思想，"三论"是概括不了的。当我正想扩充的时候，南京大学思想家研究中心约我写《王充评传》，我马上应允。花了一年多时间，从"三论"扩充到"十论"，增加了七论：形神论、性命论、适偶论、政论、贤佞论、儒论、文论；又增加了两考：王充生平考和著作考。这就比较全面了。不久，人民出版社编辑王粤约我写《中国大哲学家研究系列·王充》。前面已经写了两本，再写，写什么？已经有了十论，再加两三论，也不好算是新著呀！必须打破原来的体系！超越自己，那是十分困难的。我曾经为此思考了整整一年！有一天，王粤见到我，问起书稿的事，我说还没有动笔，她说："还有你这么不着急的人，时间都过了一年呀！"她的体会，人民出版社一旦向谁约稿，作者一般都会抓紧撰写的。但我不是不抓紧，只是我想给人民出版社的书稿必须是精品，实在有难度。当时，我告诉她，虽然没动笔，但已经考虑好了，写也就比较快了。过了几个月，我就拿出初稿。她审读以后，提些意见，我又作些修改，很快就定稿出书。这就是我撰写的关于王充哲学的第三本专著：《虚实之辨》（人民出版社 1994 年 10 月出版）。经过研究，我对王充的哲学进行了归纳，概括出"疾虚妄"而"归实诚"，就是"虚实之辨"。从《论衡》的大量资料中，提炼出这一观点，完成了我对王充哲学研究的成果。我不会再写第四本了，但不是说王充哲学已经研究完了。实际上，所有哲学问题的研究，都不会有最后结论的，都是可以不断争论下去的，研究是没有尽头的。我也还有一些关于王充的研究文章发表，例如《王充哲学与东汉社会》一文就刊登在《北京师范大学学报》1996 年第 5 期上。

　　有一天，两位日本学者来访。他们送我著作，我也把《虚实之辨》送给他们各一本。这是很平常的一件事，却带出一个不太平常的事情。两位学者中有一位是京都大学的池田秀三先生，当时他是副教授，后来当了教授，聘我为京都大学客座教授。由于《论衡》的牵线搭桥，我到日本京都大学当了九个月的客座教授。在那里，我发现京都大学前辈学者很多是研究先秦与秦汉哲学的，也很重视研究王充哲学。我在《王充哲学思想新探》一书中引了日本学者重泽俊郎的话，而重泽俊郎正是京都学派的重要人物，在 20 世纪五六十年代占据重要地位。

我与《论衡》有缘，与之打了四十多年的交道。我从《论衡》走上学术之路，出了一批成果，也因此被破格提为副教授，评上教授、博士生导师，又将我的研究与日本学者联系起来，使我有机会到日本中国学研究重镇、京都学派的根据地——京都大学宣讲《秦汉哲学》（讲义修改后，已由武汉出版社出版）。

我的研究不停留在《论衡》上。从王充哲学与汉代天文学的关系，过渡到中国古代天文学，又由于天人关系，从天文学过渡到医学，再到中国传统科学。这是一条线，是从王充哲学到求真的科学哲学。另一条线，由于王充与董仲舒的关系，过渡到研究董仲舒哲学，再到秦汉哲学，到中国传统的求善的政治哲学。再加上庄子求美的艺术哲学，组成中国传统的追求真善美的哲学体系。中国传统哲学的主流是求善的政治哲学，西方主流是求真的科学哲学，这是东西方哲学最大的差别。这一切，毕竟是从《论衡》起步的。总之，我与王充有缘，研究王充《论衡》是我的学术生涯的起点。

二、探索天地奥秘

我在研究王充哲学时，王充《论衡》中讲到天的地方很多，别人评论王充时，也经常提到天的问题，这就遇到一个问题：天究竟是什么？这是谁都知道的最通俗不过的，我却不清楚。我就找到一本《中国古代天文学简史》，读了以后，有了一些了解，但还有许多问题不明白。我向老先生打听，知道该书作者陈遵妫先生是北京天文馆馆长。于是，我就到天文馆找到陈先生，一见面，说话，原来他是福州人，我们还可以用福州话交谈，很亲切，也很融洽，好像"他乡遇故知"，双方都有相见恨晚的感觉。当时，我住在妻子的单位——七机部（即后来的航天部，现在又改名航天局，部直机关在马神庙），陈先生住在离北京天文馆不远的二里沟。我到陈先生家，骑自行车只要十多分钟。我差不多每周去一趟。他耐心地给我解答问题，还送给我一些从全国征集来的、从地方志中抄录的天文资料。

有一天，陈先生告诉我，他准备撰写一大部新书，将原来的书名去掉两个词："古代""简"，要写《中国天文学史》。我问他有多大分量，他说大约二百万字。已经八十岁的老人还有这样的气魄，真了不起！过了一段时间，他又跟我提到这本书，明确提出让我撰写其中一章《古人论天》。我答应了，这是我学习天文学的一个机会。我认真写，不懂就问，弄清楚了过去似懂非懂的一些内容。写成初稿约五万字。交稿后，有一天陈先生告诉我，我起草的部分由于哲学味太浓，被他的助手删节了一些。《中国天文学史》由上海人民出版社出版，第一册 1980 年 8 月出版，第二册 1982 年 8 月出版，第三册 1984 年 11 月出版。按这种速度，第四册到 1986 年就可以出齐。结果第四册到 1989 年才出版。出齐以后，我才看到我撰写的《古人论天》在第四册的第九编。但是，却看不到我的名字，到了后面才发现在第五章注一提到我。前几章，我的研究成果，都与我无关。后来我又继续研究天文学的问题，写出十万字的初稿，交给中国社会科学出版社，编辑提了一些意见，要求增加内容，在多次修改后，成为三十多万字的专著《天地奥秘的探索历程》（中国社会科学出版社 1988 年 6 月出版）。这本书是向陈遵妫先生学习中国天文学的习作，也是在帮助陈先生撰写《古人论天》的基础上扩充而成的。现在来看《古人论天》那一编，我也觉得哲学味太浓，都是我那时的哲学语言。后来我应邀参加一套丛书的编写，又撰写《中国古人论天》，以通俗的语言将我的研究成果介绍给读者。也就是说，关于中国古代天文学，我写了两本书，一本学术著作，一本通俗读物。

学术著作的成果值得介绍一下。这一本专著每一章都有自己的观点，或者发现新资料，或者提出新看法，纠正前人的看法也很多。主要的有以下几项：

第一，关于浑天说探源。前人权威的说法，以现在是院士的席泽宗为代表，外国以李约瑟为代表，都认为浑天说产生于战国时代，前者更明确地说是慎到的创造。我通过对《慎子》一书的考证，找出错误的来龙去脉。这是花了大工夫的，也是自己的得意之作。

第二，我对汉代论天三家都作了新的研究和评价。浑天说假设天像鸡蛋壳，相当于现在的球面天文学，有很多合理性，对历法贡献最大。张衡能用水动浑天仪的实验证明自己的假设，能预测日食与月食。在一千多年中，浑天说在中国天文学和历法界占统治地位。盖天说是中国古代最早的天说，认为天像车盖，地像棋盘。它有一个七衡图，能解释二十四节气的变化，明确提出，北极地区一年六个月看见太阳，六个月不见太阳，夏天还有不会融化的冰；赤道地区冬天草不会枯萎，还生长着夏季的植物。盖天说还认为世界各地的昼夜是不一致的：东边是傍晚，南面就是中午，西方是早晨，北方是半夜。这叫"昼夜易处"。这就是现在说的时区理论。关于宣夜说，因为到汉末就绝无师法，没有人继承了。它认为天既不是车盖，也没有像鸡蛋那样的硬壳，只有一片茫茫无边的气。它虽被天文学家所抛弃，却被哲学家所采纳。后来也受到英国现代科技史专家李约瑟先生的充分肯定，认为这比西方同时代的任何天文学都毫不逊色。

第三，还有一些具体的发现。例如风的级别，西方以英国科学家蒲福名字命名的蒲福风分为十二级，中国《观象玩占》分十级。《观象玩占》收入《古今图书集成》，这部中国最大的类书出版时间比蒲福出生还要早几十年。这一事实说明风级的知识产权应该是中国的，而不是英国的。

第四，公元15世纪，朝鲜用青铜制造了测雨器。这个测雨器上有汉字"测雨台"和"乾隆庚寅五月"字样。有的人就说是中国造的，有"乾隆"为证，说是清朝时制造送给朝鲜的。但是，一查史书，清朝没有制造测雨器的记载，用汉字和乾隆年号都是当时朝鲜使用汉字与清朝年号的实际情况。另外，朝鲜《李朝实录》明确记载："英宗四十六年庚寅……造测雨器"。

第五，对"两小儿辩日"作了详细解说。其中的复杂性，只有研究过的人才能理解。这个问题外行以为很简单，实际上是世界性的至今尚未解决的难题。这个问题至少涉及天文、数学、物理、生物、医学诸学科。

　　研究中国天文学以后，读古代哲学著作，发现许多哲学家都要
谈到天地问题。我曾经想撰写中国古代哲学家论天，后来只写了
《柳宗元天论研究》，参加柳州柳宗元学术讨论会，被《中国社会科
学》的编辑选上，刊登在该刊的 1984 年第 3 期上。我也研究过王廷
相、王夫之、王锡阐等人的天文学思想。朱熹虽然也谈天文学，水
平不高，有些研究朱熹思想的人也涉及天文学的内容，有许多外行
话。我也曾针对那些错误，专门写了《朱熹的宇宙论与天文观》，发
表在《福建论坛》1991 年第 5 期上。

　　《天地奥秘的探索历程》是一本天文学与哲学结合的著作，北京
师范大学图书馆将它放在理科的天文学类里，而不是放在文科的哲
学类中。这一本书，我下的工夫很大，在学术界的影响却不大。有
一天，我去拜访我校著名数学教授白尚恕先生，并送给他《天地奥
秘的探索历程》。他说已经从书店买了这本书。哲学界的人对中国传
统科学不熟悉，也没兴趣。天文学界对于外行的作品也不太关注。
哲学界只有刘文英先生在《哲学研究》上发表过一篇书评。天文学
界的薄树人先生曾经表示要看这本书，我已经买不到了。后来，他
告诉我已经找到，还没有听到他的批评，却得到他逝世的噩耗。白
尚恕、薄树人与刘文英都已先后仙逝。此书的知音太少了。我送这
本书给张岱年先生时，他建议我研究《人体奥秘的探索历程》作为
此书的姐妹篇。我重视这个建议，买了一批中医的典籍。看来看去，
感觉难度比前者更大，时过十八年，只写过几篇文章发表，未能成
书。这是未了的心愿。最近成立中医哲学专业委员会，作为中国哲
学史学会分支机构，我是中国哲学史学会副会长，参加了成立会议。
这将促进我与中医界的交流。

三、三次定性董学

　　研究王充之后，我就开始研究董仲舒的哲学。我在研究董仲舒
哲学的过程中，给董仲舒哲学的定性产生过三次改变，就是三次定
性董学。定性的变化，说明研究的深入，思想的提高。

　　第一次定性：研究王充哲学时，给董仲舒哲学定性为唯心主义。
学术界关于王充与董仲舒关系的论著，都是说董仲舒提倡天人感应，

王充反对天人感应，因此，他们是针锋相对的。多是人云亦云，没有认真细读《春秋繁露》与《论衡》，更没有全面深入地研究王充与董仲舒的思想。王充批评的天人感应多是儒家经传中或其他论著中的说法，涉及董仲舒的只有土龙致雨一节。其他多是肯定的、赞扬的。我研究王充哲学的时候，还时常将董仲舒天人感应说作为王充反对天人感应说的对立面，摆在唯心主义地位上。根据王充《论衡》中 62 次提到董仲舒，看不出王充与董仲舒针锋相对，却看到王充对董仲舒的高度赞扬，即使是批评，也是比较客气的。

　　第二次定性：研究董仲舒哲学时，给董学定性为形式是唯心的，内容是唯物的。1985 年，通过张岱年先生、钟肇鹏先生和任家麟先生的推荐，我获得美国王安研究院汉学奖助金。获得这项首届奖助金，中国大陆有十一人，北京师范大学有林崇德先生和我。在过去研究的基础上，我又用了两年时间专心研究董仲舒思想。首先，通读《春秋繁露》，研究董仲舒哲学。其次，翻阅过去发表的关于董仲舒的论文，还请我的研究生同学又是好朋友的张永明同志到北京图书馆给我复印一些资料，最后，在综合古今研究的基础上，运用马克思主义辩证唯物主义和历史唯物主义的方法，分析研究，写成《董学探微》。启功先生题签，张岱年先生写序，河北枣强县文化馆馆长步进同志提供董仲舒石像照片，都为本书增色不少。本书对董仲舒生平事迹作一考证，主要考证他的出生之年和故里，对策之年与任相经历。此书出版后，学术界也有一些不同的议论，但没见特别有力的反证。倒是有一位外国女学者，汉名桂思卓，向我提出了让我震惊的意见，她说董仲舒的菜园可能不在他的老家故里景县，似乎应该在京都长安。理由是：五十多岁的董仲舒已经是景帝时代的博士，怎么能还在家乡？我深感她看书认真，思考仔细。后来我再研究一番，觉得董仲舒的菜园在长安更合理一些。专门写了一篇自我批评的文章《董子菜园在何处?》发表在《学术界》2003 年第 6 期上。董仲舒哲学是从当时社会现实出发，最后还是归结到社会现实。他的哲学体系用天人感应形式来论述，内容是为当时的社会政治服务的，有明确的针对性。因此，我用了"形式是唯心的，内容是唯物的"来定性董仲舒哲学。虽然我仍然肯定董仲舒哲学是唯心主义的，但也像马克思主义哲学家对黑格尔哲学的评价那样，肯定他的唯心主义哲学体系中包含唯物主义的成分和辩证法的合理内核。虽然在研究过程中尽量使用中国哲学原有的概念和范畴，但还是没有脱离用两个对子来研究中国哲学的旧理路。

《董学探微》认为，董仲舒哲学是以"大一统论"为中心，以"天人感应"和"独尊儒术"为重要两翼。充分肯定董仲舒《春秋繁露》中的辩证法思想，不赞成根据"天不变道亦不变"一句话就将它定性为"形而上学"。

在《董学探微》出版之前，我参加了钟肇鹏先生主持的《春秋繁露》校释工作。在校释中，获得很多儒家典籍资料整理的知识和经验，这对研究董仲舒思想有很大帮助。

从中国思想史上看，对中国社会政治整体影响最大的特级思想家只有三位：一位是孔子，他的影响无与伦比。另一位是董仲舒，他提出独尊儒术，奠定了儒学独尊的地位。他提出的天人感应论，直至明清时代还有天坛，皇帝每年春正月上辛日还要恭恭敬敬地到天坛祭天，祈求上天赐予"风调雨顺，国泰民安"。他提出的大一统论，增强了民族凝聚力，对维持中国大国统一的政治局面有重大影响。再一位就是朱熹，他的理学发展了儒学，他的《四书集注》成为封建后期八百多年知识分子的必读书。在两千五百年中，孔子影响了两千五百年，董仲舒影响了从汉朝到清朝的两千多年，朱熹影响了最后八百年。他们的思想还在影响着中国与世界。

第三次定性：是在研究中国传统政治哲学以后，发现中国传统哲学主流是研究政治哲学。董仲舒哲学就是典型代表。在研究了王充哲学与董仲舒哲学的基础上，我研究了汉代的天文学与医学，也研究了汉代的经济学与史学，还研究了汉代许多思想家，包括王莽等人，最后汇编成《秦汉思想史》。在很多人讨论中西文化差异的时候，在讨论中国有没有哲学的时候，在讨论中国哲学的合法性问题的时候，都让我感到困惑，百思不得其解。徐复观先生的一本书《中国艺术精神》启发了我，他认为庄子的道就是中国艺术精神，修道就是培养艺术精神。王充是近代科学精神的超前觉醒者，是求真的科学哲学；庄子是求美的艺术哲学，那么董仲舒与孔子、孟子、朱熹、王阳明这些主流派哲学家，就都是求善的政治哲学家。这样，我就把哲学分为三大类：求真的科学哲学、求善的政治哲学与求美的艺术哲学。这就是我第三次将董仲舒哲学定性在求善的政治哲学上。科学哲学探讨宇宙本原，因此有唯物主义与唯心主义的区别。政治哲学探讨的是社会治乱问题，只有进步与落后、文明与野蛮、开放与封闭的区别，不存在唯物论与唯心论的对立。董仲舒哲学是求善的政治哲学，因此不能用唯心主义来定性。秦汉时代是封建社会上升时期，封建制度是最先进的制度，地主阶级是先进生产力的代表，董仲舒哲学代表地主阶级，为封建制度服务，是先进文化的代表。过去对董仲舒哲学的批评，多是由于不能深刻理解马克思主义的历史唯物主义，也缺乏历史辩证法的思维能力。第三次定性是在我研究国家社会科学"九五"规划重点项目《中国传统政治哲学》中才作出的，那是我在世纪之交的重要成果。

学者改变自己以前的观点，有的迫于形势的压力，有的出于利益的考虑，更多的是由于认识的提高、思想的进步。认识的提高、思想的进步，都是有根据的，有原因的，有线索可寻的。这是可信的、正常的。勇于修正自己的观点，是应该提倡的。

四、褒贬《庄子》阐微

上大学时，我就知道庄子是中国古代唯心主义哲学家，是反面人物。1979 年，在太原召开改革开放后第一次中国哲学史大会。在那次会上，我与冯契先生在一个小组。冯先生在小组会上发言时说自己非常喜欢庄子，给《辞海》写"庄子"词条时想写一句肯定的话，却没有写上。当时我很吃惊，为什么大哲学家会喜欢这样在当时被视为一无是处的唯心主义哲学？既然喜欢，又为什么写不上一句肯定的话？有一次，我与张岱年先生议论庄子，张岱年先生说："庄子提出的问题多而且深刻，是汉代以后所不及的。"后来，我看到鲁迅、闻一多、顾颉刚等许多名家都对庄子哲学评价甚高，都认为他是先秦时代学术水平最高的代表。鲁迅说："晚周诸子之作，莫能先也。"顾颉刚说:"《庄子》是战国时代最高的哲学代表。"闻一多认为自己崇拜庄子超过所有其他圣贤,达到疯狂的程度。但是,全国流行的中国哲学史教材中都是将庄子作为反面的角色,说他的宇宙观是唯心主义的,方法论是相对论的,认识论是不可知论的,人生观是悲观厌世的,是没落奴隶主阶级的思想代表。对于庄子的评价,高水平的思想家与我们通行的教材,为什么会如此悬殊?如何解释这种差异?我苦苦思索了几年,认为是由于东西方哲学模式不同,根据西方哲学的模式剪裁中国哲学,破坏了中国哲学的完整性。后来,我写了一篇文章《褒贬〈庄子〉议》发表在《法言》(香港)1990 年 4 月号上。文章中说:"胡适在 20 世纪初用西方的哲学方法研究中国哲学,做了开创性的工作。后来,西方哲学方法逐渐变成僵化的模式,勉强套在中国哲学上,产生了四大块(宇宙观、方法论、历史观、认识论)模式。研究一个哲学家的思想,都用四大块去套,结果使《庄子》这样一个有丰富思想的哲学体系经按四大块模式剪裁以后,变成了一堆废料。""如果反过来,用中国哲学模式来评论西方哲学,那么,西方哲学有的是清谈家的纸上谈兵,有的则是唯智能的偏知陋见,很少能纳入'融汇天人,贯通古今'的中国哲学,所以大多是不合格的。我不是反对借鉴西方哲学,也不反对用西方哲学方法研究中国哲学。我认为引进西方哲学,是能够促进中国哲学的发展的。反对的只是将西方哲学方法变成僵化的模式,来全盘否定中国哲学,阻碍中国哲学的发展。这种思路正是《庄子》哲学被全盘否定的一个主要原因。这说明用西方哲学方法研究中国哲学时要充分注意到中国哲学的特色。"

　　庄子是中国古代突出的唯心主义哲学家,这是包括冯友兰在内的哲学界的共识。从 1949 年以后,到改革开放以前,我所看到的中国哲学史教材和有关论著,全部都是将庄子放在唯心主义的阵营里。只有寓居香港的新儒家徐复观在《中国艺术精神》一书中,认为庄子哲学中的"道",就是艺术精神,对后代的书法、中国绘画等产生巨大的影响。徐复观的说法给我很大启发,对《褒贬〈庄子〉议》一文加以补充,扩展成长篇《庄子新论》(刊登在北京大学哲学系办的《哲学门》第 2 期上）系统阐述自己对《庄子》的研究成果。我认为庄子哲学是求美的艺术哲学，不是求真的科学哲学，不存在唯物主义和唯心主义的问题，只有美丑、雅俗的分别。

发现对《庄子》的评价如此悬殊，就算发现了问题。对于研究哲学的人来说，发现问题就是重大收获。能够正确提出问题，就等于解决了问题的一半。

如何解释这个问题？我首先想到的是思维模式的不同，企图以此来解释这种现象。这也是听了王树人教授的谈话得到的启示。他说，他到德国当高级访问学者，回国后，就画了一幅自己比较满意的中国画，裱好后，托人送给德国那位指导他的教授，以表感谢之意。过了两年，他再次出访德国，难免要去看望那位尊敬的导师。到他家见到自己的画，大吃一惊，画被剪去上下，只留中间部分镶嵌在玻璃框中。中国画里的空白所表现的美学韵味，完全失去了。同样道理，中国的庄子哲学，由于用西方的理论模式裁剪以后，深刻的、有特色的哲学韵味也丧失了。所以，高水平的庄子哲学完全被破坏了，精髓不见了，只剩下一些零散的残片。一般人无法从中体会出美学韵味，也像普通人不会从出土的秦砖汉瓦的碎片中发现什么考古的价值。现在日本《京都新闻》每天刊登一个汉字书法，并加以讲解，经常是讲某一划在这个汉字中所表现的特殊韵味。讲解者水平很高，但实际上一幅书法作品，是一个整体艺术形象，抽出一个字，虽然是完整的一个字，已经没有了那幅字的整体艺术形象。如果将汉字的一笔一画取出来，脱离整个汉字，进行欣赏，那当然就更差了。即使是从书圣的神品中取出一划来，也许观众不以为是汉字，那还有什么艺术价值？拳王身价是很贵的，但是，切取拳王的一根手指头，恐怕卖不出什么高价钱。一个玉雕的送水观音，价值百万元。如果送水的那个花瓶缺了口，价值要降一半以上，而那个掉下来的瓶口碎片恐怕也卖不了多少钱。为什么呀？这就是艺术品的价格规律。对于一个思想家或哲学家的思想体系，也是这样，虽然某一点思想片段对某些人可能产生启发，但不能充分体现整个思想体系的价值。因此，有些研究者总喜欢从思想家的著作中摘出几句话，一知半解，就给出定性的结论：这是唯物主义的，那是唯心主义的；这是辩证法的，那是形而上学的。这是不恰当的治学路子，得出的结论也不可能是可靠的、令人信服的。

日本京都学派的中国哲学研究者小岛佑马认为，从中国古籍中找出一些与西方哲学相类似的语言，然后拼凑成中国哲学，这样研究中国哲学不是好思路。因为这样会破坏中国思想体系的完整性，使人难以把握中国思想的精髓。但是，小岛佑马认为中国只有"思想"，没有西方那种"哲学"。因此，他给学生开的课是"思想史"，而不是"哲学史"，他所著的论文，在他逝世后汇编成书，其书名题作《中国的社会思想》（1967 年）和《中国思想史》（1968 年）。他没有将这"思想"也看做是一种"哲学"。过了十年以后，在 1977年，他的学生坂出祥伸在回顾日本的中国哲学确立的时候，认为小岛佑马起了关键的作用，作出了重大的贡献。1997 年，坂出祥伸教授在清华大学国际汉学研究所主办的"20 世纪国际汉学及其对中国的影响"国际研讨会上所发表的学术报告，重新提出这种观点。日本的东洋学、中国学、中国哲学，都有小岛佑马的身影。这些"学"的创立过程，都有小岛佑马的贡献。在这里，坂出祥伸教授认为小岛佑马先生所说的中国思想，就是中国哲学，只是不同于西方的那种重视自然、研究自然的哲学，是重视社会、研究社会的哲学。我把这种研究社会的哲学称为政治哲学。

总之，庄子哲学是求美的艺术哲学，是深刻的、有很高价值的。但用西方哲学模式来裁剪，就成为一无是处的思想碎片，失去价值。这很有代表性，说明用西方哲学模式来研究中国哲学时是有过教训的，需要注意中国哲学的特点。同样，在管理、社会、心理、教育、科学、数学、医学诸领域的研究，都应以此为戒。

五、中国传统政治哲学

20 世纪 80 年代，中国学术界热烈讨论中国与西方文化的差异。总结出许多点，有的十条，有的八条，有的分析得很细，有的概括得很精，五花八门，所谓八仙过海，各显神通。有些内容大概是各家公认的，如说中国是综合的，西方是分析的；中国是模糊的，西方是精确的；中国是宏观的，西方是微观的；中国重伦理道德，西方重科学知识；中国重视整体，西方重视个体；中国强调个人服从国家，西方强调个性自由解放；中国重视家庭观念、讲孝，西方主张个人主义、不讲孝；中国尊敬老人，主张尊老爱幼，西方特别是美国，爱幼不尊老，是儿童的天堂，是老人的坟场……

1991 年，我应町田三郎教授的邀请，到日本九州大学讲学，讲的题目就是《中国哲学之我见》（发表于九州大学 1991 年 10 月《中国哲学论文集》）。当时我讲了中国哲学的一些特点，就是根据当时流行的关于中西文化差异的说法，说中国哲学是丰富的、深刻的、模糊的、综合的、整体的、宏观的等，说这些特点还是无法说明中国哲学的体系或者模式与西方有什么不同，因为西方哲学也是丰富的、深刻的。西方哲学比较重视研究自然现象，强调认识自然、改造自然，来为人类造福。中国哲学比较重视社会现象，研究人际关系，为治国平天下服务。前者与自然科学结合，后者与社会科学结合。哲学应该是两者的概括与总结，因此可以说，中西哲学各自有所偏重。重视什么，还是没有说出"模式"来。认识到中西哲学的不同，还概括不出模式，还没有真正指出体系不同的实质。

这个时候，我又经常听到关于中国有没有哲学的争论。学了西方哲学的人经常说中国没有哲学。但是，胡适与冯友兰不都是从西方学了哲学回来的哲学名家吗？他们都写出了《中国哲学史》之类的著作，如果中国没有哲学，他们写什么《中国哲学史》呢？西方哲学是哲学，东方哲学也是哲学。

我们过去学习的哲学定义是："哲学是世界观的学问。""哲学是自然科学与社会科学的概括和总结。"所谓世界观，就是对世界的总看法，是综合自然科学知识和社会科学知识的理论体系。不过当时讲的只是马克思主义哲学，似乎别的哲学体系并不都是这样的。胡适说："哲学的定义从来没有一定的。"他给哲学下的定义是："凡是研究人生切要的问题，从根本上着想，要寻一个根本的解决：这种

学问，叫做哲学。"① 冯友兰先生认为："哲学的内容是人类精神的
反思"，"它的作用是锻炼、发展人的理论思维，丰富、发展人的精
神境界。"② 哲学是可以分类的，胡适给哲学分了许多类，有宇宙论
哲学、知识论哲学、人生哲学（伦理学）、教育哲学、政治哲学、宗
教哲学等。张岱年分哲学为宇宙论、人生论、方法论三大块。还可
以有许多分法。对于中国哲学发展的历史，胡适没有从三皇五帝讲
起，而是从春秋后期的老子与孔子讲起，他原计划写三册，先秦为
第一册即上册，结果后两册终其一生，也没有写出来。冯友兰写了
全本的上下两册的《中国哲学史》，他将中国哲学史分为两个大的阶
段：先秦诸子时期与汉以后的经学时期。经学时期又分为若干阶段。
日本学者小岛佑马和重泽俊郎对中国哲学史的分期基本上采纳了冯
友兰的分法。而在此之前，梁启超对中国学术的分法是：先秦诸子、
两汉经学、魏晋玄学、隋唐佛教、宋明理学和清代的考据学。20 世
纪后半叶的中国哲学史界基本上采用这种分法来写教材，而不用冯
友兰的分法。张岱年的《中国哲学大纲》则不作分期，将中国哲学
作为一个整体来研究。我认为哲学的发展可以分期，也可以不分期；
分期可以细一点，也可以粗一点。这些都不影响对中国哲学的定性
研究和总体把握。

　　我发表过诸如《半部〈论语〉治天下》的文章，后来以"中国
传统政治哲学研究"申请国家"九五"社会科学规划重点项目，获得
通过。在我撰写的《中国传统政治哲学·绪论》中阐述了以上这些
系统的观点，粗线条地描述了中国传统政治哲学的框架。认为关切
社会问题是由于中国传统哲学产生于春秋战国那个乱世。上有天命、
圣人、经典作为精神支柱，下有民本作为基础，中有大一统和纲常
维系各种复杂的人际关系，建构比较稳定的社会和谐体系。这就形
成了独特的中国传统政治哲学体系。施建忠、隋淑芬、李祥俊、贾
新奇参加了这一项目的撰写工作。该成果提前完成，通过审查，于

---

① 《中国哲学史大纲》，北京，商务印书馆，1919

② 《中国哲学史新编》，北京，人民出版社，1982。

2001年7月由河北人民出版社出版。本书只讲占据主导地位的儒家思想体系，而没有涉及道家、墨家，特别是法家的理论，是有不足之处的。政治哲学与历史学联系极为密切，许多史书，都是以史学面目出现，文以载道，都包含丰富的人道内容。孔子作《春秋》，道名分，就利用历史来讲政治。他还说："我欲载之空言，不如见之于行事之深切著明也。"董仲舒说："孔子知言之不用，道之不行也，是非二百四十二年之中，以为天下仪表，贬天子，退诸侯，讨大夫，以达王事而已矣。"（《史记·太史公自序》）在叙述242年的史事中，贯穿政治思想。司马迁就是根据这一精神来撰写《史记》的。他"究天人之际，通古今之辩，成一家之言"。这一家之言，就是他的关于治理天下的政治哲学。司马光撰《资治通鉴》，就是为政治服务的史学著作。

恩格斯说：唯物主义哲学家要与科学家结成联盟。这是说的西方的科学哲学。中国哲学家则要与政治家结成联盟。孔子、孟子为什么周游列国？就是为了寻找结盟对象。由于当时是乱世，急需发展实力，又因为当时当政者不能理解深刻的理论，他们没有找到适合的对象，只好回家著书，阐述自己的政治哲学。管仲与齐桓公的成功结盟，使齐国成为春秋第一霸主；李斯、韩非与秦始皇的结盟，使秦国统一天下，创建中央集权制度；李斯与秦二世胡亥结合不好，两败俱伤，李斯遭杀，秦也灭亡。先秦儒学不能适应变化了的新时代，遭到焚书坑儒。汉代儒家创新理论，适应新时代，为当时新生产力的代表——地主阶级所建立的最先进的封建制度服务，成为当时先进文化的代表，被推上独尊的地位。从焚书坑儒到独尊儒术的变化，汉初儒家陆贾、叔孙通、公孙弘、董仲舒都是有大贡献的。哲学家与政治家的良好结盟，创造了汉代盛世；魏徵等人与唐太宗的结盟，创造了唐代盛世；王安石与北宋仁宗的结盟，有了北宋的兴盛；朱熹在南宋遭贬斥，哲学家受难，宋朝廷衰亡。中国历史上以儒家为代表的政治哲学家都寻求与政治家结盟，结盟成功，社会安定，实力增强；结盟不成功，社会就陷入混乱、衰败，乃至灭亡。

《中国传统政治哲学》一书虽然体系有较大创新，但只是大纲性质的理论框架，还没有充分利用史书资料展开论述，不够充实。2004 年，《中国传统政治哲学》获得"中华文化优秀著作奖"。

六、崇尚科学精神

从王充哲学到中国古代天文学，再到中国医学，最后上升到科学哲学。我正在研究的是中国传统科学和科学哲学。科学哲学，实质上是从哲学的角度研究科学问题。科学问题主要可以分为科学知识、科学理论和科学精神。科学知识不断更新、丰富，所谓"知识爆炸"。科学理论创新不容易，往往需要丰富的科学知识作为基础，必须有重大发现和创造才有可能。理论产生以后又有相对的稳定性。科学精神是最难把握的，也是不断发展的，其中最基本最核心的东西又是更加稳定的，那就是独立思考、实事求是和辩证思维。有的将其概括为"怀疑与批判"，也是正确的。只是这种提法常被人误解、曲解，以为什么也不相信，什么都反对，就是科学精神。科学精神的怀疑是要有根据的，科学精神的批判是要有理由的。我的体会主要是：崇尚科学，就是把握科学精神。真正把握，有三个要点。

首先，人的认识与客观事物不是完全同一的。客观事物的本质及其变化规律，西方人称之为"实在自身"。英国科学史专家丹皮尔认为："科学方法主要是分析性的，要尽可能地用数学的方式并按物理学的概念，来对现象作出解释。但是，现在我们晓得，物理科学的根本概念都是我们的心灵所形成的一些抽象概念，目的在于给表面上一团混乱的现象带来秩序和简单性。"因此，人的认识不能完全得到客观事物本身，人只能认识事物的某些方面。科学研究的每一次进步，都是人类的认识向"实在自身"的接近。也只能不断接近，永远不会达到。这样，科学的发展才是无止境的。恩格斯说："只要自然科学在思维着，它的发展形式就是假说。"恩格斯对此有过全面丰富的论述。有些人认为数学是最可靠的、最客观的。但是，恩格斯说："全部所谓纯数学都是研究抽象的，它的一切数量严格说来都是想象的数量，一切抽象在推到极端时都变成荒谬或走向自己的反面。"恩格斯所说的"想象的数量"和丹皮尔所说的"心灵所形成的一些抽象概念"，其实质是一致的。这些都是人的精神的产物，是人的精神对客观事物的反映。这种反映是不完全的，包含着正确与错误、真理与谬误。恩格斯认为，真理和谬误"只有相对的意义：今天被认为是合乎真理的认识都有它隐藏着的、以后会显露出来的错误的方面，同样，今天已经被认为是错误的认识也有它合乎真理的方面，因而它以前才能被认为是合乎真理的。"恩格斯认为，在变数出现以后，"数学上的一切东西的绝对适用性、不可争辩的确定性的童贞状态一去不复返了"。天文学、力学、物理学、化学有了长足的发展，"最后的、终极的真理就这样随着时间的推移变得非常罕见了"。他又说："这种辩证哲学推翻了一切关于最终的绝对真理和与之相应的人类的绝对状态的想法。在它面前，不存在任何最终的、绝对的、神圣的东西；它指出所有一切事物的暂时性。"中国古人所说的"言不尽意"，语言可以表达思想，但不能完全表达思想；思想可以反映客观事物，但不能完全反映客观事物。这是辩证哲学的一个基本观点。

其次，关于实践检验的问题。社会实践是检验真理的唯一标准。这个命题在 20 世纪 80 年代进行过全国性的大讨论。在哲学界争论多，认识提高也大。局外人并不一定非常关注。在这一句话中，除了"是"与"的"没有争议之外，其他每一个字都是有争议的。有的人认为一种说法经过几次实验证实以后就成为真理，就不需要再检验了。或者认为检验不必那么多次，100 次太多，600 次没有必要，更不用说上千次、数万次了。但是，科学史的事实告诉我们，有的说法可能很容易证实，有的则比较困难，多少次都很难说就够了。例如，打雷现象，是电的问题，已经被试验一再证实，好像已经成了社会常识，写入中学生课本。但是，现在世界上每天都有许多球形闪电出现，一再试验，也没有弄清楚它是怎么产生的，有什么特点，能量究竟是从哪儿来的。又如，中国的浑天说与西方的地心说，在天文学史上都是经过一千多年被反复证实的理论，最后却被日心说所推翻。关于艾滋病，全世界所做的试验可能不止数万次，至今不能说已经揭开秘密。关于 SARS 病毒（非典型肺炎病原体）的问题，全世界也都在认真研究，试验多少次能解决问题，谁也没有把握。创制防治艾滋病和"非典"的新药,试验一千次一万次能成功的话,就是奇迹了。我们不是诅咒科学,也不是低估科学的力量,只是相信:科学不是万能的,科学进步不是容易的,科学发展是无止境的。重温恩格斯的自然辩证法思想,对于当前科学研究有启发和指导作用。西方科学家提出:科学就是可以被证伪的。我认为这种观点富有辩证法因素,更深刻,也更符合科学发展史的情况。但是,有人表示赞成这种观点,却将被证伪的科学当做伪科学。这不是很矛盾吗?在防治艾滋病和"非典"中,有些研究者和领导者缺乏科学精神,不能实事求是,从理论概念出发,不接受实践结果,造成严重后果,又不肯承认。这种教训应该记取。

最后,研究需要假设,创新必须大胆。科学研究的目的就是要创新。提倡创新而又不许假设是难以想象的。因此提倡大胆假设,就是提倡大胆创新。当居里发现奇异的现象时,他与夫人一起研究这一现象,只是想弄清楚那是怎么一回事,不知道提出了多少假设,最后才假设出"放射性元素"。当时也不知道这种"放射性元素"有什么用处,对人类有什么价值。有的研究可能是有明确的目的性,有的则可能没有那么明确。所以,功利性太强不一定对科学研究有利。

丁肇中先生谈物理实验,说正在寻找反物质组成的物质。这有什么用呢?他说:"100 年前,发现了电子和 X 光,当时几乎所有的人都认为没用,现在我们生活中已经离不开它们了;上世纪 20 年代,发现了原子物理、量子力学,当时的人们也认为没有用,现在已经把它们用在了超导、激光、手机、网络通信上;上世纪 40 年代发现了原子核物理,当时人们还是认为没用,现在已用在能源上。实验物理从发现到应用,一般要经过 20 年到 40 年的时间。"用是发现以后才逐渐认识的过程。在实验研究时就要求知道有什么用,这是急功近利的心态,不利于科学研究。把"诺贝尔奖"当做研究的目标,甚至提出向其进军,都是荒唐的,是与科学精神、研究规律背道而驰的。如果我们承认科学需要创新,需要假设,那么,我们就会很自然地承认胡适的"大胆假设,小心求证"的说法有合理性。

科学家进行科学研究时如何假设，都有他们的自由，谁也不能限定他们只能这样假设，而不能那样假设。科学成果不是逻辑推导出来的，许多科学创新往往是不按逻辑规则，突发奇想而产生的。科学研究不许假设，或者说每一次假设都必须符合某种逻辑，那就等于不许假设。一边提倡创新；一边又设置障碍，不许创新。这怎么能有创新成果呢？创新必须大胆。所谓大胆，就是不怕假设错误，不怕实验失败，不怕与权威人士意见相反，也不怕打破现成的权威结论，不怕与社会上流行的说法相左，"大胆假设"未必就是正确的，但它可能给人以启迪，激发别人走出新的一步。这当然也是对科学的贡献。

关于科学哲学的问题与中国传统科学方面的研究文章主要有：

（1）《伪科学与唯科学》，载《中国文化报》，1997 年 7 月 19 日；

（2）《中国传统的科学及其特色》，载《学术月刊》（上海），1999 年第 11 期；

（3）《提倡科学精神与人文精神》，载《光明日报》，1999 年 12 月 10 日；

（4）《生理平衡就是健康》，载《科学时报》，2004 年 4 月 2 日；

（5）《科学精神的哲学思考》，载《湖南社会科学》，2005 年第 2 期。

此外，还在《科学时报》上发表过关于吃肥肉、吸烟的思考文章。

七、弘扬儒家精神

我研究中国哲学，先研究王充的哲学，后来研究董仲舒的哲学。1989 年召开第四届中国哲学史学会换届会议，我被选任理事兼副秘书长，会长是任继愈先生。我一直任副会长至今，方克立曾任会长（2004～2008），现任会长是陈来先生。董仲舒和王充都是汉代大儒家，我自然早就开始研究儒家了。但是，现在却不同。我从北京师范大学哲学与社会学学院退休以后，就到国际儒学联合会工作，才真正进入专门研究儒学的阶段。国际儒学联合会是 1994 年原副总理谷牧先生联合全世界儒学研究机构在北京成立的，当时是由原任外交部副部长宫达非先生任常务副会长。李瑞环、李光耀等政界要员出席了成立大会。我当时也参加了成立大会。五年一换届，1999年开第二届大会，我任理事。我退休后，参加筹备第三届会议，2004年10月9日在人民大会堂召开"纪念孔子诞辰2555周年国际学术研讨会暨国际儒学联合会第三届会员大会"，会后我被聘为学术委员会主任。从此以后，我每两周就有一个周五在国际儒学联合会参加例行的工作会议。第三届国际儒联领导有会长叶选平，常务副会长有杨波（原轻工部部长）和刘忠德（原文化部部长），下设秘书处和两个委员会：编辑出版委员会与学术委员会。钱逊先生任编辑出版委员会主任，我任学术委员会主任。张学智、单纯、郭沂任学术委员会副主任。学术委员会主要负责组织学术会议与学术交流。五年召开一次国际儒联换届与纪念孔子诞辰的国际学术研讨会，这是最大的会议。每年召开一次国际高峰论坛，是中等规模的高层论坛。2005年10月29日，国际儒联在友谊宾馆召开《儒学与现代化》国际高峰论坛；2006年8月26日，国际儒联与上海师大联合主办了在大观园召开的"儒学、儒教与宗教学会议"；2006年9月25日，国际儒联与德国阿登纳基金会联合主办在香山金源商旅酒店召开的《孔子儒学与中国现代社会》国际学术研讨会。以上这样的会议，平均每半年开一次小型座谈会，邀请一些在京的中青年学者参加，用半天或一天的时间，讨论当前儒学研究的热门话题，关注发展的新动向。2006年4月20日，在国际儒联召开一个小型座谈会，讨论关于当前儒学发展趋势问题，对当前儒学发展形势作了估价，肯定大趋势是好的，反对两种不良倾向：一是全盘否定儒学；二是提倡儒教为国教。2006年9月17日，针对有的注译儒家典籍带有严重的随意性，严重违背学术规范，任继愈先生提议召开一次会议，讨论一下这个问题。国际儒学联合会、中国哲学史学会、中华孔子学会和北京市哲学会在国家图书馆联合召开"儒家经典诠释问题学术座谈会"。杨波、任继愈、钟肇鹏、钱逊、方克立、李申、李存山、单纯、张学智、郭沂、张利民都参加了这次会议。这次讨论诠释问题，请的老先生多一些。2006年10月15日，国际儒联在凤凰台酒店召开"经典、道统与儒学的当代转型"专家座谈会。

国际儒联还经常接待一些学者来访，有内地的，也有海外及中国港澳台学者。2005 年 9 月 15 日上午，国际儒联在好苑宾馆接待台湾"孔孟学会大陆参访团"。国际儒联方面有会长叶选平、常务副会长杨波、刘忠德等 22 人。这一次会见，加强了学者之间的信息沟通和互相了解，大家对儒学的现代价值有基本一致的看法。我在会见时介绍了国际儒联在学术研究与传播儒学方面的工作。2006 年 7 月 3 日，国际儒联学术委员会成员与美国民间教育考察团在凤凰台大酒店座谈中美教育问题。此外，我们还经常请一些学者来国际儒联座谈，曾经邀请中国台湾学者，日本学者和法国学者到国际儒联座谈。2006 年 6 月 12 日，在邀请法国客人到国际儒联座谈时，他们介绍了法国儒学研究的三个趋势：一是过去关注先秦儒学，最近开始研究宋明儒学，填补空白；二是开始重视当代儒学的研究，如研究冯友兰、牟宗三和马一浮等学者的儒学思想；三是过去只了解精英，现在也同时重视民间儒学的研究，从人类学、社会学的角度研究儒学的未来发展。

除了学术研究与学术交流之外，我还积极做一些普及儒学的工作。

2001 年 5 月 20 日，我应邀到人民教育出版社参加座谈。当时，中央给教育部下达了编一本传统道德的通俗读物的任务，教育部把任务交给思政中心，该中心又把任务交给了人民教育出版社。出版社副总编朱明光委托政论室负责。政论室主任扈文华主持这次座谈会。参加者有钱逊、魏英敏、陈莹、王殿卿、郭齐家等。在会上，我提出三个原则：一要通俗；二要有趣；三要有用。会后，扈文华请我任主编。我接受任务，并请我的博士生丁小丽、王世光与向晋卫参加。5 月 29 日，人民教育出版社的赵昕派马春萌来取《中华美德》目录。6 月 4 日马春萌来取走《中华美德》第二稿目录。以后都由贺军与我们联系，还多次与我们一起讨论目录和具体内容。9 月 12 日，我被请到怀柔开会，参加会议的有教育部副部长、中国德育研究会的常务理事和人民教育出版社的有关人员，大家一起讨论

《中华美德》条目。寒假时期，丁小丽为了撰写博士论文退出了这项工作，向晋卫回家，主要任务由王世光来完成。我只写其中一部分，主要工作是组织与审稿。2002 年 3 月，基本完成全稿。接着，我到日本任教，请贺军与王世光联系。王世光通过电子邮件与我联系。2003 年 1 月，《中华传统美德格言》出版了，不到一年，发行六百万册。为这本普及读物，我和博士生前后花了两年时间。很多人为此书提出过修改意见，贡献了他们的智慧。

到了国际儒联以后，普及仍然是我们的重要工作。钱逊先生任主编，已经开会六次，讨论《论语》通俗本的撰写体例、目录、内容，基本完稿，交给出版社准备出版。以后还要出版其他儒家典籍的通俗读本。我也参与其事。另外，培训儒学的教师，我们也做了一些工作。2006 年夏天出版三本著作：《秦汉哲学》《中国哲学研究方法论》和《十五堂哲学课》。《十五堂哲学课》原名《中国传统思想精华》，目的在于用通俗的语言，讲授中国传统哲学中的一些内容，也有普及的意义，但它比《中华传统美德格言》要深得多，后者以初中生为主要读者对象，前者以大学生为主要读者对象。

国际儒联与其他组织联合办培训班，或者到其他单位作一些讲座。我都将这些活动看做是普及儒学的活动。

关于普及儒学的工作：我个人做的更多的是在报刊杂志上发表文章，2007 年与 2008 年一共发表文章 70 多篇，其中关于儒学的文章达 50 多篇。主要有：（1）《全球祭孔的启示》，载《人民日报》海外版；（2）《如何看待儒学升温》，载《人民日报》海外版；（3）《挖掘儒学的现代教育价值》，载《光明日报》；（4）《当代儒学发展之趋势》，载《光明日报》；（5）《"言教"与"身教"》，载《光明日报》；（6）《孔子儒学是为封建专制服务的吗?》，载《北京日报》；（7）《孔子像无法标准》，载《中国教育报》；（8）《关于儒学现代化的断想》，载《新视野》；（9）《对批判儒学的反思》，载《探索与争鸣》；（10）《儒家思想现代化与社会主义新文化建设》，载《甘肃社会科学》；（11）《儒家优秀文化的当代功用》，载《现代教育报》；（12）《儒学"忠孝节义"正义》，载《重庆社会科学》；（13）《孝的当代价值》，载《中国德育》；（14）《儒家养生之道：养心重于养身 》，载《甘肃社会科学》；（15）《义以养心》，载《人民政协报》。

八、研究·教学·教材

我回想自己治学所受的影响，除了一般的基础教育之外，还有四项是主要的：一是小学时代下象棋，培养全局观念；二是中学时代学的数学，训练严密的推理；三是在大学学的马克思主义和形式逻辑的课程，锻炼了理论思维的能力；四是在上研究生时，得到国学的基本功训练。

我上大学时，正值毛泽东杭州讲话以后，中国人民大学校长决定搞两个试验班，我所在的班级就是其中之一。有一个学期我们住在张自忠路铁狮子胡同一号（段祺执政府旧址）搞半工半读，一周到第一机床厂做工，一周学习。那一学期只学毛泽东的著作《实践论》和《矛盾论》，李秀林老师用四个小时作"开题报告"，以后就是老师与同学各自看书，一起讨论，有小组讨论，也有全班讨论。在讨论中思考哲学问题，思维得到很好的训练，老师也受到启发，这才是教学相长。我自己感觉收获极大，真正接受了马克思主义的立场、观点、方法，并且能够用于学术研究。当时规定哲学系本科生要学习 33 门课，我们只学了 16 门。西方哲学只听苗力田先生讲过一次课，中国哲学史一节课也没有上过。肖前、李秀林老师的讲课、讨论发言，对我们的思维影响最大。以后进入"文化大革命"，在这期间，我花了一年时间通读《资治通鉴》，了解一些中国历史，副产品是学习了古汉语。大学毕业后，我曾在河北农村八年，其中有五年在中学任教，教的是政治课与历史课。历史课除了按教材讲，另外自己根据读《资治通鉴》的基础，作一些补充，没有更多研究内容。政治课，实际上更多的是哲学问题，而且都是最基本的东西，一般不用备课，按自己的学习理解来讲。结合实际有自己的体会，很受学生欢迎。后调到河北医学院邯郸分院教哲学课，学生是医科的大专生，哲学课讲的也是哲学基本原理，如《实践论》和《矛盾论》的一些内容。那是我很熟悉的，自然也不必备课。我讲第一堂课，学生干部就写了一字条送给政治教研室，表示欢迎这样的教师。

当时，我的体会是讲课必须自己有研究，理论理解得比较透，真正掌握了理论的基本精神，变成自己的思维方法，就容易讲好。教师有真实的体会，与学生能够实现心灵沟通。

1978 年恢复研究生考试，因为对哲学与古汉语比较熟悉，我就报考了中国哲学史专业。考上中国社会科学院研究生院，师从钟肇鹏先生，研究王充哲学。国学方面的知识，我是很缺乏的，都是钟肇鹏先生传授的。钟先生讲的课很少，都是审读文稿时具体指导的。每个月，我交一篇文章，下个月去钟肇鹏先生家时，他就告诉我上次交的文章中存在什么问题。我就是这样逐渐学习国学的许多基本常识，补了自身知识结构的缺陷。

有了以上这些基础以后，进入学术研究，其成果质量就跟自己的努力成正比。我喜欢这样的一句话：一分汗水，一分收获。不企望少劳多获，只求不浪费时间与精力。一个人的时间是有限的，利用有限的时间，做一些自己喜欢做的事，对社会有意义的好事，就是莫大的幸福。能为人类文化事业做一点贡献，就是一生最大的心愿。

关于教学，古代韩愈说有三项任务：传道、授业、解惑。第一项是传道，按现在的说法，就是讲道理，对于哲学课来说，就是将哲学理论基本的立场、观点、方法传授给学生，目的在于提高学生的理论思维能力，提高分析问题和解决问题的能力。这些能力就是理论素质。这就是素质教育。第二项是授业，那就是传授从事某一专业所需要的具体的知识技能。那也是素质的内容，现在称之为动手能力。第三项解惑，是解答学生的疑难问题，开导思路，解除迷惑。现在的教育比较重视考试，学生的学习为了应付考试，称为应试教育。对于哲学课来说，最重要的是用启发式教学，启发学生自己思考，锻炼理论思维能力。我的教学尽量调动学生的积极性，或者提问，或者演讲，或者讨论，总之让学生思考、说话。由于课程太多，学生读书的时间少，思考的时间也少，不利于提高素质，未能达到我们试验班的效果。课程多，填鸭式就是必然的。老师讲课太多，也没有充分时间备课，研究问题也少，许多课重复上，讲课变成了更多的体力劳动。

关于教材，我非常赞成任继愈先生的说法：教材是用来参考的，不是让教师照本宣科，让学生死记硬背的。再好的教材，只能供参考。

教师，特别是大学教授，怎么能拿着别人写的教材宣读呢？如果那样的话，那还不如让我的女儿来宣读，她的发音比我标准。后来我在人民大会堂听原国家副总理李岚清作报告，他也说到教师不能只按教材讲。要是宣读教材，不如请邢质斌来宣读，她的口音标准，又有抑扬顿挫，何必要教授来讲呢？研究对于教学来说，非常必要，学术研究是教学的基础，特别是大学教师。不研究，讲什么？只讲别人的研究成果，行吗？当然任何教师、任何教授都不可能只讲自己的研究成果，但是，即使讲别人的成果，也应该有自己的研究作为基础。一个学术问题，学者之间看法不一样，就要进行分析研究，然后才能客观介绍、正确评价、选择阐明。这样也才经得起学生的质问。任何教师对于学生的质问，也不是都能全面正确地回答，虽然如此，教师总不能禁止学生提问，也不能对学生的提问一问三不知。

在大学，学术研究与教学是有密切关系的。教学内容就是自己研究的对象。结合教学开展研究，再将研究成果充实教学内容。这样，研究与教学就形成良性循环，互相促进。教而后知困，教学相长，在教学中与学生互动，可以启发教师的思考，促进研究。我在教学中受到学生的启发颇多。

我讲课总是不断修改自己的讲义。给本科生讲《中国哲学史》，每次讲课都作重大修改。连续九年讲了十遍，整理成一本教材《中国传统哲学》出版。这本教材被韩国翻译出版，而且重印了三次。1995 年，该书被评为北京师范大学优秀教材，也曾被一些高校采用为教材。

中国哲学按问题讲，主要有三本教材：一是张岱年先生的《中国哲学大纲》；二是方立天先生的《中国哲学问题发展史》；三就是这本《中国传统哲学》。其他各本都是按不同时代的哲学家来讲。这两种体例各有长处，有互补的作用。

我给硕士研究生讲《中国哲学研究方法论》课，讲了十年，也是每次修改，主要讲我自己的研究体会。我发现别人文章或著作中的错误，或者审读博士论文中发现的错误，都作为例子来讲，这样就比较具体、真实。我不讲这门课以后，就开始整理讲义，准备出版。接着，我又到日本京都大学任客座教授，接触日本学者，受到他们的一些启发，回国后继续修改。2006 年夏天，《中国哲学研究方法论》就由山西教育出版社出版。这本书刚出来，我就发现有错误，例如在第四章的最后一段，"郭璞的《山海经注》与郦道元的《水经注》"误写为"郭璞的《水经注》"。我因为研究秦汉时代的哲学比较多，曾给研究生开过《秦汉哲学》课，后到日本也是讲这门课，回国后，将其整理出来，作为讲义交给武汉出版社，同年夏季出版了该作品。我陆续撰写的《中国传统思想精华》一书，由中华书局出版，书名改为《十五堂哲学课》。

《中国哲学研究方法论》2003 年交稿，《秦汉哲学》2004 年交稿，《十五堂哲学课》2006 年 7 月交稿，8 月出书，印 8000 册，10 月重印 5000 册。没想到的是此书出版这么快，发行这么多。更没想到的是，三本讲义都在这一年夏天同时出版。

总之，研究是教学的基础，教学可以促进研究，教学相长。教学需要教材，教学的结果产生自己的教材。编教材可以吸收别人的研究成果，但不能没有自己的研究成果。这些就是我对研究、教学与教材的辩证关系的粗浅认识。

目　录

第一章　儒、儒家、儒学、儒教 ········ 1

第二章　经典（一） ················· 6
　第一节　五经 ···················· 6
　第二节　《周易》经传 ·············· 7
　第三节　今古文《尚书》 ··········· 13
　第四节　《诗经》 ················ 14
　第五节　三礼 ··················· 15
　第六节　《春秋》及其三传 ········· 16

第三章　经典（二） ················ 19
　第七节　《论语》 ················ 19
　第八节　《孟子》 ················ 26
　　一、先说训诂 ················· 27
　　二、再说思想 ················· 27
　第九节　《大学》 ················ 28
　第十节　《中庸》 ················ 29
　第十一节　《孝经》 ·············· 29
　第十二节　《尔雅》 ·············· 32

第四章　孔子、孟子、荀子 ………………………………………… 33
　第一节　孔子 ………………………………………………………… 34
　　一、十五志于学 …………………………………………………… 34
　　二、三十而立 ……………………………………………………… 35
　　三、四十而不惑 …………………………………………………… 37
　　四、五十而知天命 ………………………………………………… 37
　　五、六十而耳顺 …………………………………………………… 38
　　六、七十而从心所欲，不逾矩 …………………………………… 38
　　七、孔子的历史地位 ……………………………………………… 38
　　八、孔子的贡献 …………………………………………………… 38
　　九、孔子的影响 …………………………………………………… 40
　第二节　孟子的生平和思想 ………………………………………… 41
　第三节　荀子的生平与思想 ………………………………………… 44

第五章　董仲舒 …………………………………………………………… 50
　第一节　政治哲学的核心——大一统论 …………………………… 51
　　一、大一统观念 …………………………………………………… 51
　　二、大一统理论的确立 …………………………………………… 53
　　三、大一统的政治格局与思维方式 ……………………………… 55
　　四、天子是大一统政治的核心 …………………………………… 59
　第二节　政治哲学的理论形式——天人感应论 …………………… 64
　第三节　政治哲学的意识形态——独尊儒术 ……………………… 72
　第四节　政治哲学的基础——政治经济学 ………………………… 78
　　一、百乱之源 ……………………………………………………… 79
　　二、调均 …………………………………………………………… 80
　　三、调均的意义 …………………………………………………… 83
　第五节　政治哲学的理论基础——性未善论 ……………………… 84
　第六节　承前启后　继往开来 ……………………………………… 91

第六章　　朱熹 ……………………………………… 93

第一节　理气关系 …………………………… 94

第二节　知行观 ……………………………… 95

第三节　读书心得 …………………………… 96

第四节　理欲观 ……………………………… 99

第七章　　批判儒学以后的反思 …………………… 103

第一节　儒学妨碍经济发展吗 ……………… 104

第二节　儒学妨碍科技进步吗 ……………… 106

第三节　儒学违背社会文明吗 ……………… 111

第四节　儒学是否过时了 …………………… 113

第八章　　儒学与中国现代政治 …………………… 116

第一节　儒学不是一阵风 …………………… 117

第二节　儒学就像一江水 …………………… 118

第三节　儒学滋润政治神经 ………………… 123

第九章　　儒学与社会主义文化 …………………… 129

第一节　有中国特色的社会主义文化理应包含儒家文化 …… 130

第二节　儒家文化已经融入中国社会主义文化之中 …… 132

第十章　　儒家民本观 ……………………………… 135

第一节　民本传统 …………………………… 135

一、民为邦本 ………………………… 135

二、民与天齐 ………………………… 137

三、民为神主 ………………………… 137

四、民贵君轻 ………………………… 138

五、立君为民 ………………………… 139

六、吏为民役 ………………………… 140

　七、强国利民 ·· 141

第二节　民本三大特点 ································ 143

　一、倾听群众意见 ·· 143

　二、以善为主，不轻信多数 ························ 145

　三、通过协商，照顾少数利益 ···················· 148

第三节　民本观念与民主制度 ···················· 149

第十一章　儒家等级观 ································ 158

第一节　社会等级是普遍现象 ···················· 159

第二节　中国社会等级处于变动之中 ············ 160

第三节　儒家社会等级观 ···························· 162

　一、儒家认为等级差别是社会所必需 ·········· 163

　二、儒家认为等级分配才是合理的 ·············· 164

　三、儒家认为在贫富之间必须调均 ·············· 164

　四、儒家反对政府官员与民争利 ················ 165

　五、调均的原则是礼义，礼义的目标是和谐 ·· 166

　六、独立人格的平等精神 ···························· 166

　七、大同理想 ·· 168

　八、和而不同 ·· 169

第四节　简议平等观 ·································· 171

第十二章　儒学与和谐社会 ························ 175

第一节　经济上的调均思想 ························ 175

第二节　政治上的仁义原则 ························ 176

第三节　精神上的和谐观念 ························ 177

　一、自强不息 ·· 177

　二、修养心性 ·· 179

　三、辩证思维 ·· 184

第十三章　儒学现代化 ································· 186

第一节　什么是现代化 ······························· 186

第二节　儒学已经现代化 ····························· 189

第三节　儒学需要继续现代化 ······················· 192

一、要改变观念 ······································· 192

二、要研究实际问题 ··································· 192

第四节　儒家重要遗址 ······························· 195

第五节　关于孔子标准像 ····························· 197

附录：标准与谎言 ································· 201

第一章
儒、儒家、儒学、儒教

　　春秋战国时代，天下大乱，为了救世，思想家各自提出不同的政治主张，自由争鸣，形成百家（主要是儒家、道家、墨家、杨家、法家、阴阳家、纵横家、名家、商家、轻重家、兵家、农家、医家）。儒家是其中一家。

　　儒家为什么称"儒"家？儒是什么意思？何时有儒这个名称？这是长期有争议的问题。《论语·雍也》载：孔子对子夏说："女为君子儒，无为小人儒。"这里只能说有君子儒，也有小人儒，并没有明确说儒是什么。《墨子》一书有《非儒》篇，讲了儒者的观点"亲亲有术，尊贤有等"，也没有给儒下定义，只是说儒家重视血缘关系，强调亲亲原则，尊重贤人，有等级观念。战国时代

1

谈儒甚多，却无名儒的说法。庄子概括儒家思想为"内圣外王"。《荀子》一书有《儒效》篇，讲的是大儒的社会价值，荀子在回答秦昭王问题时说："儒者法先王，隆礼义，谨乎臣子而致贵其上者也。人主用之，则执在本朝而宜；不用，则退编百姓而悫；必为顺下矣。虽穷困、冻馁（馁），必不以邪道为贪；无置锥之地，而明于持社稷之大义。叫呼而莫之能应，然而通乎财万物，养百姓之经纪。执在人上，则王公之材也；在人下，则社稷之臣，国君之宝也。虽隐于穷阎漏屋，人莫不贵，贵道诚存也。"儒者继承先王的文化，重视礼义，带头尊重上级。国君如果任用他，他在朝廷的地位就会适宜，不用他，他在百姓中诚实地生活着，一定是顺民。虽然穷困受冻挨饿，也一定不会为了贪欲而走邪道；没有置锥的地方，也知道如何用大义主持国事。虽然主张不受重视，但是，他们却知道如何处理事件和领导百姓的基本原则。在上层，是王公人选；在下层，是栋梁之材，国家的宝贝。他们即使在贫民区，人都尊重他们，因为他们那里有可贵的道。儒家可贵的道，就是先王的文化传统，就是礼制。他们无论在什么地方，都会起到正面的作用，而且是其他人很难做到的。荀子还说："儒者在本朝则美政，在下位则美俗。"在朝廷，政治就会搞好。在民间，就会使风俗美化。《史记·太史公自序》中引司马谈《论六家要旨》，其中讲到儒家时说："儒者博而寡要，劳而少功，是以其事难尽从；然其序君臣父子之礼，列夫妇长幼之别，不可易也。"这里讲的优缺点是很清楚的。优点是讲"序君臣父子之礼"和"列夫妇长幼之别"，礼与别，说的就是等级制度。这是儒家的重要特点。缺点是"博而寡要，劳而少功"，学问很复杂，没有重点，做起来很麻烦，效益比较差。所以不能一切照办。这里讲了儒家的特点，并没有给儒进行界定。司马迁对儒者作了阐述："夫儒者以《六艺》为法。《六艺》经传以千万数，累世不能通其学，当年不能究其礼，故曰'博而寡要，劳而少功'。若夫列君臣父子之礼，序夫妇长幼之别，虽百家弗能易也。"这里解释一下"博而寡要"的问题。由于《六艺》经传千万数，学不完，即使百家都不能改变这些方面的内容。这就是等级秩序，名分原则。班固在

《汉书·艺文志》载："儒家者流，盖出于司徒之官，助人君顺阴阳明教化者也。"儒家的源头是司徒官。司徒官就是帮助君王"顺阴阳明教化"的。什么是"顺阴阳"？就是上述的"亲亲有术，尊贤有等"，就是按亲疏关系与贤愚差别来协调人际关系，维护等级之间的和谐关系。这实际上就是礼制。"明教化"，就是宣传礼制，进行教化，简称"礼教"。《说文解字》载："儒，柔也，术士之称。从人，需声。"儒有柔的意思，主张礼治，相对于法治，表现出来的特点是柔。熟悉礼数，主持礼仪，主张礼治，成为儒的特点。因为主持礼仪，相当于司仪，又称相礼，后来又称为术士。古代"刑不上大夫，礼不下庶人"。孔子出身于贵族，熟悉礼，却没有贵族的地位，他将礼向庶人传播，进行礼的教化。孔子在传播礼的过程中，表现出了教师的形象，成为古代著名的教师。他打破"学在官府"，实行"有教无类"，成为第一位民间教师，在传承中华传统文化方面作出了巨大贡献。他所创立的这一学派就被称为儒者。儒者成为专家，就叫儒家。在春秋乱世，要恢复秩序是非常困难的，孔子及其弟子们知其不可而坚持不懈地宣传，流行甚广，影响较大，被称为"显学"。战国时代更乱，儒家分为八派，削弱了力量。而后起的墨家、杨家流行起来，成为显学，"天下之言不归杨则归墨"，儒学却被边缘化。这时有孟子起来，辟杨、墨，捍卫儒学，使儒学得到振兴。经过秦始皇焚书坑儒，儒学又受到严重打击。好在秦朝不久垮台，代之而起的汉朝统治者看到儒学对新统治者的价值，开始任用儒生，到汉武帝时代开始独尊儒术，儒家再次重振旗鼓，积极为新兴政权服务。儒家著作被视为经典。深入研究经典形成一门特殊的学问，就是经学。关于儒的释义，后代儒家有许多说法，近现代也有许多名家展开争论，莫衷一是。深入分析，基本上大同小异。都是利用相同的资料，得不出相距太远的观点。儒家的主张，就是儒学。用儒学来进行教化，就是儒教。佛教于两汉之际传入中国以后，中国本土产生了以老子为教主的道教，形成儒、释（佛教）、道三教争立的局面，一直延续到盛唐时代。唐以后仍然有三教的说法，宋以后儒教占了上风，又居于独尊的地位。到了近代，西学涌入中国，有了宗教的说法，一些学者认为佛教与道教是宗教，儒学不是宗教，儒教是教化的教，不是宗教的教。日本、韩国的学者也曾这样说。但是，在印尼、菲律宾、马来西亚等一些国家，儒教是与其他宗教并列的，没有什么区别。近代有些学者提倡将儒教作为国教，以孔子为教主。现代也还有人主张以儒教为国教，那只是少数人的说法。关于儒学是不是宗教的问题，与如何定义宗教有关系。如果按基督教的模式来衡量儒学，当然儒学还不够格入宗教。如果从其他角度来讨论，儒学也可以说是中国特色的宗教。

　　儒家创始人是孔子。孔子名丘，字仲尼，鲁国人。他主张以仁义之道，改善社会状况，变乱为治。他带着弟子周游列国，企图说服诸侯实行他的主张，结果无人接受。孔子离开鲁国十四年，最后回到鲁国，整理传统文化，经过综合创新，形成以仁义为核心的儒学思想体系。孔子虽然自称"述而不作"，实际上是大创作，因此成为"显学"。

　　孔子死后，弟子各自创立学派，"儒分为八"，各派之间也有矛盾，实力明显降低。到了战国时代，"杨朱、墨翟之言盈天下。天下之言，不归杨则归墨"（《孟子·滕文公下》）。杨朱学说与墨翟学说成为当时的显学，孔子儒学被边缘化了，受到社会的冷落。战国中期出现一个大儒孟子，《史记》说他受业于子思（孔子之孙孔伋）的门人。一说受业于子思，据考证，年代不符，子思约年长孟子110多岁，因此他们不可能亲相授受。孟子奋起，批判杨、墨，捍卫儒道，弘扬儒学，振兴儒家。他还将孔子仁的思想贯穿于政治，提出仁政理论体系，发展孔子为政以德的思想，倡导民贵君轻，强调人性善，重视人性自觉、自律。孟子功不在禹下，他的功劳与大禹治水的功劳可以并列，因此被后儒奉为"亚圣"。

　　荀子针对孟子的性善论，提出性恶论。针对自律，强调他律，主张隆礼重法，用礼的教化和法的惩罚来约束人的行为。他的学生李斯与韩非在动乱时代，强调法治，帮助秦统一天下，成为战国后期法家的代表人物。

　　孔子创立儒家学派，历代儒家不断地根据时代的需要积极发展儒学。孟子从自身心性修养方面发展了儒学，荀子从礼教与法治方面发展了儒学。儒学是发展的，不断充实丰富的，是动态的，是众多儒家共同努力的结晶，是中国传统文化的主干和基础，是中华民族的灵魂。儒学是中国传统优秀文化的主要内容，尤其需要大力弘扬。

庄子概括儒学为"内圣外王"，孟子强调内圣，荀子重视外王。《大学》中的八条目：格物、致知、诚意、正心、修身、齐家、治国、平天下，前五项都是内圣的修养过程，后三项是外王的内容。修身是为了治国、平天下。修身是起点，外王是目标。修身是伦理道德的话，平天下就是政治，从理论上说，伦理是为政治服务的，因此，儒学的主要内容是政治哲学，与政治关系密切，因此才受到历代统治者的重视。从焚书坑儒到独尊儒术，从五四新文化运动的批孔到当今儒学升温，都是与政治形势密切关联的合理性的过程。

在世界精神宝库中有许多瑰宝，中国儒学就是其中非常重要的一件。随着中国经济的崛起，国力的增强，文明的提高，儒学越来越受到世人的瞩目，必将在世界精神文明建设方面起到更大的作用。

第二章
经典（一）

儒家有经典，经典也有发展变化的过程。最初是五经，以后扩大为十三经。我们讲儒家经典，狭义的就是指五经，广义的指十三经。战国时代的儒家典籍包括《荀子》以及秦汉以后的名儒、大儒撰写的著作，都不入经。

第一节　五经

五经：《周易》（哲学）、《尚书》（史学）、《诗经》（文学）、《礼》（伦理）、《春秋》（政治学）。《庄子·天下篇》载："《诗》以道志，《书》以道事，《礼》以道行，《乐》以道和，《易》以道阴阳，《春秋》以道名分。"《史记·滑稽列传》载：

"《礼》以节人，《乐》以发和，《书》以道事，《诗》以达意，《易》以神化，《春秋》以义。"《周易》讲阴阳、神化，属于哲学；《尚书》道事，记载事情，属于史学；《诗经》道意志，抒发情感，属于文学；《礼》约束行为的规范，属于伦理；《春秋》讲在政治体制中的名分与义，属于政治学。

开始只有"五经"，有时称《六经》，《乐经》没有保存下来，实际上只有《五经》。东汉时加上《论语》与《孝经》，扩大为"七经"。后来再扩大为"九经""十一经""十二经"。宋代加上《孟子》，共十三经。到了清代，阮元编的《十三经注疏》成为儒经的定本。所谓狭义的儒家经典就是《五经》，广义的儒家经典则是《十三经》。以后没有再编什么经了。有的书中有孔子及其弟子的言论，也不能算是儒家经典，只能算是儒家的子书，包括《荀子》《孔子家语》《孔子集语》《曾子》《大戴礼记》《说苑》《新序》等。后代名儒、大儒的著作，如陆贾的《新语》、贾谊的《新书》、董仲舒的《春秋繁露》、扬雄的《太玄经》《法言》、班固的《白虎通》、李翱的《复性书》、张载的《正蒙》、朱熹的《近思录》、王阳明的《传习录》、黄宗羲的《明夷待访录》，都是在儒学史上有很大影响的著作，历史上没有将它们列入儒家经典。

第二节　《周易》经传

《周易》是一本中华民族最古老的书。其中分两大部分：《易经》与《易传》。在《易经》中有卦、爻、辞三部分组成。一长画为阳爻；一短画为阴爻。三个爻组成一个卦，例如三个阳爻组成乾卦，代表天；三个阴爻组成坤卦，代表地；两个阳爻夹一阴爻，组成离卦，代表火；两个阴爻夹一阳爻，组成坎卦，代表水；还有兑卦、巽卦、震卦、艮卦分别代表泽、风、雷、山。这些画，就是爻象。组成卦，就是卦象。后来两个卦重起来，由六个爻组成一个卦，这就是重卦。八卦一经重合，组成六十四卦。每一卦下面都有文字说明，这些文字说明，就是辞。说明一个卦的内容是卦辞。一个卦有六个爻组成，每一个爻也有说明文字，那就是爻辞。按传统说法，在黄帝之前的伏羲画了八卦。当时还没有文字，只是用长画与短画组成八卦，来表达意思。殷末周初的周文王重卦并加上卦爻的辞。孔子晚年喜欢《周易》，经常读，以至"韦编三绝"。《史记·孔子世家》记载："孔子晚而喜《易》，序《彖》、《系》、《象》、《说卦》、《文言》。读《易》，韦编三绝。曰：'假我数年，若是，我于《易》则彬彬矣。'"在《论语·述而》中有类似记载：子曰："加我数年，五十以学《易》，可以无大过矣。""假我数年"与"加我数年"，意思相近。"无大过"与"彬彬"也差不多。但在疑古风盛时，这些资料都被否定了，甚至将《论语》上的话改成"五十以学，亦可以无大过矣"，把《易》变成"亦"。其公然篡改、歪曲，达到如此程度！有些人认为孔子与《周易》根本没有任何关系，于是，孔子作《彖传》《系辞》等十大传，也被否定了。近年从地下挖出的竹简，也有孔子与弟子讨论《周易》的内容。传统流传的资料和地下发掘的资料，双重证据，证明孔子与《周易》的关系，不容否定。汉代人肯定孔子作《十大传》，后人根据汉朝以后的说法否定这一点，理由不够充分。《十大传》中包含哲理的水平，不是随便什么人都可以编出来的。

过去说法，《周易》的《易经》是卜筮之书，是用于占卜的。而《易传》则是充满哲理的内容。于是有象数之易和义理之易的分别。《易经》文字古朴，内容艰深，所述殷商以前的史事，战国时代的记载已经差异很大。秦汉时代已经不太清楚了。王国维根据地下考古资料与流传文本，结合研究，经过复杂考证，得出结论：商汤的先祖有一王亥，训练牛拉车，被易部落杀害。他正确地解读了《易经·旅卦》中的卦辞："丧牛于易，凶。"但是《周易·大壮》的卦辞："丧羊于易，无悔。"是怎么回事，是哪个故事，还不清楚。易可能都是一个部落，丧牛与王亥有关系，丧羊就不一定是王亥的事，丧牛，王亥又被杀，是凶，可以理解。丧羊，为什么"无悔"？人没有被杀？

在《周易·大壮》（乾下震上）中，"六五，丧羊于易，无悔。"

王弼注："居于大壮以阳，虚阳犹不免咎，而况以阴处阳，以柔乘刚者乎？羊壮也，必丧其羊，失其所居也。能丧壮于易，不于险难哉！故得无悔。二履贞吉，能干其任而已委焉，则得无悔。委之则难，不至居之，则敌寇来，故曰丧羊于易。"朱熹注："丧，息浪反。象同。易，以□（看不清）反。一音亦。《旅》卦同。卦体似兑，有羊象焉。外柔而内刚者也。独六五以柔居中。不能抵触。虽失其壮，然亦无所悔矣。……易，容易之易。言忽然不觉其亡也。……"[1]朱熹的说法是有代表性的。《大壮》卦象，乾下震上，下面是四阳爻，上面是二阴爻。下为内，上为外。故朱熹说有"羊象"，"外柔而内刚"。六五是阴爻，失去壮，也不后悔。将"易"解释为容易之"易"，意思是"忽然不觉其亡"。按朱熹的说法，这句话的大意是：不知不觉中丢失了羊，所以不后悔。

张岱年先生说："这两条，从汉朝到清朝，人们都不懂其真正的意义，而把'易'字解释为'轻易'。认为由于轻易，而丧失了牛羊，这是不吉祥的象征。"朱熹的"容易"与"轻易"，意思差不多。张先生认为近代王国维从甲骨卜辞中考察出商朝的先祖有个王亥，并且根据其他古籍找出王亥的事迹。王亥发明用牛驾车，有一次到"有易"这个部落去放牧牛羊，有易杀了王亥，夺走牛羊。"这个故事被《周易古经》的作者所采用，而战国以后人们都不清楚了。可见《易经》是比较早的作品。"[2]

王国维从甲骨文卜辞中发现殷商的先祖有王亥，发明用牛驾车，"卜辞多记祭王亥事"。[3]

《楚辞·天问》曰："该秉季德，厥父是臧。"王国维认为："该即王亥。"卜辞中的季也是殷的先公，就是王亥之父冥。

《山海经·大荒东经》记载："有困民国，勾姓而食。有人曰王亥，两手操鸟，方食其头。王亥托于有易、河伯仆牛，有易杀王亥

---

① 朱熹注：《周易本义》，32页，上海，上海古籍出版社，1987。
② 《中国哲学史史料学》，19页，北京，三联书店，1982。
③ 《观堂集林》卷九《殷卜辞中所见先公先王考》，载《王国维遗书》第2册，上海，上海古籍书店，1983。

取仆牛。河念有易，有易潜出。"① 郭璞注引《竹书》曰："河伯、仆牛，皆人姓名。托，寄也。见汲郡《竹书》。"

《竹书纪年·帝泄》载："十二年，殷王子亥宾于有易，有易杀而放之。十六年，殷侯微以河伯之师伐有易，杀其君绵臣。"梁沈约附注曰："殷侯子亥宾于有易而淫焉，有易之君緜臣杀而放之。是故殷上甲微假师于河伯，以伐有易，灭之，遂杀其君緜臣。中叶衰而上甲微复兴，故殷人报焉。"（郭璞《山海经·大荒东经》注引文，与此略有小异）王国维认为，仆牛即服牛。《山海经》《吕氏春秋》《世本》等书都认为王亥是始作服牛之人。

《吕氏春秋·勿躬》载："王冰作服牛。"所谓"王冰"，也是王亥的讹误。

《史记·殷本纪》云："冥卒，子振立。振卒，子微立。微卒，子报丁立。"振，《索隐》："《系本》作核。"

《汉书·古今人表》作："垓，冥子。"王国维认为："《史记》之振，当为核或为垓字之讹也。"

《世本》作"胲作服牛"，与"奚仲作车""相土作乘马"等各种创造者并列，说明"服牛"不是人名，而是指征服牛，指利用牛拉车。

综合以上古籍记载，我们得出这个故事的基本内容：殷的先公王亥发明了利用牛驾车。他在有易、河伯两个部落的地盘上训练服牛，扰乱了社会秩序。有易部落的首领緜臣杀了王亥，抢走正被训练的牛。王亥的儿子微（上甲）带兵经过河伯去攻击有易，消灭了这个部落，杀死这个部落首领緜臣。

王国维在这句话的考据中，有两大贡献：第一，各种典籍中似乎不相干的名字，《楚辞》的"该"，《吕氏春秋》的"王冰"，《史记》的"振"，《汉书》的"垓"，《世本》的"胲"，与《山海经》《竹书》以及卜辞中的"王亥"都被王国维合理地联系在一起，互相印证，说明这里讲的是王亥的故事。第二，《周易》中所谓"丧羊于

---

① 《百子全书》本《山海经》卷十四，杭州，浙江人民出版社，1984。

易""丧牛于易"，这个"易"不是容易的"易"，也不是轻易的"易"，而是"有易"部落的名称。

王国维的最后结论是："王亥之名及其事迹，非徒见于《山海经》《竹书》，周秦间人著书多能道之。"以前，人们对于《山海经》《竹书纪年》《世本》以及《史记》《吕氏春秋》所记载三代的事，都怀疑其真实性。地下出土的甲骨文卜辞证实了这些记载的一些内容。由于历史久远，字体变化，讹误甚多，以致后人难以理解，以为全是伪托，不敢相信。应该承认，战国秦汉时代的记载三代之事，有的是有根据的。"非绝无根据也。"王国维利用甲骨文卜辞进行考据，获得许多重要成果，佐证了古代典籍中关于远古时代的记载。王国维的学问及研究方法，即利用典籍与地下出土资料结合考证的方法，为后学提供了非常有价值的启示。

工夫没到王国维那种程度，资料收集很难全，研读也很难全无遗漏，那么，下结论就必须谨慎，要注意留有余地，推论自然也要更慎重一些。以上资料，细加推敲，我觉得还有多处疑问，未能解决。

第一，《竹书》讲有易之君将王亥"杀而放之"，这个放是什么意思？杀了就不存在流放的问题。还可以有多种理解：王亥不是一个人去的，有一批人，一部分杀，一部分放；或者只杀王亥一人，其他人都放；或者杀了人，放了服牛；或者放还有别的什么意思。

第二，"殷王子亥"是否当了殷王？如果没有，《史记》中"冥卒，子振立。振卒，子微立"就不能成立。如果死前是殷王，那么，有易杀的王亥，就不是殷王子，而是殷王。或者可以这样理解：按血缘系列，是冥——王亥、王恒——微；按殷王系列，是冥——微。而《史记》讲的是血缘系列，但是，如果是血缘系列，那就不应该是"立"。

第三，按《竹书》的说法，有易与河伯是两个相邻的部落。而郭璞注引《竹书》又说河伯、服牛，都是人名。是《竹书》的错误，还是郭璞注的错误？一样是郭璞注引《竹书》，怎么会有这样明显的矛盾？

　　第四，所有典籍中都是讲王亥与服牛的关系，没有讲羊的问题。因此，王亥的故事应该与《旅》卦中的"丧牛于易，凶"一致，与《大壮》中的"丧羊于易，无悔"无关。也就是说，《旅》卦中的"丧牛于易，凶"讲的是王亥的故事，丧牛的同时被杀，是凶。而《大壮》中的"丧羊于易，无悔"讲的另有故事，不是王亥的故事。王亥被杀应该是"凶"，就不存在"悔"的问题。已经被杀死了，还后悔什么？无法挽回的大灾难，是凶；无法避免的失误，才可以无悔。

　　第五，服牛，利用牛驾车，是王亥的发明。服，有征服的意思，也可以作训练理解。王亥在有易进行牛驾车的训练。服牛也可以理解为已经训练到可以驾车的牛。有易夺取王亥的服牛，就是这样的牛，与普通的牛不同，价值更高。这个服牛，既不是人名，也不是一般放牧的牛。

　　第六，《山海经·大荒东经》记载："有困民国，勾姓而食。有人曰王亥，两手操鸟，方食其头。王亥托于有易、河伯仆牛，有易杀王亥取仆牛。河念有易，有易潜出。"这一段话还有很多无法解决的问题：困民国，是什么意思？勾姓，一作句姓，与王亥有什么关系？"勾姓而食"如何理解？"河念有易"是否河伯人怀念有易人？有易如果是部落，又如何"潜出"？怎么理解"潜出"？

　　做了以上考证以后，我们现在可以对《周易》那两句古经文进行注释了。试注如下：

　　《周易·大壮》："六五，丧羊于易，无悔。"注："在有易部落那里失去羊群，不后悔。"

　　《周易·旅》："丧牛于易，凶。"注："殷先公王亥在有易部落进行驯服牛的练习，有易部落的首领杀了王亥，抢走服牛，是凶祸。《山海经·大荒东经》记载：'王亥托于有易、河伯仆牛，有易杀王亥取仆牛。'王国维认为，仆牛即服牛。见《观堂集林》卷九《殷卜辞中所见先公先王考》。《竹书纪年·帝泄》梁沈约附注曰：'殷侯子亥宾于有易而淫焉，有易之君緜臣杀而放之。故殷上甲微假师于河伯，以伐有易，灭之，遂杀其君緜臣。中叶衰而上甲微复兴，故殷人报焉。'"

仅仅是"丧羊于易，无悔"和"丧牛于易，凶"两句话，王国维花了很大工夫，才弄清楚"易"不是"轻易"的"易"，而是一个部落的名称。张岱年先生有感于此，发现"从汉朝到清朝，人们都不懂其真正的意义"。1992 年 12 月 9 日，在北京图书馆参加易学讨论会，张政烺、张岱年、朱伯昆、李申等参加，张岱年先生说自己对《易经》内容有 95％弄不懂，朱伯昆说自己最多只能弄懂 5％，并且说，就是开头四个字："元亨利贞"，就不知道本意究竟是什么，后人有各种猜测，但无法确定哪一种说法符合原意。

《易经》不好懂，《易传》就比较容易懂一些。例如在《乾卦》中有"天行健，君子以自强不息"，《坤卦》中有"地势坤，君子以厚德载物"。梁启超将此两句作为清华大学的校训，流传甚广。张岱年先生多次提到这两句话，认为这是中华民族的思想精华。这些精华都是《易传》的内容。孔子撰《十大传》，大大发展了《周易》义理方面的思想。这应该是孔子对于《周易》发展的里程碑性的贡献。现代研究《周易》的人很多，我想推荐杨庆中撰写的《周易经传研究》（商务印书馆 2005 年 11 月出版）。

第三节　今古文《尚书》

《史记·孔子世家》载："孔子之时，周室微而礼乐废，《诗》《书》缺。追迹三代之礼，序《书传》，上纪唐虞之际，下至秦缪，编次其事。曰：'夏礼吾能言之，杞不足徵也。殷礼吾能言之，宋不足徵也。足，则吾能徵之矣。'观殷夏所损益，曰：'后虽百世可知也，以一文一质。周监二代，郁郁乎文哉，吾从周。'故《书传》、《礼记》自孔氏。"

孔子周游列国十四年以后，回到鲁国，开始做文化典籍整理工作。这主要是选编《尚书》与《诗经》。《史记》这一段话，可以与《论语》上的说法相印证，所记内容大同小异。《论语·为政》载："子张问：'十世可知也？'子曰：'殷因于夏礼，所损益可知也；周因于殷礼，所损益可知也；其或继周者，虽百世，可知也.'"《论语·八佾》载："夏礼吾能言之，杞不足徵也；殷礼吾能言之，宋不足徵也。文献不足故也。足，则吾能徵之矣"。又载："子曰：'周监于二代，郁郁乎文或！吾从周.'"尚，就是上。《尚书》意思是上古流传下来的书籍，也称《书》或《书经》。原来可能有很多历史典籍，孔子选编了百二篇。孔子以此为历史教科书，在战国时代成为儒家"六经"之一。所收集的文献从《尧典》到秦缪公时代。经过秦代焚书坑儒以后，西汉初年只存原秦博士伏胜所传二十八篇，当时用汉代隶书写定，称为"今文尚书"。相传汉武帝时代发现用战国时古文字写的本子，称为"古文尚书"。汉后"古文尚书"失传，晋时梅赜所献"古文尚书"，与"今文尚书"合编，现存《十三经注疏》中。清代阎若璩考证"古文尚书"是伪书，或称伪《古文尚书》，这是多数学者所认可的结论，但也有不同意见。清代学者毛奇龄就不同意，认为《古文尚书》基本上是可信的。日本学者有《古文尚书冤词》的文章，认为《古文尚书》不伪。《四库全书总目尚书正义》提要认为《古文尚书》"虽以末为本，未免倒置，亦足见其根据古义，非尽无稽矣"。《古文尚书》有部分内容是有根据的，而且在一千多年中对后代学者有相当大的实际影响。《古文尚书》无论真伪，流传一千年以上，对中国社会历史有过重大影响，不可置之不理。

第四节　《诗经》

古代有采风制度，统治者到民间，收集诗歌，了解民意。诗就是这么收集起来的。到春秋时代，诗保存的约有三千多首，孔子"去其重，取可施于礼义，上采契后稷，中述殷周之盛，至幽厉之缺，始于衽席，故曰'《关雎》之乱以为《风》始，《鹿鸣》为《小雅》始，《文王》为《大雅》始，《清》庙为《颂》始'。三百五篇孔子皆弦歌之，以求合《韶武》《雅颂》之音礼乐自此可得而述，以备王道，成六艺"（《史记·孔子世家》）。从三千多首诗中选出三百五首。孔子说："《诗》三百，一言以蔽之，曰：思无邪。"（《论语·为政》）这三百首诗表达的都是真情实感，都是正派人的淳朴感情，没有任何邪念。原始的诗作，经过孔子选择后，成了精品汇编，后来就成为儒家的经典，故称《诗经》。《诗经》分《国风》《大雅》《小雅》《颂》。《国风》反映的是各国民间的风气，主要表达平民的想法和要求。《小雅》表达下层官吏对上级统治者的看法，其中也有批评上层的内容。《大雅》与《颂》，主要表达对上层统治者的歌颂赞美。中国文学一般从《诗经》开始讲。《诗经》是中国文学的源头。为《诗经》作传的有毛亨和韩婴。在《十三经注疏》中收录的是毛亨的传，而韩婴的传失传了，只留下《韩诗外传》。其中也保存着一些重要的古代资料。

第五节　三礼

礼，分三礼，包括《周礼》《仪礼》《礼记》。《周礼》与《仪礼》保存着古代的礼制。王莽篡夺汉政权以后，就进行各项改革，他特别信仰古代制度，一一予以恢复，在名称上改用古代的，如官名用羲和、纳言、作士、秩宗、典乐、共工予处等。根据"天无二日，土无二王"，将诸侯王都改称"公"，四夷称王的都改称"侯"。"莽以《周官》《王制》之文，置卒正、连率、大尹，职如太守；属令、属长，职如都尉……"王莽学周公的故事，"制礼作乐，讲合《六经》之说。公卿旦入暮出，议论连年不决"，实际的社会问题得不到及时处理。按《周礼》进行改革，不切实际，是王莽失败的主要原因。"莽好空言，慕古法"，成为复古失败的改革家。（以上资料见《汉书·王莽传》）宋代王安石进行改革，也采用了《周礼》中的说法。这说明，周代盛世对后代影响之深，也说明许多学者认为《周代》就是反映了周朝的社会制度。即使在明清时代，右社左庙也仍然是《周礼》中的遗制。"掌建国之神位，右社稷，左宗庙。"（《周礼·小宗伯》）《周礼》中讲的与周朝实行的制度并不一致，有人认为它不是周公所著。《四库全书总目提要》提出解释：一引张载的说法："惟横渠语录曰：'《周礼》是的当之书，然其间必有末世增入者。'"二录"郑樵《通志》引孙处之言曰：'周公居摄六年之后，书成归丰，而实未尝行。盖周公之为《周礼》，亦犹唐之显庆开元礼，预为之，以待他日之用，其实未尝行也。'"前者以为后人加入文字，不全是周公所著，后者认为周公不掌权以后才开始著书，与后代当政者实行的不同，是很自然的。以与现实不一致，而否定它为周公所著，理由显然不充分。唐代"显庆开元礼"也是未尝实施的制度。

第六节 《春秋》及其三传

孔子"乃因史记作《春秋》，上至隐公，下讫哀公十四年，十二公，据鲁，亲周，故殷，运之三代。约其文辞而指博，故吴楚之君自称王，而《春秋》贬之曰'子'，践土之会实召周天子，而《春秋》讳之曰'天王狩于河阳'，推此类以绳当世。贬损之义，后有王者举而开之。《春秋》之义行，则天下乱臣贼子惧焉"。"到于为《春秋》，笔则笔，削则削，子夏之徒不能赞一辞。弟子受《春秋》，孔子曰：'后世知丘者以《春秋》，而罪丘者亦以《春秋》。'"（《史记·孔子世家》）鲁国有史记，即史官所记的历史事实，孔子晚年根据史记资料，进行改写，融入自己的政治见解，成为《春秋》这本书。孔子自己认为这是他的代表作，后人通过《春秋》来了解他的政治主张，反对他的人也会根据《春秋》来批评他。战国时代孟子说："《春秋》成，而乱臣贼子惧。"上大夫壶遂问："当年孔子为什么作《春秋》?"太史公回答："余闻董生曰：'周道衰废，孔子为鲁司寇，诸侯害之，大夫壅之。孔子知言之不用，道之不行也，是非二百四十二年之中，以为天下仪表，贬天子，退诸侯，讨大夫，以达王事而已矣。'子曰：'我欲载之空言，不如见之于行事之深切著明也。'夫《春秋》上明三王之道，下辨人事之纪，别嫌疑，明是非，定犹豫，善善恶恶，贤贤贱不肖，存亡国，继绝世，补敝起废，王道之大者也。……《春秋》辩是非，故长于治人。……《春秋》以道义，拨乱反正，莫近于《春秋》。《春秋》文成数万，其旨数千。万物之散聚皆在《春秋》。《春秋》之中，弑君三十六，亡国五十二，诸侯奔走不得保其社稷者不可胜数。察其所以，皆失其本已。……故曰'臣弑君，子弑父，非一旦一夕之故也，其渐久矣'。故有国者不可以不知《春秋》，前有谗而弗见，后有贼而不知。为人臣者不可以不知《春秋》，守经事而不知其宜，遭变事而不知其权。为人父者而不通于《春秋》之义者，必蒙首恶之名。为人臣子而不通于《春秋》之义者，必陷篡弑之诛，死罪之名。其实皆以为善，为之不知其义，被之空言而不敢辞。夫不通礼义之旨，至于君不君，臣不臣，父不父，子不子。夫君不君则犯，臣不臣则诛，父不父则无道，子不子则不孝。此四行者，天下之大过也。以天下之大过予之，则受而弗敢辞。故《春秋》者，礼义之大宗也。夫礼禁未然之前，法施已然之后，法之所为用者易见，而礼之所为禁者难知。"（《史记·太史公自序》）这一大段话，《春秋》一词出现十多次。司马迁为什么这么重视《春秋》？接着，壶遂就问道："孔子之时，上无明君，下不得任用，故作《春秋》，垂空文以断礼义，当一王之法。今夫子上遇明天子，下得守职，万事既具，咸各序其宜，夫子所论，欲以何明？"壶遂的说法，上无明君，下不得任用，孔子才作《春秋》。现在上有明君，下得任用，你写书想讲明什么问题。壶遂将司马迁写《史记》与孔子作《春秋》联系起来。而司马迁自己也有这种联系，"自周公卒五百岁而有孔子。孔子卒后至于今五百岁"。五百岁出一圣人，司马迁继孔子之后，也到了出圣人的年限。孟子也曾说"五百年必有王者兴"。但是，司马迁在这里却说："余所谓述故事，整齐其世传，非所谓作也，而君比之于《春秋》，谬矣。"这所谓"谬矣"，欲盖弥彰。接着，司马迁又将自己"遭李陵之祸，幽于缧绁"，与"贤圣发愤之所为作"包括孔子"厄陈蔡，作《春秋》"相提并论，这就更加明显了。他所要表达的仍然是：《史记》是他的发愤之作，继承了《春秋》的传统。其中有深意，"非好学深思，心知其意，固难为浅见寡闻道也"（《史记·五帝本纪》）。

《春秋公羊传》以一章一句的解释，阐述政治原则。司马迁说："故汉兴至于五世之间，唯董仲舒名为明于《春秋》，其传公羊氏也。"(《史记·儒林列传》) 西汉时代，独尊儒术主要尊的是《春秋》，特别是《春秋公羊传》。董仲舒又是研究公羊传水平最高的，所以，实际上独尊的是董仲舒学说，因此，班固在《汉书》中称董仲舒为"群儒首""儒者宗"。东汉何休作《公羊解诂》，也阐述其中"微言大义"。

《春秋·左传》保存大量春秋时代的历史资料。东汉以后，《左传》逐渐流行起来，受到学术界的重视，在后代的影响远远超过《公羊传》与《穀梁传》。这三传都被《十三经注疏》收录，说明都有自己存在的理由，都是有价值的。

第三章
经典（二）

第七节　《论语》

四书：《大学》（政治哲学）、《中庸》（思维方法）、《论语》和《孟子》。前两者是《礼记》中的两篇文章，被朱熹提出来，与《论语》《孟子》并列。这"四书"成为南宋以后八百年参加科举考试的必读书。

《论语》上有关孔子"父为子隐，子为父隐"的说法，曾受到后人的批评，有的甚至指责孔子的说法是后代腐败的根源。孔子提倡仁义道德，怎么会包庇亲人做不义的事呢？这是值得怀疑的。我们需要联系其他著作的记载，可能会了解孔子说话的"语境"。《吕氏春秋》的记载，值得参考。

《吕氏春秋·当务》载：

> 楚有直躬者，其父攘羊而谒之上，上执而将诛之。直躬者请代之。将诛矣，告吏曰："父窃羊而谒之，不亦信乎？父诛而代之，不亦孝乎？信且孝而诛之，国将有不诛者乎？"荆王闻之，乃不诛也。孔子闻之曰："异哉！直躬之为信也，一父而载取名焉。"故直躬之信，不若无信。

谒，揭发。上，上级，指官吏或国君。荆王即楚王，避秦庄襄王子楚讳。"载"与"再"通用。大意如下：

楚国有一个叫直躬的人，他的父亲偷了羊，他向政府揭发。政府派人将他的父亲抓起来准备处死，直躬请求代替父亲接受惩罚。政府将要杀他的时候，他告诉官吏说："父亲偷羊向政府揭发，不是讲诚信吗？代替父亲接受死刑，不是孝顺吗？既诚信又孝顺的人，要处以死刑，这个国家还有不该杀的人吗？"楚国国王听了这话，就免了直躬的死刑。孔子听说这件事，说："真奇异呀！直躬讲诚信，一件父亲的事，两次取得名誉。"因此，直躬这种诚信，不如没有诚信。

直躬的诚信，到头来，产生了两个结果：偷羊的没有受到惩罚，父亲的"家丑"得到外扬。于公于私，都是有害无益的。所以说这种诚信，不如没有。孔子还认为直躬讲诚信，借助于父亲偷羊这一件事，他两次获得名声，既有诚信，又有孝顺。在这种背景下，叶公告诉孔子说："吾党有直躬者，其父攘羊而子证之。"孔子说："吾党之直者异于是：父为子隐，子为父隐，直在其中矣。"（《论语·子路》）父亲为儿子隐瞒，儿子为父亲隐瞒，正直就在其中。隐，就是隐瞒，不揭发。揭发是信，不揭发，就是无信。《吕氏春秋》的作者们认为直躬的信不如无信，也就是说，他们也都赞成"隐"。因此，可以进一步认为他们也都同意孔子的说法，父子之间需要"隐"。撰写《吕氏春秋》的作者们是当时的社会精英，他们集体讨论的结果，充分反映了当时的时代精神。后人不顾当时的现实，评论孔子的说法，是否欠当，值得探讨。《吕氏春秋》是两千年前的典籍，流行很广。只是许多人讨论父子互隐的时候，很少注意到它。

《韩非子·五蠹》载："楚之有直躬，其父窃羊而谒之吏，令尹曰：'杀之。'以为直于君而曲于父，报而罪之。以是观之，夫君之直臣，父之暴子也。……故令尹诛而楚奸不上闻。"楚令尹杀了直躬，认定他忠于国君而背叛父亲，作为罪行上报。令尹杀了直躬，楚国再没有人去揭发奸佞了。令尹"杀之"，杀的是谁？是直躬，还是他的父亲？下面是令尹"以为"，明显是指直躬"直于君而曲于父"，"罪之"也是罪的是直躬。令尹诛了直躬以后，楚国有奸佞就没有人再去揭发了，所以说上面听不到下面的奸佞了。按这种说法，直躬是被杀了的。按《吕氏春秋》的说法，楚王"乃不诛"，没有杀他。《吕氏春秋》补充了"信且孝"的说法，才能让直躬免于一死。直躬在临死之前，是否还会那么冷静地说出那样的话，楚王是否来得及赦免他，也都存在疑问。韩非讲"令尹诛而楚奸不上闻"，显然是韩非站在统治者的立场上批评楚令尹的，同时也是在维护集权制度上批评儒家重血缘的伦理观念。

《韩诗外传》卷四第十七章载："子为亲隐，义不得正；君诛不义，仁不得爱。虽违仁害义，法在其中矣。"也正是说的这件事。《韩诗外传》作者认为直躬如果不揭发，就是"害义"；楚君如果杀了害义的人，那就"违仁"。相反，直躬没有为亲隐，是正义；楚君没有杀不义，是仁爱。指的正是《吕氏春秋》所载的事情。韩婴认为子为亲隐，君诛不义，虽然违背仁义，却也有法则在其中。讲法，一断于法，否定一切亲情，在中国历史上不占主流。《庄子·盗跖》载："直躬证父，尾生溺死，信之患也。"《淮南子·氾论篇》载："直躬，其父攘羊而子证之，尾生与妇人期而死之。直而证父，信而溺死，虽有直信，孰能贵之。"《淮南子》也是集体创作的巨著，其中说法也是大家公认的。《盐铁论·周秦》载文学的说法："（闻）'子为父隐，父为子隐。'未闻父子之相坐也。闻'兄弟缓追以免贼'，未闻兄弟之相坐也。闻'恶恶止其人'，'疾始而诛首恶'，未闻什伍之相坐。"这里强调的都是亲情高于法律。《通典》卷六十九引董仲舒的说法:"《春秋》之义:父为子隐。甲宜匿乙,诏不当坐。"关于缓追免贼,事见《春秋公羊传》闵公二年载:"庆父弑二君(闵公与公子牙),何以不诛?将而不免,遏恶也;既而不可及,缓追逸贼,亲亲之道也。"庆父弑了闵公,又杀了公子牙,然后逃走。庆父的弟弟季友带兵去追赶。要去追赶,表示庆父是犯了罪的,需要遏制罪恶行为。季友特意走得慢,好让哥哥逃走。这是亲亲之道。不追不行,追上也不行。采取慢追的办法,既追了,又没有追上,追是奉命行事,缓慢是为了亲情。子为父隐,不当坐。缓追,也属于"不当坐",不要治罪。这都是强调亲亲的重要性。所谓恶恶止其人,也是来自《公羊传》。昭公二十年载:"君子之善善也长,恶恶也短。恶恶止其身;善善及子孙。"作恶只诛首恶,也是"恶恶也短"的做法。就是说,善要延长至于子孙,恶只处罚本人,不搞株连。秦始皇搞株连,是残暴的表现,不得人心。我们看到,他们对直躬证父也是采取否定的态度。从孔子到庄子,再到韩非子,从《吕氏春秋》到《淮南子》,再到《盐铁论》,对于直躬证父,都是否定的,为什么?西安交通大学的陈学凯教授认为这是因为"政治不可以超越道德伦理的影响"。①《汉书·宣帝本纪》地节四年夏五月,诏曰:"父子之亲,夫妇之道,天性也。虽有患祸,犹蒙死而存之。诚爱结于心,仁厚之至也,岂能违之哉!自今子首匿父母,妻匿夫,孙匿大父母,皆勿坐。其父母匿子,夫匿妻,大父母匿孙,罪殊死,皆上请廷尉以闻。"子女匿父母,妻匿夫,孙匿祖父母,均无罪。反过来,就要判死刑。与孔子所说的"子为父隐,父为子隐"的说法,有同异差别。但这里明确的是子隐匿父母是无罪的。作为统治者居然下这样的诏书,说明在亲情与法律两相比较中,孝与忠的关系,在一些情况下,亲情更为重要,孝高于忠。《三国志·魏书·邴原传》载:魏文帝曹丕问大臣:"君父各有笃疾,有药一丸,可救一

---

① 中国人民大学与韩国高等教育财团联合主办的"国际儒学论坛·2007——儒家文化与经济发展"会议上,陈学凯教授在第一小组的发言,见《会议论文集》,15 页。

人，当救君耶？父耶？"邴原则勃然对曰："父也！"这也是孝亲重于忠君的典型例子。因为亲情维系着社会的和谐，一旦破坏人际的亲情关系，社会失去孝的道德，对于和睦家庭与和谐社会来说，无异于釜底抽薪。20世纪批判孝过了头，"文化大革命"又是一次大规模地破坏亲情的运动，结果出现许多不和谐因素，伦理道德沦丧，社会风气败坏，需要现在花大力气去拨乱反正。人文缺失，后患无穷。往往一时看不出来，若干年后，严重影响社会的和谐与安定，最后只好慢慢消化恶果。

如何对待父亲的不义行为？首先，在《论语》中，孔子认为，父母有什么错误，作为子女可以提出批评。他说："事父母几谏。见志不从，又敬不违，劳而不怨。"（《论语·里仁篇》）几谏，就是委婉地劝告。父母不肯接受，子女还要恭敬他们，不违背他们，替他们操劳而不怨恨。等到他们心情好时，再委婉地进行劝告。

《荀子·子道》记载：当鲁哀公问孔子："子从父命，孝乎？臣从君命，贞乎？"孔子没有回答，出来告诉他的学生子贡说："子从父，奚子孝？臣从君，奚臣贞？审其所以从之之谓孝、之谓贞也。"子从父，怎么能说是孝子呢？臣从君，怎么能说是贞臣呢？要看在什么样的情况下听从什么样的命令，才可以说是孝、是贞（忠）。就是说要有分析，要分清是非，然后决定是否听从。可见，盲从君父的臣子，孔子不认为就是忠臣孝子。

《孝经·谏诤章》记载：孔子说："故当不义，则子不可以不争于父，臣不可以不争于君。故当不义，则争之。从父之令，又焉得为孝乎？"有不义的事，臣子就应该提出批评。不批评就不是忠臣孝子。

孔子说："君子之事上也，进思尽忠，退思补过，将顺其美，匡救其恶，故上下能相亲也。"（《孝经·事君章》）这里所讲的"将顺其美，匡救其恶"，就是服从正确的，批评错误的。只有这样，上下才能相亲，达到和谐。对于父亲与国君，都应该这样。孔子的孙子子思在回答鲁穆公问什么样的人是忠臣的时候说："恒称其君之恶者，可谓忠臣矣。"[1] 经常批评国君的错误的人可以称为忠臣。《孟子·离娄上》："惟大人为能格君心之非。"这里的"大人"就是忠臣。"格君心之非"，就是批评国君心中错误的思想。《荀子·子道》载："从义不从父，从道不从君，人之大节也。"就是说道义高于君父。先秦儒家认为首先是道义，然后才是君父。在道义与君父发生矛盾时，要服从道义。对君父的不义行为要进行批评、匡救。孔子将这种批评叫做"几谏"。几，有委婉的意思，是个别谈话，不是公开批评，这里就包含"隐"的意思。现实中有这样一个例子：2005年11月21日，原兰州市市长张玉舜犯了受贿罪，被判有期徒刑10年，没收个人财产2万元、赃款84万元。他犯了受贿案，受到"双规"审查，他的妻子刘雅丽和女儿张庆芳在他的指挥下，挨家挨户拜访当年给他行贿的人，给别人写"借条"，将当年所收取的贿赂全部改成借款。正因为这些活动的干扰，检察院的侦破工作陷入被动，后中央纪委进行异地羁押审查。最后还是查清罪行，给予判决。妻女的努力，不但没有减轻其罪行，反而加重罪行。这叫帮倒忙。[2]另有一个副市长周江华有受贿行为，他儿子周涛和女儿周霞对他进行"几谏"，他将赃款全部上缴组织部。2004年12月，一个老板犯罪，被公安机关抓获，为了立功减刑，交代了他给领导贿赂一事。2005年3月，市纪委找周江华谈话，周江华很坦然地交代问题，被免于起诉。他内心深处感激自己的儿女。这就是孝子"几谏"，避免父亲陷于不义，躲过一场灾难。[3] 这就是孔子所说的"当不义，则子不可以不争于父"。有这样事亲的"几谏"和事君的"匡救"，才有"上下能相亲"的和睦家庭与和谐社会。兰州原市长的妻女与周副市长的子女都是用"隐"的方式对待父亲的不义行为，这两种"隐"是不同的，孔子讲的应该是后一种"隐"。他们没有向社会公开，"隐"了，但在内部进行反复"几谏"，从而避免了父亲陷于不

---

① 《郭店楚墓竹简》，141 页，文物出版社，1998。
② 参见《报刊文摘》2006 年 1 月 18 日《市长落网的前前后后》，摘自《检察风云》第 1 期，作者：周军。
③ 参见《报刊文摘》2005 年 9 月 23 日摘转《政府法制》半月刊第 9 期上。

义。既维护了道义，又保住了父亲的面子。而前者却没有在内部进行"几谏"，或者"几谏"不力，无效，却在外部从事不义的活动，最后结果是罪上加罪。在两种"隐"的比较下，选择后一种"隐"，才符合儒家思想，而采取前一种"隐"，不符合儒家思想。而许多人在没有充分全面研究儒家思想的情况下，把儒家思想误解为前一种"隐"，这种误解是常有的事。

我体会到，对古人应有尊重的心态，同情的理解，对他们的说法不要急于批判，要深入研究后再发表看法。对他们的说法取批判态度，什么话都可以加以曲解，然后进行批判，这是没有意义的事，对古人没有意义，对今人只会产生负面影响。这样的事，以前有人做过。例如对《论语》，一句一句地批判下去，一无是处。对孔子的思想，一点一点地批判下去，毫无可取之处。

古人的错误说法为什么会流传下来？历代思想家为什么要保留这些说法，为什么要花很多钱刊刻这些典籍？有的人说，古代的思想已经过时，不适合现代的需要，完全不适用于现代社会。我以为笼统地这么讲，是不合适的。总是需要分析的，有的不适合了，有的仍然适合，有的则需要改造以后，或者加以重新阐释，才能适合现代社会。儒学的发展，在历史上一直在批判继承的过程当中。照搬古代的是食古不化，与照搬西方的"食洋不化"一样，都是错误的。之所以是错误的，就由于僵化方式，违背思想传播的流变规律。所谓流变规律，就是在空间上的流传，有本土化的过程；在时间上的流传，有时代化的过程。时过境迁，不能与时俱进，也不能因地制宜，怎么能不犯错误？即使是马克思主义理论，照搬也是要犯教条主义错误的。

有的人问我，孔子有哪些思想是错误的。我的回答是：我没有研究孔子的错误思想，我认为研究它没有意义。我们需要的是从古人的思想中吸取精华，为现代服务。有用的，选择、吸取、应用。正如孔子所说："多闻，择其善者而从之。"（《论语·述而》）多听，选择其中好的来学习。选择就包含淘汰。孔子说："见贤思齐焉，见不贤而内自省也。"（《论语·里仁》）至于不好的，管它干什么？很多情况下，所谓不好的，是由于我们不了解他是在什么语境下说的，也不清楚它究竟是什么意思，不了解其中的精神实质。孔子对待互乡（地名）的人采取"与其进也，不与其退也"，"与其洁也，不保其往也"（《论语·述而》）。肯定他们进步的，不赞成他们后退的，肯定清洁的，不保留过去（肮脏）的。我们对前人不是也应该采取这种态度吗？孔子认为，夏朝的礼制在商朝就需要损益，损即去掉，益即增加。损益就是修改订正，继承发展。周朝对夏商两代流传下来的礼制也经过损益。孔子并且说，周朝以后虽然经过百代，对礼制仍然要进行损益。要进行损益，就要进行分析研究，该损掉什么，该增益什么，那都要从实际出发，都要研究现实情况。那些以为什么理论都可以照搬的人，实在难以言喻。在这一点上说，孔子对于社会制度是主张改革的。说孔子保守，实在有点勉强。

徐复观向熊十力求教，熊建议他阅读王夫之的《读通鉴论》。不久，徐拿读书笔记给熊看，熊批评徐读书不是从中发现优点，而是挑书中毛病，这对读者有什么好处呢。这也正是我的读书观。读孔子的书，读王夫之的书，读其他前贤的著作，读古代典籍，都应该有这种敬畏的心态，才能从中学到更多有用的东西。

第八节　《孟子》

《孟子·告子上》："富岁，子弟多赖；凶岁，子弟多暴。非天之降才尔殊也，其所以陷溺其心者然也。"有的注家，释"赖"为"懒"，二字只差一个竖心的偏旁，可以说"形近而误"。另外，丰收了，粮食多了，衣食无忧，自然不必为肚子操劳，很多人变得"懒"了，似乎也很符合实际。这一说法也被收录现代最权威的词典《辞海》。但是，我仍然觉得，这是值得商榷的。

凶岁与富岁相反，暴与赖也是相反的。懒应该与勤相反。怎么与暴相反呢？暴应该与善相反，怎么与懒相反呢？在《四书集注》中，朱熹注："富岁，丰年也。赖，藉也。丰年衣食饶足，故有所顾藉而为善；凶年衣食不足，故有以陷溺其心而为暴。"富岁，收获多，衣食足，就多行善事。凶岁，收获少，衣食不足，善良的心被埋没了，所以为暴。朱熹的解释，正是暴与善相反。将"赖"解释为"懒"，除此之外，未见其他典籍有这一解释的。在训诂上有没有根据呢？在思想上能不能说通呢？

一、先说训诂

赖，多数典籍中出现的都是在"依赖"这种意义上使用的。此外，还有"赢"的意义，如《国语·齐语》中，管仲回答齐桓公时说到商人"相语以利，相示以赖，相陈以知贾"。注："赖，赢也。"对于商人来说，讨论的是利润的事，展示的是赚钱的本事。赢是正当赚钱。在这里，不可能相互展示"懒"。经商要赢，也不能靠懒。

赖也有"利"的意义，如《战国策·宋卫·秦攻卫之蒲》载："秦攻卫之蒲。胡衍谓樗里疾曰：'公之伐蒲，以为秦乎？以为魏乎？为魏则善，为秦则不赖矣。'"注："姚本：赖，利也。"从"为魏则善，为秦则不赖"来看，为魏与为秦，效果是相反的，一为善，一为不赖。不赖应该就是不善。那么，赖，相当于善。利是有利的意思。善指有好处。赖，利，与善相通。

《吕氏春秋·离俗》载："故如石户之农、北人无择、卞随、务光者，其视天下若六合之外，人之所不能察；其视富贵也，苟可得已，则必不之赖。"高注："不之赖，不赖之也。赖，利也，一曰善也。"陈奇猷认为赖与利、厉同音。"赢亦利也。"（参见陈奇猷《吕氏春秋校释》卷十九《离俗》注）高诱认为：赖可以释为利，或者善。

《说文解字》贝部："赖，赢也。""赢，有余贾利也。"赖、赢、利，有相通之处。高诱注与朱熹注，都有"善"字。善与上三字也有相通之处。在训诂上，赖，可以释为赢、利、善。在其他典籍中没有发现"懒"的意思。

二、再说思想

孟子的思想上承《管子》，下启王充，最早应从《管子》一书说起。《管子》曰："仓廪实，民知礼节；衣食足，民知荣辱。"这就是说丰收年景，民知礼节，知荣辱。这都是"善"的表现，而不是懒。

再看王充《论衡·治期篇》的内容。他说："传曰：'仓廪实，民知礼节；衣食足，民知荣辱。'让生于有余，争起于不足。谷足食多，礼义之心生，礼丰义重，平安之基立矣。故饥岁之春，不食亲戚；穰岁之秋，召及四邻。不食亲戚，恶行也；召及四邻，善义也。为善恶之行，不在人质性，在于岁之饥穰。由此言之，礼义之行，在谷足也。"王充虽然没有引孟子的话，同样从《管子》那里得到这一思想。王充的说法与孟子的语言完全一致，孟子说："非天之降才尔殊也，其所以陷溺其心者然也。"王充说："为善恶之行，不在人质性，在于岁之饥穰。"王充讲的"人质性"，就是孟子讲的"天之降才"。他们都认为善恶不是天生的本质，而是物质条件对人性的深刻影响。王充讲，丰收了，"礼义之心生，礼丰义重"，"穰岁之秋，召及四邻"。"召及四邻，善义也。"这一切说法，只能解释为"善"。哪有"懒"的影子？王充比孟子说得更明白一些，更清楚一些，让后人不可能产生什么误解，也无法曲解。其他所有典籍中也没有释"赖"为"懒"的。仅仅以"形近而误"猜测出来，于文字训诂并无实据，于思想流传也无旁证。

第九节 《大学》

《大学》："大学之道，在明明德，在亲民，在止于至善。"这是三纲领。"格物、致知、诚意、正心、修身、齐家、治国、平天下。"这是八条目。"自天子以至于庶人，一是皆以修身为本。"所有人都以修身为根本。"有诸己而后求诸人，无诸己而后非诸人。"在别人与自己的关系上，自己能做到的，才能要求别人做到；自己没有的毛病，才能批评别人的这种毛病。这就是修身为本的根据，也是当政者必须"以身作则"的理由。"以义为利。"利是好处，义是合理。言行合理，好处大得很。不合理而贪小便宜，必然要吃大亏。为了合理，吃小亏，可能会占大便宜。

第十节 《中庸》

朱熹《中庸章句》题注："子程子曰：不偏之谓中，不易之谓庸。中者天下之正道，庸者天下之定理。此篇乃孔门传授心法，子思恐其久而差也，故笔之于书，以授孟子。其书始言一理，中散为万事，末复合为一理。放之则弥六合，卷之则退藏于密，其味无穷，皆实学也。善读者玩索而有得焉，则终身用之，有不能尽者矣。"不偏之谓中——反对片面，反对走极端。不易之谓庸——不会改变的是法则。维护公正的法则，是高尚的道德。"中者天下之正道，庸者天下之定理。"正道定理，就是心法的原则。心法——思维方法，即辩证法。以公正法则作为思考的出发点。始言一理，中散为万事。——一理贯穿一切事物中，这一理就是总规律。后面讲到"中也者，天下之大本也；和也者，天下之达道也。"这是中和原则，也是中庸原则。孔子认为中庸是非常高尚的道德。

第十一节 《孝经》

十三经：《周易》《尚书》《诗经》《周礼》《仪礼》《礼记》《春秋·左传》《春秋公羊传》《春秋穀梁传》《论语》《孝经》《尔雅》《孟子》。除了以上介绍的外，只有《孝经》与《尔雅》需要作补充介绍。

《孝经》以孔子与曾子对话的方式，阐述儒家孝的思想，理论相当系统深刻。孝是中国特殊的传统文化。《开章明义》：

> 仲尼居，曾子侍。子曰："先王有至德要道，以顺天下，民用和睦，上下无怨。汝知之乎？"曾子避席曰："参不敏，何足以知之。"子曰："夫孝，德之本也，教之所由生也。复坐，吾语汝。身体发肤，受之父母，不敢毁伤，孝之始也。立身行道，扬名于后世，以显父母，孝之终也。夫孝，始于事亲，中于事君，终于立身。"

29

从这段可以看出以下几点。

第一，所有道德都是从孝推导引申出来的，所以说孝是道德的根本。教化也是通过孝的教育产生的。或者说教育也是从孝的教育开始的。

第二，按礼尚往来的原则，父母给予自己的是最宝贵的生命。父母也将自己视为最宝贵的宝贝。因此爱护自己身体，就是对父母所赠予宝贝的珍惜。不珍惜，受损伤，就是不孝的表现。为一些小事，与他人争斗，有危险不躲避也都是不孝的表现。自杀更是大不孝。对自己身体生命要珍惜，要知道这是对父母负责。这是孝的起点，是"孝之始"。《荀子·子道》载："子路入。子曰：'由，知者若何？仁者若何？'子路对曰：'知者使人知己，仁者使人爱己。'子曰：'可谓士矣。'子贡入。子曰：'赐，知者若何，仁者若何？'子贡对曰：'知者知人，仁者爱人。'子曰：'可谓士君子矣。'颜渊入。子曰：'回，知者若何，仁者若何？'颜渊对曰：'知者自知，仁者自爱。'子曰：'可谓明君子矣。'"孔子对自爱评价最高，这与孝的观念是一致的，先是爱自己的身体和亲人，再爱自己的职业和家庭，最后爱自己的事业与名声。知自爱者会保晚节，确立使命感与责任感不动摇，就不会被身外之物所诱惑，这与孔子的"古之学者为己"的思想是相一致的。

第三，一辈子做好事，为人民作出功业，名声传于后世，为父母争得荣誉，还能光宗耀祖。这是孝的终点。

这三点从理论上阐述了孝的重大意义，是全面深刻的。体现了孝与道德、教育以及珍惜生命的紧密联系，是道德的根本，教育的根据，生命的意义。孝的三个阶段，包括了一个人一生的全过程。也就是说，孝是任何人所需要一生奉行的。对于不同社会地位的人，孝还有不同的要求，有天子之孝，诸侯之孝，卿大夫之孝，以及士和庶人之孝。这是合理的，因人而异的。

还有《谏诤章》，其中载：

曾子曰："敢问子从父之令，可谓孝乎？"子曰："是何言与？是何言与？昔者天子有争臣七人，虽无道，不失其天下。诸侯有争臣五人，虽无道，不失其国。大夫有争臣三人，虽无道，不失其家。

士有争友，则身不离于令名。父有争子，则身不陷于不义。故当不义，则子不可以不争于父，臣不可以不争于君。故当不义，则争之，从父之令，又焉得为孝子乎？"

儿子服从父母的指令，可以说是孝吗？孔子回答中有多次提到"争"字，就是敢争（提意见）的人。有敢于争的子女，父母就不会陷于不义。因此，父亲有不义的事，子女不可以不跟父亲争。服从父亲的指令，怎么能是孝子呢？任何人身边都应该有人会提批评意见，才能随时发现错误，及时纠正，这才有安全感。

过去有人说，儒家讲孝太绝对了，典型的话是"父叫子死，子不死，子为不孝"。但是，这是后代儒家的陋见，孔子是不同意的。《韩诗外传》有这么一个故事：孔子的学生曾参是著名的孝子。一天，曾参有了过失——锄草时，误伤了苗。他的父亲曾皙就拿着棍子打他。曾参没有逃走，站着挨打，结果被打休克了，过一会儿才渐渐苏醒过来。曾参刚醒过来，就问父亲："您受伤了没有？"鲁国人都赞扬曾参是个孝子。孔子知道了这件事以后告诉守门的弟子："曾参来，不要让他进门！"曾参自以为没有做错什么事，就让别人问孔子是什么原因。孔子说："你难道没有听说过舜的事吗？舜做儿子时，父亲用小棒打他，他就站着不动；父亲用大棒打他，他就逃走。父亲要找他干活时，他总在父亲身边；父亲想杀他时，无论如何也找不到他。现在曾参在父亲盛怒的时候，也不逃走，任父亲用大棒打，这就不是王者的人民，使王者的人民被杀害，难道还不是罪过吗？"

在父亲失去理智的时候，拿着大棒乱打，如果打死、打伤或者打成残废，他冷静后会感到十分懊悔。这会给父亲的心灵上留下沉重的阴影，永远无法摆脱。这是"不逃"给父亲造成的精神创伤。真正的孝子要逃避父亲的盛怒，避免给父亲造成精神伤害。不管当时鲁国人怎么夸奖曾参，孔子还是严肃地对待此事，以便给后人留下正确的意见。很显然，上述父叫子死的说法，孔子是不同意的。不该死的，就不能轻易地死去，即使有父命。

当鲁哀公问孔子："子从父命，孝乎？臣从君命，贞乎？"孔子没有回答，出来告诉他的学生子贡说："子从父，奚子孝？臣从君，奚臣贞？审其所以从之之谓孝、之谓贞也。"（《荀子·子道》）子从父，怎么能说是孝子呢？臣从君，怎么能说是贞臣呢？要看在什么样的情况下听从什么样的命令，才可以说是孝、是贞（忠）。就是说要有分析，要分清是非，然后决定是否听从。可见，盲从君父的臣子，孔子不认为就是忠臣孝子。孔子说："故当不义，则子不可以不争于父，臣不可以不争于君。故当不义，则争之。从父之令，又焉得为孝乎？"（《孝经·谏诤章》）有不义的事，臣子就应该提出批评。不批评就不是忠臣孝子。孔子认为，父母有什么错误，作为子女可以提出批评。他说："事父母几谏。见志不从，又敬不违，劳而不怨。"（《论语·里仁篇》）几谏，就是委婉地劝告。父母不肯接受，子女还要恭敬，不违背他们，替他们操劳而不怨恨。等到他们心情好时，再委婉地进行劝告。《孝经》有了这一《谏诤》章，就从理论上避免了孝的僵化，排除了愚孝，阐发了辩证法思想。

第十二节　《尔雅》

《尔雅》：这是最早解释词义的书。如："初、哉、首、基、肇、祖、元、胎、俶、落、权、舆，始也。"前面这些字都曾用于表示开始，最后一字是后来最通俗的词。"卬、吾、台、予、朕、身、甫、余、言，我也。"前面这些字都曾用于第一人称。最后一个字是最通俗的第一人称。《尔雅》中有《释诂》《释训》，训诂一词就是从这里来的。邢昺在《尔雅序》中说："夫尔雅者，所以通诂训之指归，叙诗人之兴咏，总绝代之离词，辩同实而殊号者也。"这是训诂学源头。注经的人经常要引用《尔雅》内容。词分五类：语言类、人文类、建筑器物类、天文地理类、植物动物类，这是汉文字学与训诂学的最早著作，是中国语言文字学专业必读的基础典籍。它被收录十三经，可见其重要性。邢昺《尔雅疏叙》载："夫尔雅者，先儒授教之术，后进索隐之方，诚传注之滥觞，为经籍之枢要者也。"《四库全书总目提要·尔雅》载："说经之家多资以证古义，故从其所重，列之经部耳。"它对注经来说，是重要参考资料，所以列入经部。

第四章
孔子、孟子、荀子

春秋时代的孔子是儒学体系的创立者，是历代儒家崇拜的大圣人。战国时代，孟子辟杨墨，捍卫并弘扬了儒学，功劳大，被奉为亚圣。汉代的董仲舒继承发展了儒学，使儒学适应中央集权制度，得到独尊的地位，从此以后，儒学成为中华民族精神的主干，是民族魂，在全世界华人那里，孔子成为凝聚力的象征和中华民族的形象代表。朱熹则是元、明、清三代儒学的突出代表，被奉为儒学的正宗，他的《四书集注》是科举考试的必读书，其地位超过五经。在中国历史上，他们分别是对中国社会政治历史三个时期有全面深刻影响的儒学大师，是我们重点介绍的对象。

第一节　孔子

《论语·为政》记载孔子自述人格形成过程。他说："吾十有五而志于学，三十而立，四十而不惑，五十而知天命，六十而耳顺，七十而从心所欲，不逾矩。"如何理解这一句话，可能是非常复杂的问题。

一、十五志于学

孔子对于知识的来源，讲过这样的话："生而知之者，上也；学而知之者，次也；困而学之，又其次也；困而不学，民斯为下矣。"（《论语·季氏》）后人解释此言，谓"生而知之者，上也"指圣人。再后来，人们认为孔子是最大的圣人，当然是"生而知之者"。又将这"生而知之者"理解为生下来就什么都知道。这样就出现矛盾的问题：孔子自己说经过学习，人格有成长的过程。并且明确说自己："吾非生而知之者，好古敏以求之者也。"（《论语·述而》）又说他："子入太庙，每事问。"（《论语·八佾》）为什么每事问？不懂就问，不懂不应该装懂，"知之为知之，不知为不知，是知也"（《论语·为政》）。孔子还说："加我数年，五十以学《易》，可以无大过矣。"（《论语·述而》）孔子五十岁以后还在学习《周易》。又说："三人行，必有我师焉。"（《论语·述而》）"述而不作，信而好古。"（《论语·述而》）他的知识主要是叙述古代的东西，没有自己的创造。古代的东西，就是通过学习得来的。孔子大量论述学习的体会，这是作为一名教师的本色。说他是生下来就什么都知道的圣人，那是很困难的。

《论语·子罕》载：有人问子贡："孔子是圣人吗？怎么会有那么多本事？"子贡回答说："天本来要他成为圣人，所以才使他有那么多本事。"孔子听说后，说："吾少也贱，故多能鄙事。君子多乎哉？不多也。"这是对自己的多能作出的解释，也是对子贡说法的纠正。接着，《论语》引子罕听到孔子说过的话"吾不试，故艺"，是说自己青少年时代，没有当官，社会地位比较低贱，所以学会很多技艺。这里说的"鄙事"和"艺"都是指体力劳动的一般技能。从小就处于社会地位较高的君子，就不会有那么多技能。孔子在这里否认天生圣人的说法，他自己是从实践中学习到的各种技能。为什么有机会在实践中学习，是由于当时社会地位低贱。当然，他还有更明确的说法："圣人吾不得而见之矣。"（《论语·述而》）圣人都没有看到过，更不用说自己成为圣人了。

从以上这些资料来看，"十五志于学"，可以理解为十五岁的时候立志学习，或者说，十五岁确定了学习的志向。有的人依据圣人"生而知之"，不需要学习，费劲地曲解这句话，都是多余的，不切实际的。

二、三十而立

关于立，孔子在《论语》中有多处提到。例如说："兴于《诗》，立于礼，成于乐。"（《论语·泰伯》）"不学礼，无以立。"（《论语·季氏》）"不知命，无以为君子也；不知礼，无以立也；不知言，无以知人也。"（《论语·尧曰》）这三处讲立，都与礼相联系。可以理解为"三十而立"，就是"立于礼"。

礼是什么？古代儒家认为，治理国家，需要四大工具：礼乐刑政，缺一不可。礼放在第一位。因此，有时也简称为"礼治"。在《礼记·乐记》中，对于礼乐的关系有一系列论述："礼节民心，乐和民声"；"乐者为同，礼者为异。同者相亲，异者相敬。乐胜则流，礼胜则离。合情饰貌者，礼乐之事也。""礼义立则贵贱等矣乐文同则上下和矣。""乐至则无怨，礼至则不争。""天尊地卑，君臣定矣；卑高已陈，贵贱位矣；动静有常，小大殊矣……礼者，天地之别也。"乐的作用是和同，礼的作用是"节"和"约"。礼在于"异""别""敬"，在于强调尊卑贵贱的等级差别。荀子说："两贵之不能相事，两贱之不能相使，是天数也。"（《荀子·王制》）荀子认为礼是协调人际关系的重要制度，先王"制礼义以分之，以养人之欲，给人之求，使欲必不穷乎物，物必不屈于欲，两者相持而长，是礼之所起也。"制定礼义来分配社会财富，赡养人的欲望，供给人的需求，使人的欲望与社会财富保持一种平衡状态。这是礼产生的原因。

有礼义，富贵人家可以安享尊荣，其他人也可以享受与自己地位相应的生活。这是富贵与贫贱"两得"。如果没有礼义，或者一些富贵人家不遵守礼义，贪婪无限，多吃多占，那么就有很多人陷于贫困，乃至饥寒交迫，无法生存。这样社会就不安定，而富贵人家也不得安享富贵，这就是"两丧"。因此，荀子说："礼者，人道之极也。"（《荀子·礼论》）儒家讲三道：天道、地道与人道。人道最终就体现在礼上，遵循不遵循礼，重视不重视礼，是文明不文明的表现。"礼者，断长续短，损有余，益不足，达爱敬之文，而滋成行义之美者也。"（《荀子·礼论》）高兴过头，容易乐极生悲；悲哀过度，也会损害健康。礼规定喜怒哀乐的程度，损有余而益不足，进行调节。用各种物质、颜色、形状、花纹、音乐、多少来表示贵贱的分别，表达感情的悲喜。

礼治是用一种合理制度来治理社会，这种合理制度建立在等级制上。承认人在社会上是有不同的角色与地位，有一定的"名分"。不同的名分就有不同的权利与义务，同时可以根据规定获得合理的报酬。高官便有厚禄，权力大不能无限制占有社会财富。社会底层也应该有生存的权利，有生活所需的最低资料。

提倡礼治的儒家认为只要各安其责，各守其职，天下就安定了。"不在其位，不谋其政"，"君子思不出其位"（《论语·宪问》），各司其职，不敢僭越，没有越轨行为。否则，大家都越俎代庖，这就是平常说的"乱套"。

立是什么意思？立足点，站住脚，成立，成功立业。与礼相联系，应该如何理解？礼规定在差异的社会成员中，你立在哪个位置上。孔子从十五岁开始努力学习，到三十岁才知道自己立在哪个位置上是合适的。也就是找到自己的社会位置。孔子所谓的"三十"应该包括三十到三十九岁这十年。这十年是寻找社会位置的时间，也是找到合适位置的时候。这个位置是方向性的，例如任教、著文、仕政、从军、做工、务农、经商、等等。至于仕政，能当多大的官，经商会赚多少钱，都是以后的事情。

三、四十而不惑

不惑，就是不迷惑的意思。在哪些方面不迷惑呢？如果从知识上说，到什么时候也不可能不迷惑，因为宇宙之大，事物之复杂，不可能都认识尽了。正如庄子所说："吾生也有涯，而知也无涯。以有涯随无涯，殆已！"（《庄子·养生主》）知识是无穷的，人的生命是有限的，所以不可能认识全部知识。那么，孔子所说的"不惑"是从什么意义上讲的呢？

我以为有两种意义：一是此前如何确定自己的社会地位与角色，根据主客观条件，不断选择，是在迷惘中摸索。定了又改，改了再定。到了四十多岁，不再徘徊了。二是在立的基础上，又经过十年的努力，反复思考，确定了自己的宇宙观、价值观，形成自己的信念。自己对人生的信念，坚持下去，也不再变化了。应该说，这时候，孔子对自己的认识和对社会环境的认识都比较成熟了，自己的社会角色和自己的信念都已经确定，不再犹豫、徘徊，进入"不惑"的境界。

四、五十而知天命

天命是指客观规律，也指必然性，就是不以人的意志为转移的东西。到了五十岁才认识到有些事情靠自己努力就可以实现，有些事情不由人的意志决定，而是诸多客观因素综合的结果，带有一定的必然性。孔子说自己五十岁知天命，这与他的社会经历有关系，也许与他读了《周易》也有一定的关系。《史记·孔子世家》记载："孔子晚而喜《易》，序《彖》、《系》、《象》、《说卦》、《文言》。读《易》，韦编三绝。曰：'假我数年，若是，我于《易》则彬彬矣。'"在《论语·述而》中有类似记载，他说："加我数年，五十以学《易》，可以无大过矣。"这两个"五十"是否有联系？如果有联系，那么他"知天命"就与"读《易》"有关系。《周易》是关于天地万物发展变化的规律的书，读这样的书，自然有助于知天命。从孔子所撰写的《易大传》来看，包含丰富的客观规律的内容，表明"知天命"的精神境界。

五、六十而耳顺

到了六十岁，就达到耳顺的境界。到底什么叫耳顺？有一句俗语："良药苦口利于病，忠言逆耳利于行。"什么逆耳的话，都能听得进去，并且没有任何阻力，这也许就是耳顺的境界。也就是说，能够听得进去各种不同的意见，甚至反对自己的意见，以及在自己观念中是非常荒唐的话。有些人有了科学迷信的观念，将现有的科学说法都视为经典，不容许怀疑，一旦有人提出异议，就认为是大逆不道，就要声讨之、口诛之，就要给对方扣上"伪科学"的帽子。这些人当然就不会有耳顺的境界。

六、七十而从心所欲，不逾矩

孔子到了七十岁，不仅耳顺了，什么话都能听得进去，而且在行动上非常自由，无论做什么，不需要讲究，都符合社会规矩。这可以说达到了自由的境界。马克思主义认为人类在实践中，不断地从必然世界走向自由世界。而孔子在最后几年，他自己感觉到自由，"从心所欲，不逾矩"，进入自由世界。

程颢《偶成》载："闲来无事不从容，睡觉东窗日已红。万物静观皆自得，四时佳兴与人同。道通天地有形外，思入风云变态中。富贵不淫贫贱乐，男儿到此是豪雄。"程颢这种境界是否可以说已经达到了自由境界。

七、孔子的历史地位

以上可以看出孔子一生的成长成熟的过程，并非一生下来，就是圣人。他的一生可以大体上分三个阶段：第一阶段，学习文化，并进入政界做过政治工作；第二阶段是带着部分弟子周游列国十四年，与各诸侯国国君与臣民接触，深入了解春秋乱世；第三阶段是回到鲁国，整理典籍，继承文化，做了集大成的工作。

八、孔子的贡献

孔子说自己的成长历程："吾十有五而志于学，三十而立，四十而不惑，五十而知天命，六十而耳顺，七十而从心所欲，不逾矩。"（《论语·为政》）孔子将上自唐虞下至秦缪的资料编排出来，作为教材，这就是《尚书》，意思是上古之书，是历史资料，也是史学教材。古诗有三千多篇，孔子选择了三百五篇，分为《国风》《小雅》《大雅》《颂》，这就是《诗》即《诗经》。孔子说："《诗》三百，一言以蔽之，曰：思无邪。"（《论语·为政》）孔子晚年对《周易》特别感兴趣。他读《周易》，由于反复翻阅，联编竹简的绳子多次断开，所谓"韦编三绝"。《论语·述而》有类似记载。这完全可以确定孔子与《周易》的密切关系。曾有人企图篡改这一事实，后来出土文物也发现孔子与弟子讨论《周易》的记载。流传本与地下文物可以互证，这应该是定论了。于是，《史记》称："孔子晚而喜《易》，序《彖》、《系》、《象》、《说卦》、《文言》。读《易》，韦编三绝，曰：'假我数年，若是，我于《易》则彬彬矣。'"这都是可信的。那么，《易大传》或称"十大传"是孔子的创作。这个传统的说法也应该是可信的。过去疑古时代，否定这一事实，根据是不足的。孔子对此前文化的整理，是有大贡献的，是集先圣之大成，故孔庙的主殿称为《大成殿》。他根据鲁国的史记"作《春秋》"，上自鲁隐公，下至鲁哀公十四年，共十二公，二百四十二年历史，将自己的政治见解贯穿在其中。孔子告诉弟子："后世知丘者以《春秋》，而罪丘者亦以《春秋》。"（《史记·孔子世家》）

　　孔子作为最早的民间教师，将贵族文化（主要是礼）传播到民间，打破了"礼不下庶人"的传统，为中华文化的普及开了先例。这是一大创举，怎么估计都不会过分。"孔子以诗书礼乐教，弟子盖三千焉，身通六艺者七十有二人。"（《史记·孔子世家》）"孔子以四教：文、行、忠、信。绝四：毋意、毋必、毋固、毋我。所慎：齐、战、疾。"这里讲"诗书礼乐"是学习课程，"文、行、忠、信"是品德教育，"毋意、毋必、毋固、毋我"是思维方法的训练。慎重处理的事有三项：一是斋戒；二是战争；三是疾病。孔子的教育是成功的，经验是丰富的，理论是深刻的。他的启发式教学，至今还是很有意义的。有的人认为"夫子之门何其杂也"，子贡回答："夫子修道以俟天下，来者不止，是以杂也……大者之旁，无所不容。"（刘向《说苑》卷十七《杂言》）这说明儒家"有教无类"。追求纯

39

粹，怎么可能大呢？孔子是倡导普及教育的，因此才有三千弟子，形成显学的儒家学派。成分复杂，思想复杂，兼收并蓄，有容乃大。

儒家学派是孔子创立的。他们的思想体系就称为儒学。孔子怎么创立儒学的呢？孔子是宋国贵族的后代，他对贵族文化有所了解，再加上他好古敏求、好学深思，在游学中深入社会，了解实际，研究人生，理论与实践的结合，逐渐形成他的思想体系，就是儒学。他在指导弟子中，教学相长，互相启发，使儒学体系丰富发展，并逐渐完善起来。

九、孔子的影响

孔子死后，鲁哀公对他表示哀悼。弟子皆服丧三年，只有子贡在墓旁建庐住上六年。子贡还栽种了楷木，并用楷木雕刻孔子夫妇的像，保存至今。弟子与鲁国人到墓旁住的人有百余家，成为一个乡村，叫"孔里"。孔子墓地有一顷大，诸儒到那里讨论礼，举行乡饮或大射活动。故居开辟为庙，将孔子衣冠、琴、车、书都保存在里面。二百多年后，汉朝创立者刘邦经过鲁国，"以太牢祠焉"，用最高级的祭祀来祭祀孔子。诸侯卿相到这里来，经常先拜谒孔庙，然后赴任从政。司马迁在《史记·孔子世家》的最后说："天下君王至于贤人众矣，当时则荣，没则已焉。孔子布衣，传十余世，学者宗之。自天子王侯，中国言《六艺》者折中于夫子，可谓至圣矣！"用许多君王反衬孔子，君王都是当世则荣，活着的时候很荣耀，死后也就消失了，被人遗忘了。而孔子只是一个教师，传十几代，还有那么大的影响，以至于天子王侯讨论六艺，还要以孔子的说法作为标准。司马迁首次使用"至圣"这个词，表明是最高的圣人，因此将他放在《世家》行列。而先秦时代有许多思想家如管仲、子产、老子、墨子、庄子等，都没有列入"世家"，这也说明孔子的"至圣"地位。汉平帝元始元年六月，追谥孔子曰褒成宣尼公，封孔子后孔均为褒成侯，负责定时祭祀孔子。魏太和十六年文帝封孔子为"文圣尼父"。唐玄宗开元二十七年追谥孔子为文宣王。宋真宗大中祥符五年封孔子为"至圣文宣王"。元大德十一年，元武宗加封孔子为"大成至圣文宣王"。明代定孔子谥号为"至圣先师"。清代顺治时定孔子谥号为"大成至圣文宣先师"，康熙皇帝题孔庙大成殿匾额"万世师表"，也成为清皇帝对孔子的崇高评价。从追谥到封号，可以看到汉以后的两千多年中，历代当政者是如何尊崇孔子的。在这两千多年中，不断改朝换代，甚至少数民族入主中原，孔子儒学一直是有极高价值的，未曾被抛弃。"万世师表"已经挂到了许多孔庙的大成殿上，孔子成了"天下文官祖，历代帝王师"。

时过两千多年，孔子的影响并没有削减，反而增强了，不但影响了两千年后的中国大地，还影响到周边国家，对韩国、日本、越南、新加坡等都有深刻的影响。现在也开始传到西方国家，2006年已经在五十多国成立一百多所孔子学院。"和而不同"的牌子已经挂到许多孔子学院里。美国与欧洲也立有孔子塑像。孔子说的"己所不欲，勿施于人"也被写入1993年在美国芝加哥召开的全世界宗教会议最后发表的《全球伦理宣言》，被认为是适用于任何人群的绝对法则，并有了数千年的实用经验。

第二节　孟子的生平和思想

孟子名轲，约生于公元前372年，卒于公元前289年，寿八十四。是战国中期的儒家。著名的孟母三迁：先住墓葬区，小孟子学着别人哭葬，孟母（仉氏）认为这对孟子的成长不好，就迁往闹市区，小孟子学着商人讨价还价，孟母认为这对孟子的教育也不利，于是再迁到学校旁边，小孟子跟着学生诵读诗书，孟母认为这对教育孟子最好，于是就定居下来。这里反映一种观念：小孩是善良的，社会环境不好，会影响小孩的品德情操。这为以后孟子提出人性善奠定了理论基础。另有孟母断机喻学的故事。孟母教子有方，被称为母仪天下，是天下母亲的模范。孟子崇拜孔子，受业于子思的门人。因此，孟子是继承孔子、子思的学术，成为战国时代最著名的儒学大师，后称亚圣。现在邹县有孟庙即亚圣庙，也有孟府、孟林，还有孟母林。

在战国前期，儒、墨并称"显学"，到了战国中期，儒学被边缘化了，杨朱一派与墨翟一派成为显学，流行于天下。孟子为了维护儒学，挺身而出，辟杨、墨。孟子说："圣王不作，诸侯放恣，处士横议，杨朱、墨翟之言盈天下。天下之言，不归杨，则归墨。杨氏为我，是无君也；墨氏兼爱，是无父也。无父无君，是禽兽也。"（《孟子·滕文公下》）"杨墨之道不息，孔子之道不著"。孟子辟杨墨，捍卫儒学，对于儒学复兴，贡献极大。

孟子也曾周游列国。当时天下大乱，孟子提出人性善，行仁政，争取民心，得民心才能得天下。怎样才能得民心呢？那就是要做两方面的工作：一是人民想要的，替他们办到；二是人民反对的，要帮他们去掉。这也就是兴利除害。如何兴利除害？孟子提到一些最重要的措施：首先要给人民有一定的"恒产"，恒产就是土地。有了土地，生活就有了保证。丰收年，可以生活得富裕些，歉收年，不至于饿死。上可以赡养父母，下可以抚养子女。这样人民就会安心在这里长期生活下去。这就是所谓有"恒产"，才有"恒心"。有了生活保证以后，就要进行教育。"饱食暖衣，逸居而无教，则近于禽兽。"（《孟子·滕文公上》）富裕以后，如果不进行教育，人就会变得像禽兽一样，不懂礼义，缺乏道德。因此，孟子十分重视对人民进行伦理教育。另外，孟子还非常强调任人唯贤，如果坏人掌权，什么好事都会被搞乱了。他提的"尊贤使能，俊杰在位"（《孟子·公孙丑上》）是需要认真体会的。孟子主张："惟仁者，宜在高位；不仁而在高位，是播其恶于众也。"（《孟子·离娄上》）仁人适宜在高官的位子上。如果不仁的人在高官的位子上，会将恶劣的风气传播给群众。当官是以身作则，当官不遵守道义，百姓就会不遵守法律，天下就不可能安定。他说："徒善不足以为政，徒法不能以自行。"（《孟子·离娄上》）有的人是好人，是贤者，但未必适合为官当政，做官与做人是不一样的。对于贤人要尊重，未必都让他们当官。使能，是任用能力强的人来办事。能，是指能人。道德与能力，是当官的两个必要条件。愿意为人民办事，能够为人民办事，这是实行仁政所需要的官员。孟子的仁政学说是系统的儒家政治学。

孟子有比孔子更突出的独立人格。他说："居天下之广居，立天下之正位，行天下之大道。得志，与民由之；不得志，独行其道。"
（《孟子·滕文公下》）为了保证实现独立人格，他认为需要做到"富
贵不能淫，贫贱不能移，威武不能屈"（《孟子·滕文公下》）。孟子
说："古之人未尝不欲仕也，又恶不由其道。"（《孟子·滕文公下》）
各诸侯国都在发展实力，扩军备战，不接受孟子的主张。孟子因此
反对战争，他认为"争地以战，杀人盈野；争城以战，杀人盈城"。
这就叫"率土地而食人肉，罪不容于死"（《孟子·离娄上》）。所以
他认为"善战者服上刑"。当时许多人认为善战者是英雄，他却认为
善战者应该受到最严厉的刑罚。不能以正道匡君，只是充当君的工
具，那是孟子所强烈反对的，他认为这是"富桀""辅桀"的行为，
不是所谓"良臣"，而是所谓"民贼"（《孟子·告子下》）。他提出
"民为贵，社稷次之，君为轻"。因此当官的要把民放在最高的位置
上，而将君放在人民和国家之后。但是，当时的士人对民与君的关
系往往弄颠倒了，把君放在民之上。孟子主张以道义匡护君，就是
要用正义纠正君的错误行为。他对君的教育主要有"施仁政，行王
道"，主张"以德服人"，反对"以力服人"。在战争中"天时不如地
利，地利不如人和"，认为"不信仁贤，则国空虚"。

　　孟子在外活动了二十多年，无果而归，开始从事教学与整理古
籍，著《孟子》七篇，流传于世。《孟子》一书中有许多思想被后代
传颂。孟子提出天爵和人爵的问题，很有意义，是当今从政者和准
备从政的人需要深刻理解的。他说："有天爵者，有人爵者。仁义忠
信，乐善不倦，此天爵也；公卿大夫，此人爵也。古之人修其天爵，
而人爵从之。今之人修其天爵，以要人爵。既得人爵，而弃其天爵，
则惑之甚者也，终亦必亡而已矣。"（《孟子·告子上》）"仁义忠信，
乐善不倦"是道德，是天爵。"公卿大夫"这些官位，是人爵。孟子
主张修其天爵，然后人爵随之。先提高道德水平，然后获得官位。
现在有些人开始修天爵，是为了获得人爵，一旦得到人爵，就抛弃
天爵，将天爵当做敲门砖。孟子认为这是极其糊涂的人，最终"必
亡"无疑。孟子很重视艰难生活的历练，认为舜、傅说、胶鬲、管
仲、孙叔敖、百里奚都是从艰苦的环境中提拔出来，成了大功的人。

他总结为一句格言："生于忧患，而死于安乐。"（《孟子·告子下》）孟子有三乐，表达的是他的价值观，或最高理想。三乐是："父母俱存，兄弟无故"，"仰不愧于天，俯不怍于人"，"得天下英才而教育之"。（《孟子·尽心上》）这三乐中，个人最有自主权的是第二条，就是要做无愧无悔的事，这也是立身处世最重要的一条。荀子认为"贵为天子，富有天下"是人人所欲。孟子认为，"王天下"不是他的"乐"。他对穷达有自己的态度："得志，泽加于民，不得志，修身见于世。穷则独善其身，达则兼善天下。"（《孟子·尽心上》）他提出"养吾浩然之气"，并且说："养心莫善于寡欲"，"堂高数仞，榱（cuī）题数尺，我得志，弗为也；食前方丈，侍妾数百人，我得志，弗为也；般乐饮酒，驱骋田猎，后车千乘，我得志，弗为也。在彼者，皆我所不为也；在我者，皆古之制也。吾何畏彼哉！"（《孟子·尽心下》）那些当官的讲究排场、享受，我如果当官还不要那些东西，我还害怕什么？许多当官的怕上级，就是怕丢了乌纱帽，怕失去那些东西。我不要那些东西，就没有什么可怕的了。为了追求欲望，就顺从上级，这是历代从政的大忌，也是贪官奸臣的基本特色。孟子这种大丈夫精神支撑了中华民族无数优秀儿女的气节，为维护民族独立、社会正义，发挥了不可估量的作用。

第三节　荀子的生平与思想

荀子名况，又称荀卿、孙卿，赵国人，五十岁才到齐国，"最为老师"，"三为祭酒"，议兵于赵，论儒于秦，后到楚国，任兰陵令，卒于兰陵。他的弟子李斯和韩非在秦国帮助秦始皇打天下。荀子著《荀子》数十篇数万言，流传于世。

荀子研究的问题很广，主要坚持儒学，推崇仲尼，宣扬大儒。同时，他用儒学精神分析研究当时社会关注的制度、君道、臣道，以及关于富强、天论、正论、礼论、乐论等，还重视正名的思想，提出解蔽、正名、性恶等问题。

第一，天人之分。儒家讲天人合一，讲天道、地道、人道；而荀子思想的主线是人、人道，他的思维理路是分、分析。荀子《天论》提出"天人之分"，将人从天中分出来，认为"天行有常，不为尧存，不为桀亡"。天是自然的，人是有主观能动性的。人的吉凶祸福，贫富寿夭，是人们自己决定的，与上天无关。荀子说："强本而节用，则天不能贫；养备而动时，则天不能病；修道而不贰，则天不能祸。……本荒而用侈，则天不能使之富；养略而动罕，则天不能使之全；背道而妄行，则天不能使之吉。"本是生产，强本就是加强生产。加强生产又节约开支，天不能使他贫困。养，包括衣食住行所需要的物质。养备，就是生活资料完备，什么也不缺。动，指活动；时，指时常，按时。营养充分，又经常活动，天就不能使他生病。在两千多年前的战国时代，荀子已经认识到营养与活动是人的健康的两大要素。这个动又不是过分的运动，而是适当的动，是与静相协调的动。道是规律、法则。修道，就是循道，遵循规律，按照法则。不贰，不改变。坚持遵循规律，按照法则办事，天也不能使他遭祸。相反，如果不努力生产，又很浪费，那么，天也不能使他富裕；如果营养不足，又很少活动，那么天也不能使他健全；如果违背规律不守法则乱来，那么天也不能使他吉利。人可以掌握天命来为自己造福，但是不能改变天的运行规律，"天不为人之恶寒也，辍冬"（《荀子·天论》），天不会由于人们厌恶寒冷而取消冬季。人也认识不了天为什么会有这些运动规律。所以，他说"不求知天"。他认为君子依靠自己，不断努力、不断进步；小人依赖上天的恩赐，自己偷懒，经常落后。人在社会上生活，放弃努力，企望上天，是不符合实际的，也不会得到幸福。

第二，性伪之分。人有自然本性，叫性；经过教育形成的东西，是人为的结果，叫伪。荀子认为人的本性是恶的，善是经过教育后的成果，是人为的结果，叫伪。为什么说人性是恶的呢？荀子作了这样的论证：从圣人到普通人，都是好利而恶害的，饥而欲食，饱以后又想美味。追求没有止境。"夫贵为天子，富有天下，是人情之所同欲也。"（《荀子·性恶》）在这一本质上，君子、小人，圣人、俗人都一样。任其发展，就会产生争夺。争夺的结果，天下大乱，大家都不能安定生活。从后果来看，人的本性是恶的。圣人知道这种情况，制定礼，对人民进行教育，遵循礼的人就是善的。礼就是要维护等级差别，协调各种人际关系，维护社会秩序。礼就是人道的极致。荀子总结礼的三种功能：首先，礼是根据人的欲求制定出来的，是为了满足人们的物质需要与精神需要，礼是为了"养人之欲，给人之求"。"礼者，养也。"其次，礼是维护差别。分清贫富贵贱，赏罚才能实施。有差别才能劝善惩恶。"夫两贵之不能相事，两贱之不能相使，是天数也。"（《荀子·王制》）贵贱差别是客观规律。只有维护这种状况，社会才能有序。最后，礼还有协调的作用。这就是损有余以补不足。例如人有爱敬之心，爱敬不足，礼要求提高；爱敬过分，礼要求节制。用外在的物来表示感情，叫感情物化或心理外化。礼要求适当，适可而止，不宜过于简陋，也不应过分华丽，过犹不及。礼的作用在于养、别、调。"人性恶"是他的最有特色的理论，与孟子"人性善"针锋相对。他认为，人任其发展下去，就会导致争夺，争夺的结果破坏人类生存环境。所以说人性是恶的。要用圣人制定的礼义进行教化，然后人才会知礼让，行为合理，社会稳定，人们才会生活在和谐的社会环境中。

第三，君子小人之分。人有共同的本性，都是好荣恶辱、好利恶害的，怎么会有君子与小人的分别呢？荀子认为，人的本性是恶的，任其自然发展，就是性恶的小人。如果能够接受礼的教化，并且照着行动，那么就可以"积礼义而为君子"（《荀子·儒效》）。多做礼义的事情，就会逐渐成为品德高尚的君子。如何才能成为君子呢？荀子提出两条：一是学习；二是修身。学习，最好是向圣人学习，圣人作古以后，就学习他所制定的礼义，礼义就在他加工过的典籍中。儒家经典主要有《书》《诗》《礼》《乐》《春秋》，加上《周易》，这是当时儒家的经典。后来许多儒家又撰写、整理了一些典籍，后儒也奉为经典，于是有了"十三经"。这些典籍要专心学，要持之以恒，要学到老，学到死，"学至乎没而后已"（《荀子·劝学》），修身，学习要改变观念，落实于行动，就是修身。荀子说："君子之学也，入乎耳，箸乎心，布乎四体，形乎动静，端而言，蠕而动，一可以为法则。"（《荀子·劝学》）学习从耳朵进去，记在心中，化作行动，使自己的一言一行都可以成为典范。从行动上表现出来，才算学习好了。"故学止乎礼而止矣"（《荀子·劝学》），学习达到礼的标准，才算完成了。贫穷的时候要遵循礼，富贵的时候也要遵循礼。礼的标准不是死的、固定的，而是发展变化的。总的原则是"以公义胜私欲"（《荀子·修身》）。要"与时迁徙，与世偃仰"，才能做到"应变曲当"。与时俱进，随时代的不同而采取不同的方式方法，都能做到符合实际情况。荀子认为君子主要自己努力，至于别人如何对待自己，不是自己所能强求的，所以他说：君子应该"耻不修，不耻见污；耻不信，不耻不见信；耻不能，不耻不见用"（《荀子·非十二子》）。学习为了修身，为了提高自己的素质。与此相反，不学习，学了不能实行，不能提高自己的素质，自己不守信用，没能力，还埋怨别人不信任他，不重用他，这种人就是小人。时代变化了，情况也变了，还死守旧的一套，反对改革，或者没有自己的主见，一切听上级的，或者跟风随众，都是小人的表现。

第四，王霸之分。研究人，就要研究社会。社会最重要的因素是政治。政治状况可以分为三种："义立而王，信立而霸，权谋立而亡。"（《荀子·王霸》）这就是王道、霸道、亡国之道。他在《王制》篇中又有四分法："王者富民，霸者富士，仅存之国富大夫，亡国富筐箧、实府库。"王道是荀子认为最好的政治。王道的特点是办事合理，富了人民。其次是霸道，霸道讲信用，重视人才，奖赏贤士，让他们先富起来，由于他们积极参与，达到富国强兵的目的。很显然，秦国就是这样的霸道国家。四分法中多了一个仅存之国，就是上不及王、霸，下不致立即亡国，还能勉强维持着。当时山东六国，基本上就属于这种状况。"富筐箧、实府库"指政府富了。政府如何富的？就是从人民那里聚敛来的。财富一旦聚敛到政府那里，人民就贫穷了。这就是"上溢而下漏"。这样强盗要来抢财富，敌人得到这些财富就富裕起来。因此，荀子认为："聚敛者，召寇、肥敌、亡国、危身之道也，故明君不蹈也。"聚敛的结果是招来强盗，帮助敌人，导致亡国灭身的结局。在《王制》篇的最后，荀子又列出五等：

王、霸、安存、危殆、灭亡。这就是诸侯自己选择的结果。善于选择的制伏别人，不善于选择的被别人制伏。差别就在于谁制伏谁的问题。荀子认为："国之命在礼"（《荀子·强国》），礼是国家的命根子。"礼者，治辨之极也，强固之本也，威行之道也，功名之总也，王公由之所以得天下也，不由所以陨社稷也。"（《荀子·议兵》）实行不实行礼治，是国家存亡的根本。所以说"修礼者王"。按照礼办事，就是最佳的政治。荀子强调"隆礼"。

战国时代，诸侯纷争，各诸侯都很重视治理社会的法家与带兵打仗的兵家。荀子清醒地看到，法家用赏罚来鼓动人民，是偏颇的。人们为了赏赐去打仗，见到伤亡就不干了，不为钱财去卖命，纯粹是一种交易。在强敌面前，"使之持危城则必畔，遇敌处战则必北，劳苦烦辱则必奔，霍焉离耳，下反制其上"（《荀子·议兵》）。让他们守危险的城，必定要背叛；与强敌战，必定会逃跑；处于劳苦复杂的环境，必定开小差。到那紧急的时刻，突然解体，一哄而散，国君的命运却掌握在他们的手里。带兵打仗也一样，不重视礼，不讲仁义，只重视将军的选拔，是舍本求末，虽然可能一时取胜，也不能保住，不能持久。齐桓公先行霸道，后来死得很惨。秦国也是"不由礼义而由权谋"（《荀子·王霸》），也是末世之兵，最终不会有好结果。

荀子讲的王道，首先重视礼义，其次强调富民，再次是尊贤。重视礼义，才能获得人民的拥护，"大凝"，最广大的凝聚力就是要凝聚人民。重视礼义，就要尊贤，由贤能之士来实施礼义。尊贤就要任人唯贤，不能任人唯亲。他说："明王有私人以金石珠玉，无私人以官职事业。"（《荀子·君道》）国君可以将财宝送给别人，不能将官职与事业送给别人。因为这样对自己宠爱的人没有好处。对人民是一种灾难，对他自己也有害，对国君来说，则是昏庸的坏名声。这是"俱害之道"，对谁都没有好处。他主张任人唯贤，提出："贤能不待次而举，罢不能不待须而废。"（《荀子·王制》）只要是贤能之士，不必论资排辈，可以破格提拔。对于没有积极性又无能者，应该立即罢免。即使是王公贵族的子孙，只要不会礼义，就降为平民；平民的子弟，只要言行符合礼义的，就可以提拔任官。以礼义为标准，不以出身为根据。在王道观中，君与民的关系是："君者，仪也，民者，景也。仪正而景正。""君者，民之原也。原清则流清，原浊则流浊。"（《荀子·君道》）"君者，舟也；庶人者，水也。水则载舟，水则覆舟。"（《荀子·哀公》）君臣关系是："君人者，爱民而安，好士而荣"，"生则天下歌，死则四海哭"（《荀子·解蔽》）。相反，"世无王，穷贤良，暴人刍豢，仁人糟糠"（《荀子·成相》）。这与李白的体会一样，"珠玉买歌笑，糟糠养贤才"（李白《古风》诗句）。重视不重视贤才，是君王明昏的标志。因此，司马迁说："士贤能而不用，有国者之耻。"（《史记·太史公自序》）荀子专门以《君道》《臣道》这样的题目来论述君臣的关系问题。

孔子的思想是复杂的，丰富的。孟子重点发挥了孔子的心性修养方面的思想，着重于内圣，同时也提出仁政设想，属于外王的范畴。荀子着重于外王，比较切合当时的政治需要，对中央集权制度，有可行性和实用性。汉代以后，政治受到这些思想的深刻影响，因此，谭嗣同认为"荀学"统治思想界达两千年之久。荀子也强调人的修养，第一篇就是《劝学》，第二篇是《修身》，还有《荣辱》等篇，都与修身有关，也属内圣的内容。孔、孟、荀，虽有侧重，都还是比较全面的。孟子学说理想成分大一些，而荀子理论对于中央集权制度更切实可行。

第五章
董仲舒

　　董仲舒的政治哲学可以用他的两句话高度概括，那就是："屈民而伸君，屈君而伸天。"屈民而伸君，就是强调大一统，维持中央集权制度。屈君而伸天，就是用天的神明来制约皇帝至高无上的权力。形式是天人感应，实质是独尊儒术。因为天是由儒家按儒学来解释的。天就是按儒学来塑造的。为什么提倡大一统，这就要追寻大一统的来历与意义。另外在人性论上，董仲舒总结先秦关于人性善恶的讨论，提出性未善论。在经济方面提出调均思想。在论证天人感应时，对阴阳五行也有所创造。在对策中关于办太学培养人才，让高官定期推荐人才名额以及选拔考察人才的建议，在汉朝和后代都有很大影响。今天只能讲政治哲学中最重要的问题：一是大一统；二是天人感应；三是独尊儒术；四是调均经济；五是性未善论。

第一节　政治哲学的核心——大一统论

中国传统政治的格局是大一统。大一统，先有一个政治中心的形式，由此产生大一统观念，而后才有理论，最后形成大一统的政治格局与思维方式。大一统的政治中心是天子。在天命论的影响下，天之子就是人间的最高权威，是政治权力的核心，也是大一统的中心。天子、国君，秦汉以后都称为皇帝，名称不同，实质上都是现代所谓"国家元首"，或"总统"之类。天子也有一套行为规范，那就是所谓"君道"。君道包括修身、君臣关系与君民关系。君臣关系包括求贤、选贤、任贤、纳谏等内容。君民关系包括重民、爱民、治民、导民、化民等内容，主要指以民为本。君的地位特殊，作用也特殊。因此，历代思想家都极重视研究明君、圣王的问题以及如何事君、谏君的问题。先秦的典籍有《论语》《孟子》《荀子》《韩非子》《管子》，秦汉以后有陆贾的《新语》、贾谊的《新书》、韩婴的《韩诗外传》、董仲舒的《春秋繁露》、刘向编的《说苑》和《新序》、桓谭的《新论》、扬雄的《法言》、王充的《论衡》、王符的《潜夫论》。秦汉时代的四部集体编撰的著作：《吕氏春秋》《淮南鸿烈》《盐铁论》《白虎通义》都是有关这方面的重要著作。这里主要讲董仲舒的政治哲学中的大一统理论。

一、大一统观念

大一统观念产生比较早。在《尚书·尧典》中有"光被四表""以亲九族""平章百姓""协和万邦"，虽然还比较松散，却已有一个中心，尧就是这个中心。这个中心之外，围绕这个中心形成不同层次的圈子，由小到大，由最亲近的"九族"，到周围的"百姓"，再到远方的"万邦"。这是一个大一统的系统。后来，这个系统一直延续下去。到了周朝，周公采取封建制度。《左传》僖公二十四年载：周公"封建亲戚，以蕃屏周"。除了亲戚，还封了先前圣王的后裔和功臣。据《史记·周本纪》载："武王追思先圣王，乃褒封神农之后于焦，黄帝之后于祝，帝尧之后于蓟，帝舜之后于陈，大禹之后于杞。于是封功臣谋士，而师尚父为首封。封尚父于营丘，曰齐；封弟周公旦于曲阜，曰鲁。"

古代交通通信都不发达，中国这么广阔的领土和如此众多的臣民，如何管理，是一个大问题。周公采取这种分片包干的办法，把边远的土地分成若干块，将土地和土地上生产生活的人民，一起分给先王之后、开国功臣以及亲戚，由他们分别管理。这种封国有很大的独立性和自主权，王位可以传给自己的子孙，自己可以选拔任用官吏，财政收入完全由自己管理、支配，义务就是朝聘和进贡两件事。朝聘，就是定期去朝见天子，述职。《礼记·王制》载："诸侯之于天子也，比年一小聘，三年一大聘，五年一朝。天子五年一巡守。"比年，每年。小聘，让大夫去向天子汇报。大聘，让卿去向天子汇报。五年一朝，诸侯王自己要亲自到首都向天子述职。天子五年要巡视诸侯一次，考察各地治理状况如何，有功的赏，有罪的罚。赏，扩大封地。罚，削减封地，甚至取消封地。分爵为五个等级：公、侯、伯、子、男。封地分三等：公、侯封地方百里，伯封地方七十里，子、男封地方五十里。《孟子·离娄下》："君子之泽，五世而斩。"诸侯传五世，如果没有立新功，就取消封地。诸侯每年要将自己管辖地区的土特产品，挑选最优异者，献给天子，即所谓进贡或贡献。《尚书·禹贡》说的"厥贡丝漆"，就是把本地产的丝和漆贡献给天子。一般用器，有定量。而大夫则要把这些物品贡献给诸侯，诸侯自己留一些，将其中的一部分贡献给天子。大夫也不参加生产，他们的物品，也是人民缴纳的。层层贡献，就是当时大一统政治的最初模式。汉代以后才逐渐改为货币税负，而特殊贡品，则延续到封建社会的末期明清时代。现代有许多号称"贡品"的东西，就是说古代曾经作为最优异的土特产品贡献给朝廷。例如"古井贡酒"和所谓"龙井珍品，岁贡御茶"，古井酒、龙井茶都是贡品。江浙的丝绸、天津的大米等。此外，还有贡献人才的规定。据

52

《尚书大传》记载："古者诸侯之于天子，三年一贡士。一适谓之好德；再适谓之贤贤；三适谓之有功。有功者，天子赐以车服弓矢，号曰命。诸侯有不贡士谓之不率正。一不适谓之过；再不适谓之傲；三不适谓之诬。诬者，天子绌之，一绌以爵，再绌以地，三绌而爵地毕也。"（《后汉书·左周黄列传》论，李贤注引）贡士是一种任务，所贡之士是称职的，有赏，不贡或所贡之士不称职，就要受罚。所罚最严重的就是全部取消爵位与封地。

从以上可以看出，周天子与各诸侯国的关系，跟尧时的"协和万邦"已不相同。各诸侯国有相当大的独立自主权，而周天子经常考察他们的治理情况，并给予赏罚。因此，有这样的说法："溥天之下，莫非王土，率土之滨，莫非王臣。"（《诗经·小雅·谷风之什·北山》）春秋时代，五霸率诸侯尊周室，是对大一统观念的继承。战国时代，七雄并立，都想统一天下。秦得实现，就下令统一度、量、衡，"车同轨，书同文字"（《史记·秦始皇本纪》）。这些措施，也可以看做是大一统的继续。"车同轨"便于交通，可以促进经济贸易与文化交流。"书同文字"对后代影响更大，成为中华民族形成强大凝聚力的一个重要因素。统一汉字对于中华民族大一统国家的重大意义不可忽视。

二、大一统理论的确立

大一统理论是在总结历史经验中得出的。周末天下大乱，礼崩乐坏，一个中心的大一统政治格局被打乱，整个社会陷入无序状态，战争频繁，民不聊生，正所谓"春秋无义战"。虽有五霸崇周，仍然战争不断。周天子只有名义上的中心，已经无法控制政治局面，所谓"征伐自天子出"，已经成了一句空话。最终导致战国七雄出，秦灭周，再灭山东六国，一统天下。秦统一政治，消除了诸侯分裂纷争的局面。这本来可以使人民过上安居乐业的生活。秦到二世，以天下适己，以天下奉一人。秦二世有至高无上的权力又没有制约机制，欲望高而智力低，以为可以毫无顾忌地随心所欲，结果搅乱天下，很快就在农民起义中灭亡。灭亡秦朝的正是秦二世胡亥。当然，秦二世无术御下，无力控制局面，自己深居皇宫，不了解下情、外情，自己被赵高所控制，成为傀儡。而真正乱国的罪魁祸首应该是赵高。赵高指鹿为马，狐假虎威，大权独揽，为所欲为，终将国家搞乱，自己也当了殉葬品。

秦亡后，楚汉逐鹿，战争持续了五年，最后，刘邦战胜项羽，取得政权，建立汉朝，恢复了秦朝建立的中央集权制度。所谓"汉承秦制"。从制度上说，周代实行封建制。秦始皇认为周末乱世是由于实行封建制造成的，为了加强中央集权，他取消封建制，改行郡县制。分天下为 36 郡，一郡管辖若干个县。郡县的行政长官由皇帝直接任命，随时调动，没有继承权。使大一统政治从制度上得到大大加强。汉朝之初，有的思想家认为周代实行封建制，延续了八百年，秦代实行郡县制，只延续了几十年，说明封建制优于郡县制。汉承秦制时，又封了一些诸侯王。实际上，汉代实行的是"一国两制"，郡县制与封建制并存。过几十年，在汉景帝时代，许多诸侯王实力扩大，开始觊觎中央政权，威胁中央政权。许多有识之士深感忧虑，一再提出要削减诸侯的实力，减少封地，避免枝大于干，防止尾大不掉，大权旁落。贾谊有这个意见，晁错也有这个意见。但是，汉文帝和汉景帝总觉得这些人危言耸听，不忍下手，一拖再拖，未能实施。结果，于景帝年间，吴楚七国借口清君侧，反对削藩，起兵叛乱，要夺中央大权。这是一大教训！这个时候，汉景帝还想牺牲晁错来平息叛乱，结果"内杜忠臣之口，外为诸侯报仇"（《汉书·晁错传》）。晁错已死，叛军不退，此时，景帝才醒悟，晁错却冤死。

善于总结历史经验的董仲舒亲身经历了这场太平时代的大灾难，深入研究这些痛苦教训，从理论上进行探讨。研究的结果就是大一统理论。汉代风气比较崇信古代的文字，董仲舒就从《公羊传》中找到"大一统"三个字，大加发挥，产生了理论形态的"大一统"。

《春秋经》记载：鲁隐公"元年春王正月"。《公羊传》解释说："元年者何？君之始年也。春者何？岁之始也。王者孰谓？谓文王也。曷为先言王而后言正月？王正月也。何言乎王正月？大一统也。"（《公羊传》隐公元年）这段话的大意是：什么叫元年呢？国君即位的第一年。什么叫春呢？一年中第一个季度。王指谁呢？指周文王。为什么先说王后讲正月呢？因为用的是周文王历法的正月。为什么要用周文王历法的正月呢？那是为了使用天下通用的统一历法。（周正建子，周历以农历十一月即子月为正月）应该说，《公羊传》在这里是将统一历法称为"大一统"，本来没有很深奥的意义，每一句解释都很平实而通俗。

《公羊传》注经，可为章句之学的典型代表，而董仲舒却要"六经注我"，利用经传的说法来发挥自己的思想。就在"元年春王正月"这几个字上，他阐述了许多观点。第一，他提出"元"在天地之前，是宇宙的终极本原，产生了独特的"元一元论"宇宙观。第二，他说："谓一为元者，视大始而欲正本也。"（《汉书·董仲舒传》引《举贤良对策一》）把第一年称为元年，是重视开始，而且要端正根本。上梁不正下梁歪。皇帝是根本，刚即位是开始。一定要树立正的风气，为天下作表率。第三，春代表天，在王之前。王之后有正，正就是政，政是统治人民。"春王正"三个字的顺序表明"屈民而伸君，屈君而伸天"（《春秋繁露·玉杯》），人民服从皇帝，皇帝服从上天。第四，董仲舒从这里发挥大一统思想。大一统在《公羊传》里主要指统一历法，而在董仲舒那里，大一统的思想也就大大丰富了。一是反对诸侯分裂割据；二是加强中央集权，两屈两伸就是一例；三是要将全国思想统一于孔子儒学。这三方面也就是领土完整，统一政治，统一思想。董仲舒的建议受到汉武帝的赞赏。西汉几个皇帝也都贯彻大一统的建议。政治统一和经学的形成，就说明董仲舒大一统思想的部分实现。大一统思想的形成，董仲舒起了关键的作用，大一统思想的发展产生"大一统"的思维方式和"大一统"观念。

三、大一统的政治格局与思维方式

"大一统"在政治上巩固了汉朝统一政权，在思想上的影响更加深刻和久远。"大一统"成了中华民族的政治观念和思维方式。

统一政治成为中国人的深层观念。当国家处于即将分裂的时候，人们都要维护统一，反对分裂。谁搞分裂，谁就是历史的罪人，就是民族的败类。汉代吴楚七国之乱中的吴濞，唐代安史之乱中的安禄山，就是这一类的罪人、败类。在不得已而出现分裂以后，所有的人都在努力促成统一，结束分裂。典型的是，南宋时代，著名诗人陆游在临死前留下遗言，表达自己的心愿："死去原知万事空，但悲不见九州同。王师北定中原日，家祭无忘告乃翁。"这一首诗传颂长久，也说明它反映了中华民族的传统精神。谁期望统一，谁为统一作出贡献，谁就是民族英雄，光炳青史。南宋的岳飞就是这样的英雄。他的坟墓就建在杭州西湖的风景区，墓前还有这样的一副对联："青山有幸埋忠骨，白铁无辜铸佞臣。"所谓忠骨，就是岳飞的骸骨。所谓佞臣就是陷害岳飞的秦桧等人。原有石雕佞臣的跪像，由于游客愤怒，经常打破石雕佞臣像，后来改用铁铸，才能保留较长时间。从这一种情况来看，也可以说充分反映了中华民族的传统感情和对忠奸的强烈情绪。直至今天，有些人企图制造分裂中国的舆论，都必将受到中国人民的唾骂。在中国这种深厚的民族传统下，任何企图分裂中国的努力都将是徒劳的。

在汉代，大一统产生了经学，以儒家思想作为整个社会的指导思想，同时产生了一个中心的一元观念，全国人的思想都趋向政治中心，首都成了全国人民的榜样。天下看首都，四郊看城中，城中看宫中，宫中看皇帝。东汉时有民谣说："城中好高髻，四方高一尺；城中好广眉，四方且半额；城中好大袖，四方全匹帛。"（《后汉书·马廖传》）城中人的生活方式都成为四方百姓效法的榜样。而皇帝则是全国人的榜样。所谓以身作则，所谓"其身正，不令而行；其身不正，虽令不从"（《论语·子路》）。皇帝自己的一举一动、一言一行，都成了其他人的行为法则。身正，必须心正。如果皇帝心正、身正，那就会使社会风气正。如果皇帝心不正，行为不规矩、说话太随便，那就可能给某些人带来严重的灾难，甚至给整个社会带来不幸。因此皇帝要敬小慎微。正如董仲舒所说："君人者，国之元。发言动作，万物之枢机。枢机之发，荣辱之端也。失之毫厘，驷不及追，故为人君者谨本详始，敬小慎微……虚心下士，观来察往，谋于众贤，考求众人。"（《春秋繁露·立元神》）东汉马廖也认为"改政移风，必有其本"（《后汉书·马廖传》）。这个"本"就是京师、皇宫、皇帝。后人所谓"上行下效"，所谓"上有所好，下必甚焉"，"上梁不正下梁歪"，都是指的这种情况。

如何看待大一统？大一统的实质就是中央集权制。从秦始皇建立这个中央集权制到清朝末年，两千多年中，从未改变。到了现代才有民主共和制。在建立民主共和制之前，自然要批判中央集权制，才能说明民主共和制的合理进步。但是，如果我们从世界历史的宏观角度来审视这个问题，则应该有新的评价。在近现代，有许多学者痛骂皇权，痛骂大一统，痛骂中央集权制或独裁专制，都是可以理解的。这种现象说明中央集权制已经不能适应我们现在的社会。但是，它在过去能够存在两千多年，说明它一定有很多合理性。到底有什么合理性呢？首先，我们看到皇权是社会秩序的象征，有了皇权，就有了稳定的社会秩序；一旦皇权不稳定，社会就陷入混乱。过去说坏皇帝也比没有皇帝强。其次，我们可以看到，中国的汉唐盛世都是在大一统即中央集权制度比较巩固的时期。大一统不稳固的时期，天下大乱，人民生活不安定，经济也不可能发展，更谈不上社会进步和精神文明。最后，中国历史上人口最多的时期也是在汉唐时代，汉代最多时达到 5900 多万，唐代最高峰为 5600 多万（一说是 8000 多万）。春秋战国时代、魏晋南北朝时代和唐末五代，都是乱世，人口都减少到低点，甚至只有几百万。在古代中国，人口的多少，就是社会好坏的重要标志。现在讲计划生育，是现代的要求，不可混为一谈。《河殇》把"大一统"和长城都当做中国落后的原因，封闭的象征，是缺乏历史主义的见解。现代学者也骂中央集权制，实际上也不过是指桑骂槐，借古喻今，古为今用。关于集权制，甚至个人专政，在历史上都起过好的作用，不能因为现代需要民主政治而全盘否定历史上的传统制度。正确的态度应该客观地辩证地评价历史上的传统制度。

在古代，生产力水平很低，人民的文化水平也不高，社会制度更没有民主这一说。如何组织群众发展生产，开展各种社会活动呢？有一些人要向东，有一些人要向西，如何统一呢？也许有的人认为他们想干什么就干什么，何必管他们呢？这都是违背历史的天真想法。动物尚且有组织，人类怎么可能没有组织？人类没有组织怎么能战胜自然灾害？怎么能战胜凶禽猛兽？早在两千多年前的荀子就曾经说过，单个人斗不过老虎，但是，人能把老虎关在笼子里。为什么？因为人类"能群"，能够互相配合，结成群体。君是"能群"者。君是能够组织人民的人。没有君，人类就是一盘散沙。有君，才能团结群众，达到"一天下"的目的。统一天下，人类才有了巨大的改天换地的力量。《吕氏春秋》主张"执一""不二"，认为在路边盖房子，由于听各种过路人的不同说法，无所适从，长期未能建成。如果听从各种人的议论来治国，也会导致国家的大乱。荀子认为王制应该"一天下"，做到"令行禁止"。刘向编的《说苑》的第一卷是《君道》，《君道》中有一段这样的记载：

　　武王问太公曰："得贤敬士，或不能以为治者，何也？"太公对曰："不能独断，以人言断者，殃也。"武王曰："何为以人言断？"太公曰："不能定所去，以人言去；不能定所取，以人言取；不能定所为，以人言为；不能定所罚，以人言罚；不能定所赏，以人言赏。贤者不必用，不肖者不必退。而士不必敬。"

　　这就是说自己没有主见，只是听群众议论来处理一切事务，那样的话，贤者未必得到任用，而不肖者也未必会被辞退。这就是亡国的原因。即使到了现在，我们需要发扬民主，倾听群众意见，但也不能一听群众意见就照办。群众有不同意见，领导者要有远见卓识，要分析群众意见哪些是正确的，应该采纳，哪些是错误的，不能采纳，并且作出解释。"善为民主"，真正好的意见，才能代表广大群众的根本利益。根据这种观点，以多数票决定事情，不是最好的方式。这样做的缺点有：一是群众容易看到眼前的利益而忽视长远的根本的利益；二是群众意见也常为少数别有用心的人所利用、迷惑和欺骗；三是不能照顾少数人的利益；四是群众容易受到习惯

58

势力的束缚，具有保守性，成为改革创新的阻力。历史的进步是改革创新的结果。从子产执政和商鞅变法，可以看到这种现象。

四、天子是大一统政治的核心

政治是社会管理，是管理众人的事。中国传统的政治学，与西方的政治学不同。西方的政治学讲的是社会管理者用什么办法来管理人民，把人民作为客观的管理对象。至于自己则要求是有能力有智谋的强者，所谓"优胜劣汰"。中国古代的法家思想与西方这种管理学比较接近，而中国传统的政治学是以儒家思想为主流，不主张"我来管你们"这种方式，不是下命令式的强制管理，而是用示范的方式，树立榜样，启发人民学习，以此来改变社会风气，来促进社会发展。所以，所谓领导，并不仅是高高在上的指挥，而是自己先做出来，让大家看，让人民学习。"众不可户说也，可举而示也。"（《说苑》卷七《政理》）群众不能挨家挨户去劝说，可以树立榜样作示范，来引导他们。《周易·系辞传》引孔子的话说："君子居其室，出其言善，则千里之外应之，况其迩者乎？居其室，出其言不善，则千里之外违之，况其迩者乎？言出乎身加乎民，行发乎迩，见乎远。言行，君子之枢机。枢机之发，荣辱之主也。言行，君子之所以动天地也，可不慎乎！"后来，董仲舒也说了类似的话。《说苑》载泄冶引述《系辞传》中的孔子的话，评论陈灵公，认为"不是之慎而纵恣焉，不亡必弑"，陈灵公认为泄冶的话是"妖言"，杀了泄冶。其结果还是陈灵公被徵舒所弑。孔子讲的是"君子"，董仲舒讲的是"国君"。泄冶认为陈灵公不符合"国君"的形象，大意是一致的。有这么大影响的人，必定是有社会地位的人，或者是有相当高的地位的人，特别是天子。天子的一举一动，一言一行，都会对千里之外的人民产生很大的影响。天子的言行是好的，就会产生好的影响；如果不好也就会产生坏的影响。因此，天子说话要特别谨慎。其他国君和各种决策人物，都应该谨慎。天子是在中央集权制度下具有特大影响作用的特殊人物，处于特殊地位，像大海中航船的舵手。他的思想行为决定着这艘船的走向，决定着平安和灾难。中国历代思想家都非常认真地研究天子这个角色，总结出天子应该遵循

59

的法则，即所谓"君道"。《荀子》有一篇题为《君道》，刘向编的《说苑》第一篇就是《君道》，吴兢编的《贞观政要》第一篇也是《君道》。国君要做天下的榜样，因此，君道的第一要义是修身。

关于国君对人民的影响，《韩诗外传》有很典型的例子：鲁国监门（守门人）的女孩子晚上与同伴一块织麻，她突然哭了。同伴问："你为什么哭？"这个女孩子说："我听说卫国的世子（未来继位的嫡长子）不好，所以哭。"同伴说："卫国世子不好，诸侯忧愁，你何必哭呢？"意思是说与你有什么关系。女孩子说："我所了解的情况，跟你说的不一样。以前，宋国的桓司马得罪了国君，逃到鲁国来，他的马跑到我家的菜园里来，吃了园里的葵菜，还在园里打滚，使那一年的菜农遭受重大损失，收入减少一半。越王勾践起兵攻打吴国。各诸侯害怕勾践的威力。鲁国也派人送去美女，我姐就在其中。我哥追去看望，在半路上被吓死了。越国军队针对吴国，死的却是我的哥哥。由此可见，我们的祸福与诸侯王是相联系的。现在卫国的世子表现特别不好，又好战，我有三个弟弟，能不担心吗？"（卷二、第二章）从平民百姓的切身体会来看，诸侯之间的矛盾和斗争，经常给他们带来灾祸，所谓"城门失火，殃及池鱼"。

贞观八年，唐太宗与百官议论，魏徵讲了一个很有启发性的故事：晋文公出去打猎，追逐野兽，进入沼泽地，在里面迷了路，怎么也走不出来。后来发现有一个渔民，晋文公问他："我是你的国君，沿哪一条路可以走出沼泽地？我将会重赏你。"渔民说："我想献给你一个意见。"晋文公说："走出沼泽地后再接受你的奉献。"渔民送晋文公走出沼泽地，晋文公说："现在你想告诉我的是什么意见？我愿意接受。"渔民说："鸿鹄在大海生活，时间长了，感到厌烦，想迁徙到小泽去生活，就有被捕杀的危险。龟鳖在深渊生活，时间长了，感到厌烦，要到浅滩上活动，必定有被钓杀的危险。现在，你作为国君离开猎场深入此地，为什么走得这么远呢？"晋文公说："说得好！"就对随从说，把渔民的名字记下来。渔民说："您何必记我的名字？'国君尊天事地，敬社稷，保四国，慈爱万民，薄赋敛，轻租税，臣亦与焉。君不尊天，不事地，不敬社稷，不固四海，外失礼于诸侯，内逆民心，一国流亡，渔民虽有厚赐，不得保也。'"渔民认为国君治理好国家，自己也会享受到安居乐业的生活；如果治理不好，全国混乱，人民流亡，渔民也要流亡，国君即使给渔民厚赏，也保不住。因此，渔民不肯接受赏赐。渔民一番话，深刻地反映了国君与人民的利害相连，国君治理得好坏对人民生活有很深刻的影响（《贞观政要·政体》）。我们过去对于国君与人民之间的矛盾和对立讲得比较多，对于他们之间的一致性则很少讲。到底有没有一致性呢？从阶级斗争方面讲，似乎只有对立，从民族或者社会角度讲，似乎不能否定一致性。社会是复杂的，应该从多角度来考察，认识才能比较全面。社会是一个整体，尽管矛盾很大，也无法否认各个社会成员之间的复杂联系。

秦汉时代建立了中央集权的统一国家。与战国时代的情况相反，所有贤才只有到唯一的皇帝那里，得到皇帝的认可，才能施展自己的才华，才能实现自己的抱负，实现自己的价值。而皇帝摆开架子，想出种种办法，来选拔自己所需要的贤人。这样一来，原先谁得贤人，谁就能富国强兵；如今变成，谁得到任用，谁就可以施展才华，享受富贵，留名青史。由于这种变化，政权的权威性大大提高了，不是士傲视官，而是官傲视士，以德抗位的情况就变得非常罕见了。从表面上看，好像士有求于官，从实质上说，官仍然有求于士。只是时间变得长了一些，许多人看不清楚。从长远看，得不到士的支持的政府，早晚也要被推翻，因此历史上才有了"二十四史"。有远见卓识的统治者仍然很重视贤人的作用。

董仲舒在对策中提出建议，建学校培养贤才，通过推荐和考核选拔贤才，在实践中检验人才，发现人才，遴选人才和淘汰庸才。汉统治者把荐贤制度化，实行荐举制度，举孝廉，举贤良。还有举明经之士。总之，推荐孝子、廉吏、读书明理、品德高尚的知识分子。推荐到中央朝廷进行考查，有的由皇帝直接出题考试，有的由中央专门机构负责接收、审查。制度规定官位在两千石以上的官员，每年要推荐一定数量的人才，供朝廷选用。荐者与所荐者要负连带责任。所荐人才立了功，荐者有很高荣誉。所荐人才不称职，或者犯了什么罪行，推荐者要受到贬斥，或降级处分。

东汉时代荐举产生很多弊端，受到讥评，有一些民谣就反映了这一现象。如说"举孝廉，父别居"，"举贤良，不读书"，等等。后来推荐都是当官的互相推荐自己的子弟，推荐不实，成为普遍现象。到了魏晋时代，实行九品中正制度，只是把官官相护规范化、公开化、明确化，使原来隐蔽的形式表面化。物极必反，于是就有了隋唐时代的科举制度。考试与推荐产生的历史前后与沿用时间的长短，在一定程度上能反映出二者的差异、进步性和合理性。

在隋唐以后，实行科举制度，普遍实行考试的方式进行选拔官员，形成一千多年以来的文官制度。很显然，这种制度有它的优越性，主要在于公平。一个穷秀才，可能一举成名，进入统治集团。在很长时间中，许多青年都把科举当做自己首选的理想。"金榜题名时"与"洞房花烛夜"并列，成为人生两个最幸福的时刻。不仅如此，还有"书中自有黄金屋""书中自有颜如玉"的说法，成为十分流行的诗句。"万般皆下品，唯有读书高"，也是家喻户晓的名言。说明这些说法都部分地反映了当时的现实。中国近代史上很多人批评科举制度，那是国弱自卑心态的表现。西方传教士了解科举制度以后，认为是中国人的第五大发明，为文官制度奠定了基础。现在全世界都采取考试的办法，这是比较公平合理的。这应该是中国科举制度的继承与发展。

无论是推荐的，还是考试选拔的，都要在任用中进行考查、监督，不断地进行遴选和淘汰。从历史上看，每一种制度刚产生时都是有合理性的，实行时间长了，就都会产生缺点，都需要修改、补充、完善。最后不行了，就推翻再来，重新创立新的制度。任何好的制度，也都会出现漏洞，也都有人钻空子，从中捣鬼，营私舞弊。我们不能因为有某种弊端，而全盘否定这种制度。过去批判科举制度，就缺乏分析，凭感情的成分多一些。科举制度如果没有合理性，怎么能沿袭一千多年呢？在多次改朝换代中为什么也没有被取消呢？

国君对人民强调感化，因此，中国过去比较重视道德，而不注重法律。孔子说："子为政，焉用杀？"（《论语·颜渊》）同时对于官员，只要是枝节问题，就得宽容，这也是得人心的。楚庄王赐酒给群臣，晚上很晚，天黑，大家都饮得很醉。这时，突然灯火都被风吹灭，一片漆黑。有人拉了一下王后的衣服，王后就把这个将军帽子上的缨摘下来，并且小声对楚庄王说了这一情况，希望赶快点火，以便寻找帽上没有缨的将军。楚庄王马上制止，不让点火，下令要大家都把自己帽上的缨摘下，丢到地上，这样才能尽兴。大家都这样做了，然后才点火，这样大家都没有帽缨，于是，是谁拉了王后的衣服，就认不出来了。大家都欢欢喜喜，痛饮尽欢而散。拉王后衣服的那一位将军自己也明白楚庄王保全了他的面子。后来，吴国来攻打楚国，那位将军非常勇敢，杀入吴军阵营，砍了首领的头，提来献给楚庄王。楚庄王感到很奇怪："我对你没有特别照顾，你参战为什么特别卖力？"他回答："我就是以前在殿上被摘掉帽缨的人，当时就想应该用肝脑涂地来报答。等了很长时间了，没有机会。现在幸好有这个机会，还可以替国王打破吴国，增强楚国。"（《韩诗外传》卷七第十四章，《说苑·复恩》也有类似内容）这就是宽容产生的效果。

但是，对臣的宽容，并不等于对臣的纵容。古人有一种说法："婴儿有常病，贵臣有常祸，父母有常失，人君有常过。"（《潜夫论·忠贵》）人君的常过就在于不断地骄纵宠臣。骄纵宠臣，使宠臣灭家的不止一代。王符说：

　　当吕氏之贵也，太后称制而专政，禄、产秉事而握权，擅立四王，多封子弟，兼据将相，外内磐结，自以虽汤、武兴，五霸作，不能危也。于是废仁义而尚威虐，灭礼信而务谲诈。海内怨痛，人欲其亡。故一朝摩灭而莫之哀也。霍氏之贵，专相幼主，诛灭同僚，废帝立帝，莫之敢违，禹继父位，山、云屏事，诸婿专典禁兵，婚姻本族。王氏之贵，九侯五将，朱轮二十三，太后专政，秉权三世，莽为宰衡，封安汉公，居摄假号，身当南面，卒以篡位，十有余年，自以居之已久，威立恩行，永无祸败。故遂肆心

> 恣意，私近忘违，崇聚群小，重赋殚民，以奉无功，动为
> 奸诈，托之经义，迷罔百姓，欺诬天地，自以我密，人莫
> 之知。皇天从上鉴其奸，神明自幽照其态，岂有误哉！
> （《潜夫论·忠贵》）

汉初，吕后专政的时候，吕产、吕禄及一大批吕氏人物垄断朝廷上下大权，为非作歹。霍光有辅相幼主的功劳，霍氏因此专权，排除异己，诛灭同僚，连废立皇帝这样的大事，也是他一个人说了算。投靠这个家族的，都当上官；反对这个家族的，或者只是不肯卖身投靠的，都被排挤。这个家族一旦垮台，朝廷为空。王氏就更厉害了。王莽的姑母是汉元帝的皇后。这个皇太后在元帝死后，对成帝、哀帝、平帝三世都有极大的权威，即所谓"秉权三世"。后来，王莽从宰衡，到安汉公，再从假皇帝到真皇帝，把汉朝都改了新朝。这些宠臣，他们"虐百姓而失民心"，都落得家破人亡，以失败而告终。王符讲的都是汉代的事。汉代以后，历代也都有同类的现象不断发生，谁也不会从中吸取什么教训，他们都以为自己是牢不可破的，坚如磐石，稳如泰山。唐代的武三思、安禄山，宋代的秦桧，明代的魏忠贤，也都是"无功于民氓"，"骄臣用灭其家"者。对于皇帝来说，也是"爱之适足以害之"。总之，皇帝对于臣子，残暴不行，溺爱也不行，就像对待子女一样。当然，进入成熟的民主政治以后，民主制度比较完善以后，所谓君臣关系，已经不是过去那种隶属关系，而是平等的、为人民服务的公务员，恪尽职守。

第二节　政治哲学的理论形式——天人感应论

任何政治都需要精神支柱，西方国家多以上帝作为自己的精神支柱，例如，美国总统就职时，手按《圣经》，宣誓就职。而中国古代则是以天命作为自己的精神支柱，因此皇帝有祭天的活动。天命又是通过圣人来传达的，圣人死后，他们的著作作为经典留在人间，人们可以从经书中去探讨和研究圣人的思想，体会天意，认识天命。

天命论经过荀子批判以后，失去了权威性。秦朝政府不信天命论，为所欲为，搅乱天下。任何权力不受制约，就会腐败。汉代董仲舒结合历史教训，反复研究，提出新的天命理论即天人感应论，用天制约皇帝的权力，对社会的稳定起了很好的维护作用。

　　董仲舒深入研究社会现实，得出一些政治见解。如果他就是这样说出来，很难使人相信，也不会有多大的影响。他把这些政见与天命相联系，那就不同了，因为天命的权威会帮他扩大影响。天命论在先秦受到批判以后，已经失去市场，需要加以改造，方可利用。董仲舒的思想理路就是这样展开的。董仲舒首先研究阴阳五行。讲阴阳平衡，阴盛阳衰与阳盛阴衰各有什么毛病。董仲舒认为这是自然的，也就是天意。然后，他用这一套理论来解释自然现象，解释政治问题，解释政权结构。这样说比较抽象，举例一说就清楚了。下雨多，那就是阴盛阳衰，为什么？因为水是阴。旱灾时，董仲舒就认为是阳盛阴衰，旱就是水少，阴弱。

　　这样一来，上述各种灾害，都可以通过皇帝的纠正行为来消除。例如，如果王者对于臣僚没有礼貌，不尊敬，那么，就会产生"夏多暴风"。只要皇帝改变态度，对臣僚尊敬，夏季的暴风就会消失。这就是天人感应。董仲舒从理论上进行更系统更全面的论证。他说，王者行为不正当，上天不满意，就降下灾害，表示对王者的警告。这是灾异谴告说。王者纠正错误，自然灾害就会自行消失。如果王者不肯纠正错误，或者扩大错误，那么，上天会降下更严重的警告。如果王者还不醒悟，上天就会选择有高尚道德的人来取代不称职的王者。董仲舒认为，上天的警告，是对王者的特别仁爱，给他很多改正错误的机会，有较多的改正的时间。只要他愿意改正，能够自强，就可以维持统治的地位。当他坚持错误，自暴自弃时，才会自取灭亡。董仲舒说："天之生民，非为王也，而天立王以为民也。故其德足以安乐民者，天予之；其恶足以贼害民者，天夺之。"（《春秋繁露·尧舜不擅移，汤武不专杀》）在皇帝的心目中，官和民都是愚蠢的，自己是最高明的，因此，各级官员说什么意见都仅供参考。但是，一说到天，那就不一样了，他必须毕恭毕敬地听着，而且要认真加以思考。中国地域辽阔，气候复杂，每年每月甚至每天都会有各种灾害，官员们都可以随时借来作为给皇帝提意见的由头。天是什么意思，这就靠儒家来解释。儒家当然按儒学来解释。这样，儒学也就冠以"天"的名义。换一说法，天的意思就是儒学，儒学就是天意。用天制约皇权，实际上就是用儒学制约皇权。后代儒者任官，就都可以用这种方式向有至高无上权威和权力的皇帝提出批评意见。皇帝居于封建社会的权力宝塔尖上，没有制度能够制约他，也没有人能制约他。这是中国古代难以解决的政治问题。董仲舒的说法解决了这个问题。这使两千年的中国社会得以建立相对有序的环境。

屈民而伸君，这个"民"，主要不是指老百姓，而是指拥有地方势力的诸侯国君。理由很简单，老百姓没有权力，无法与封建统治势力对抗，只有那些地方诸侯国君有实力与中央政权相对抗。董仲舒曾经亲见景帝时代的吴楚七国之乱，联系周末春秋战国的纷争，总结出这个教训。屈民而伸君，实际上是为了维护中央集权，维护统一，反对分裂割据而提出的口号。这一口号对于中国长期维持统一大国的政治局面起了很重要的作用。"天"深深地印在历代统治者的心中，不断地提醒他们要为人民办一些善事，不要奢侈过度，不要欺压百姓，不要谋反，不要搞分裂，破坏社会秩序。"天"成为中国古代社会统治者的精神枷锁。我们如何评价天命论？不能简单地从它是否真实来评价它，而要从它在历史上的作用来评论。它起到的进步作用是很明显的。

为了论证天人感应论，董仲舒颇费了一番工夫。首先，他证明天与人是同类的。人是天生的，自然人就应该像天，如同儿子像父亲那样。因此，他说："天者万物之祖，万物非天不生"(《春秋繁露·顺命》)，"为人者，天也。"(《春秋繁露·为人者天》)人与天一一相应，人有小骨节三百六十六块，天一年有三百六十六日。人有大骨节十二块，与一年十二个月相应；人体内有五脏，天有五行；人有四肢，天有四季。没有数的，按类也相应：人有喜怒哀乐，天有冬夏寒暑。总之，"人副天数"，"以类合之，天人一也"(同上书

《阴阳义》）。天与人是同类的，按汉代的说法，同类相应，因此就可以推出天与人可以感应。

　　在《周易·乾卦·文言》中就有同类相应的说法。如说："同声相应，同气相求，水流湿，火就燥，云从龙，风从虎，……各从其类也。"《吕氏春秋·应同》也讲："类固相召，气同则合，声比则应，鼓宫而宫动，鼓角而角动。"这是将共鸣现象作为感应的例子。阴阳相应，更为普遍。如说天上的月亮是阴宗，与地上阴性生物如水中生物蚌蛤之类就会相感应，"月也者，群阴之本也。月望则蚌蛤实，群阴盈；月晦则蚌蛤虚，群阴亏。夫月形乎天，而群阴化乎渊。"（《吕氏春秋·精通》）月圆时，在水中的蚌蛤就很肥，充满壳内；月晦时（初一前后），水中的蚌蛤就瘦，壳内空，这是同阴相感应。据说父母与子女"一体而两分，同气而异息"，也会感应，"忧思相感"，"两精相得"（《吕氏春秋·精通》）。董仲舒也以共鸣现象为例讲感应："鼓其宫而他宫应之，鼓其商而他商应之"。从这里，他进行理论概括，推出普遍原则，说明感应是无形的，是人的肉眼看不见的。他说："此物之以类动者也，其动以声而无形，人不见其动之形，则谓之自鸣也。又相动无形，则谓之自然，其实非自然也，有使之然者矣。物固有实使之，其使之无形。"（《春秋繁露·同类相动》）同类相动，天与人同类，也会相动。这种相动又是无形的，因此人们看不见这种相动，以为是自然的。为什么看不见这种相动，董仲舒认为这种相动是通过气这个中介进行的。气充满空间，人在气中，不感觉气的存在，就像鱼在水中不感觉水的存在那样。因此，他又说："天地之间，有阴阳之气，常渐人者，若水常渐鱼也。所以异于水者，可见与不可见耳，其澹澹也。然则人之居天地之间，其犹鱼之离水，一也。其无间若气而淖于水，水之比于气也，若泥之比于水也。是天地之间，若虚而实，人常渐是澹澹之中，而以治乱之气，与之流通相淆也。"（《春秋繁露·天地阴阳》）人在阴阳之气中，就像鱼在水中。气与水相比，就像水与泥相比。泥比水稠，水比气稠。由于气很稀薄，所以看不见。因此在空间中，人们都以为是虚的，却是充满着气，实际上是实的。这些说法，现在看来还是非常正确的。但是，他把"治乱之气"混淆进去，使气带上了神秘主义的色彩。同时他又根据群众的实际经验："天将阴雨，人之病故为之先动。是阴相应而起也"（《春秋繁露·同类相动》），来证明人的病与阴气会相应，从而证明天与人会相互感应。感应又是通过无形的气而产生的，因此，人就在不知不觉中与天发生了感应。

为了打破人们受到生活经验常识的束缚，董仲舒用了当时生活经验还无法解释的一些现象，这就是当时的十大难题："酝去烟，鸱羽去昧，慈石取铁，颈金取火，蚕珥丝于室而弦绝于堂，禾实于野而粟缺于仓，芜菁生于燕，橘枳死于荆。"董仲舒认为："此十物者，皆奇而可怪，非人所意也。夫非人所意，然而既已有之矣，或者吉凶祸福，利不利之所从生。无有奇怪，非人所意，如是者乎？此等可畏也。"（《春秋繁露·郊语》）这些奇怪现象，是人们所意想不到的，意想不到的现象，或者对人有害，可能给人带来灾祸，又是人想不到的，因此是非常可怕的，盲目性当然是可怕的。但是如何解决呢？应该探索，应该研究。这些问题，应该说，现在也没有研究清楚。磁石吸铁，是由于磁性，这不过是一种假说，真正的奥秘应该说还没有揭开。蚕吐新丝，旧丝做的弦就脆断，这里有什么必然的联系？科学也没有都弄清楚。新的稻谷开始成熟，陈年的稻谷就缩小，为什么？关于植物耐寒能力的差别，是由什么因素决定的，内在的机制是什么，也还需要研究。总之，任何自然现象都需要不断研究，都要永远研究下去，没有止境。但是，不能因此便认为，什么现象都是可能存在的，因而天人的精神感应也是存在的。董仲舒的说法会使人相信，就是因为他确实说了一些正确的话，因此有很大的迷惑性。董仲舒经过这些论证，使天人感应论得以成立，然后再进一步推论，提出灾异谴告说，使天子的权力处于天的控制之下。这适应了当时社会的需要，因此得以广泛传播。能够适应社会需要的，有用的，自然会产生社会效益。在历史上，并非都是正确的理论吃香，往往是有用的理论吃香，这是不以人的意志为转移的。在汉代，董仲舒思想不如王充思想正确，但是，在社会历史上的影响，董仲舒远远超过王充。起码在汉代以后的一千多年中是这样的。

今后仍将是这种情况。

董仲舒论证天人感应，归纳为一句话："屈君而伸天"，是用"天"的权威来限制至高无上权力的皇帝。有鉴于秦代在中央集权的条件下，皇帝的权力不受任何制约，为所欲为，搅乱社会。没有制约的权力都会腐化。当时的社会条件下，没有什么可以制约皇帝的权力，人民没有这种权力，朝廷各级官员也都无法监督他。也就是说，人世间的任何力量都限制不了皇帝的权力，于是，思想家只好从世外寻找力量，结果就寻找到"天"。后代的思想家能够理解董仲舒的这种苦心。东汉哲学家王充是反对天人感应的突出代表，他对董仲舒的理论还是能够理解的，他认为古人讲"天"是为了吓唬无道的昏君和无知的百姓。他说："六经之文，圣人之语，动言天者，欲化无道、惧愚者。"（《谴告》）所以圣人是根据人心来讲天的，不是指苍茫的空间这个天。董仲舒讲了那么多天人感应的话，王充却说他"言君臣政治得失，言可采行，事美足观……虽古圣之言，不能过增"（《论衡·案书》）。董仲舒说的话跟古代圣人说的一样，是切实可行的政治理论。南宋赵彦卫在《云麓漫抄》中说董仲舒是汉代大儒，"以为人主无所畏，惟畏天畏祖宗，故委曲推类而言之，庶有警悟。学者未可遽少之也"。清代学者皮锡瑞在《经学通论·易经》中说："古之王者恐己不能不失德，又恐子孙不能无过举也，常假天变以示警惕……后世君尊臣卑，儒臣不敢正言匡君，于是亦假天道进谏，以为仁义之说，人君之所厌闻；而祥异之占，人君之所敬畏。陈言既效，遂成一代风气。故汉世有一种天人之学，而齐学尤盛。"他又说："当时儒者以为人主至尊，无所畏惮，借天象以示儆，庶使其君有失德者犹知恐惧修省。此《春秋》以元统天，以天统君之义，亦《易》神道设教之旨。汉儒借此以匡正其主。其时人主方崇经术，重儒臣，故遇日食地震，必下诏罪己，或责免三公。……后世不明此义，谓汉儒不应言灾异，引谶纬，于是'天变不足畏'之说出矣。近西法入中国，日食、星变皆可预测，信之者以为不应附会灾祥。然则孔子《春秋》所书日食、星变，岂无意乎？言非一端，义各有当。不得以今人之所见轻议古人也。"（《经学历史·经学极盛时代》）这一段话，内容丰富，思想深刻，很值得注意。首先，汉代社会现实与现代社会现实是不同的，不能以今况古，应有起码的历史主义观点。其次，由于知识背景不同，孔子所记日食跟现代人所认识的日食，有不同的意义。"言非一端，义各有当"，此话很深刻。读书要善于理解，要从具体语境来体会文章的意思，不能脱离具体环境，进行抽象的理解，或者凭自己的主观想象来理解。据此，我们以为，王安石从北宋政治改革的需要出发，提出天命不足畏，也无可厚非。学习西方现代天文学以后，对汉代儒者讲天人感应提出批评，虽然不尽恰当，也是可以理解的。我们既不能以现代的观点去否定古代人的思想，同时也要知道古代那些方法已经不能适用于今天，今天要用人民的力量约束国君的权力，要建立民主制度，而不用天来制约政权。梁启超也有相似的观点。他说：

> 民权既未能兴，则政府之举动措置，既莫或监督之而匡纠之，使非于无形中有所以相摄，则民贼更何忌惮也。孔子盖深察夫据乱时代之人类，其宗教迷信之念甚强也。故利用之而申警之……但使稍自爱者，能恐惧一二，修省一二，则生民之祸，其亦可以消弭。此孔子言灾异之微意也，虽其术虚渺迂远，断不足以收匡正之实效。然用心良苦矣。江都最知此义，故其对天人策，三致意焉。汉初大儒之言灾异，大率宗此指也。（《饮冰室丛著》第二卷）

这里的"江都"就是指董仲舒，因为董仲舒参加对策以后，被汉武帝任命为江都相。历史上许多思想家都知道，对于皇帝采取这种方法进行劝谏，是必要的。他们对于天人感应论的产生、作用和历史意义以及社会效果都作了具体的、实事求是的分析，不是采取简单的否定。他们没有把这些理论看成仅仅是胡说八道的东西，而是把它看做是根据政治的需要编撰出来的。由此可见，哲学家根据政治需要或者为了论证某一种政治观点，编撰出一种为某一政治服务的哲学，这种哲学就跟政治有密切的联系，它的性质与政治的性质是相应的。如果政治是进步的，那么，这一种哲学也是进步的。因为它与政治相联系，没有与探讨宇宙的本原相联系，因此它不存在唯物与唯心的问题。如果用宇宙论来衡量它们，它们应该都是唯心主义的。在过去的一段时间里，用西方的哲学模式来评判中国哲学，把中国历史上许多大哲学家都归入唯心主义阵营，予以否定。这样有些人以为中国在哲学方面是非常落后的，甚至是空白，因此有人居然说中国没有哲学。如果我们对于哲学进行分类，可分为求真的科学哲学、求善的政治哲学、求美的艺术哲学。科学哲学探讨宇宙的本原，认为宇宙的本原是物质性的，就是唯物主义的；认为宇宙的本原是精神性的，就是唯心主义的。政治哲学有进步与落后之分，有利于人民的，就是善的；不利于人民的，就是不善的，这里主要有善、恶之分。艺术哲学主要范畴是美与丑，雅与俗。后两者都没有唯物主义与唯心主义的分别问题，勉强给它们戴上这类帽子，只能是张冠李戴，并不合适。在这里，我们有必要给政治哲学、艺术哲学正个名。中国哲学是以政治哲学为主流的，政治哲学也是中国哲学的特色，包括老子哲学、孔子哲学、孟子哲学以及董仲舒、朱熹等儒家哲学。这些哲学过去都被认为是唯心主义的哲学，被否定。如果承认它们都是政治哲学，无论如何也不能全盘否定。过去我也曾对董仲舒的哲学进行过唯物主义与唯心主义的分析，认为他的哲学"从论证的形式上说则是唯心的，从思想内容上看则是现实的"（《董学探微》第十四章《总评》）。现在看来，对于董仲舒天人感应说不必作这种分析，因为这种哲学是政治哲学。在中国政治哲学中，天是最重要的范畴，天先与命相结合，称为天命；又与道相结合，称为天道；还与理相结合，称为天理。此外，还有天德、天养、天谴、天性、天赋、天志、天意、敬天、循天、遵天、则天、法天，等等。因此，尽管王充费尽九牛二虎之力，以丰富的历史资料，加上严密的逻辑推理，雄辩地证明了天是自然物，没有意志，不会与人产生精神感应，有力地驳斥了天人感应论，但并不能改变人们对天的尊崇情怀，不能改变迷信天的社会风气。社会需要是一种现实存在，不是讲几句道理就能去掉的。王充之后几百年，有高度智慧的唐代大文豪韩愈还重提天命论，而且还用来指导自己的重大决策。

第三节　政治哲学的意识形态——独尊儒术

汉承秦制，汉朝继承了秦朝中央集权的政治制度。从此以后，中国历史上有了中央集权的专制制度。没有中央集权专制制度时代产生的孔、孟儒学，如何适应新时代的政治需要，是当时思想家必须认真思考的现实问题。秦始皇置酒咸阳宫，请博士和大臣赴宴，周青臣歌颂秦始皇，淳于越博士批评秦始皇，同时也批评歌功颂德的周青臣"面谀"。秦始皇让大臣讨论到底谁对。实际上这就是当时的一个重要课题：先秦的观念如何适应现实政治的问题，李斯提出决定性的意见。他说："五帝不相复，三代不相袭，各以治，非其相反，时变异也。"这就是说，时代变化了，政策也要跟着变化，才能治理好天下。不同时代，用不同的政策，治理不同的天下。这里强调变化。"今陛下创大业，建万世之功，固非愚儒所知。且越言乃三代之事，何足法也？异时诸侯并争，厚招游学。今天下已定，法令出一，百姓当家则力农工，士则学习法令辟禁。"这个时代不同于三代，三代的经验现在用不上了。春秋战国时代的诸侯纷争，用丰厚的费用争相聘请流动的士人。现在天下大局已定，法令统一由中央发出，平民百姓主持家务就努力于农耕和做工，士即知识分子应该努力学习法令法规。也就是说，现在人民只要安于自己的职业，遵纪守法，就行了。政府也不必学习过去那样去争夺人才。简单说，就是令行禁止，上下相安。但是，现在有一些士即知识分子是不安定因素，李斯接着说："今诸生不师今而学古，以非当世，惑乱黔首。"诸生，不是学生，而是诸多知识分子。不学习现在的新法令，却学习古代的制度，用来批评当代的社会制度和方针政策，迷惑和扰乱百姓的思想。这就成为社会不安定的重要因素。因此，为了解决这个时代重大的现实问题，李斯郑重提出建议："丞相臣昧死言：古者天下散乱，莫之能一，是以诸侯并作，语皆道古以害今，饰虚言以乱实，人善其所私学，以非上之所建立。今皇帝并有天下，别黑白而定一尊。私学而相与非法教，人闻令下，则各以其学议之，入则心非，出则巷议，夸主以为名，异取以为高，率群下以造谤。如此弗禁，则主势降乎上，党与成乎下。禁之便。臣请史官非秦记皆烧之。非博士官所职，天下敢有藏《诗》、《书》、百家语者，悉诣守、尉杂烧之。有敢偶语《诗》、《书》者弃市。以古非今者族。吏见知不举者与同罪。令下三十日不烧，黥为城旦。所不去者，医药卜筮种树之书。若欲有学法令，以吏为师。"古代天下分散混乱，不能统一，因此，诸侯林立，流行的论调都是提倡古代的，批评当今的，美化不存在的，混乱现实的。每个人都认为自己所学习到的理论（私学）是最好的，并且用来指责政府所提倡的、所设立的。现在皇帝统一天下，区别黑白，分清是非，有了统一标准。各种私学都一起批评法令教育，一听说法令下达，就以自己所学的私学议论法令，听了这些议论，心里就有不同想法，再说出来，就形成社会舆论。夸主，夸有多义：夸大、夸奖、美化、奢侈等意思，都与此句上下文不合。《史记·李斯列传》作"非主"，就是说通过批评君主来提高自己的名气，与下文可以相协调。夸主，疑为"洿主"之误。洿，有低洼、涂染、污辱等意思，这里表示污蔑君主。"异取"，《史记·李斯列传》作"异趣"，异为不同，取是取向，趣是趋向。大意基本一致。可以译为"标新立异"。以标新立异为高明。或者说，持不同政见来显示自己的清高。带领群众一起造谣诽谤。这种现象如果不加禁止，那么，皇帝权威性就会受到损害，社会上就会形成一些党派。还是禁止为好。建议史官将不是秦国的史记都烧掉。不是博士官职务所需要，天下敢于藏《诗》、《书》、百家言论的书籍，都送到各级官府，一起烧掉。敢于在一起讨论《诗》、《书》的处以死刑。根据古代来批评现实的，灭族。官吏看见、知道而不检举的，同罪。从"臣请"到"同罪"，在《史记·李斯列传》中，只有"臣请诸有文学、《诗》、《书》、百家语者，蠲除去之。"关于史官、博士，都是朝廷内部的事。《史记·李斯列传》不提。关于烧书以及违法判刑（如弃市、族、同罪等），《史记·李斯列传》中也都不说。命令下三十日还不烧的，《史记·李斯列传》用"弗去"，不用"不烧"两字。《史记·秦始皇本纪》用了三个"烧"字，《史记·李斯列传》不用"烧"字。"黥为城旦"，四年徒刑，白天守边疆，晚上筑长城。所不烧的书包括医药、卜筮、种树之类书。如果想学习法令，以官吏为教师。秦始皇批准了这一建议。加强了思想文化控制，推行法家思想一元化。春秋战国时代，各诸侯国都有自己的史官，在诸侯王的左边是左史，负责记载国王所做的事情；右边是右史，负责记述国王说的话。所谓左史记事，右史记言。孔子就是根据鲁国的史记，编撰《春秋》的。秦始皇要烧毁各国的史记，只保留秦国的史记，而且只允许极少数的史官保留。只有博士官才可以保留一部分典籍。

这一大段话，许多人也都知道，引用率相当高，都是作为焚书坑儒的代表性言论，属于批判对象。这一段话的大意，在《史记·李斯列传》与《史记·秦始皇本纪》中都有，文字大同小异，互相参照，给我们的正确理解提供重要的参考。

李斯的这一大段话中，有什么合理因素呢？我想大体上有以下几点：

第一，他认为时代变了，治理社会的方针政策，也应当有相应的变化，才能适合实际的需要。传统的治理方法，不能照搬乱套。

第二，儒家的颂古非今，在春秋战国，诸侯割据的乱世时代，有一定的合理性。秦统一以后，为了防止重现分裂割据的政治局面，需要建立一个中央集权制度。从分裂到统一，社会生活需要许多统一的标准，度量衡统一，文字统一，法制统一，货币统一，道路统一，车轨统一，等等。当时，中央集权制度是最先进的社会制度，因为它可以给人民安定的生活。正如贾谊在《过秦论》中所说："近古之无王者久矣。周室卑微，五霸既殁，令不行于天下，是以诸侯力政，强侵弱，众暴寡，兵革不休，士民罢敝。今秦南面而王天下，是上有天子也。既元元之民冀得安其性命，莫不虚心而仰上，当此之时，守威定功，安危之本在于此矣。"（《史记·秦始皇本纪》）周朝衰落以后，有五霸来统一；五霸没有以后，法令就不能统一了，各诸侯各自为政，强的侵犯弱的，人多的欺侮人少的，战争不断，百姓日子难过。天下统一以后，可以消除战乱，给人民安定的生活。人民经过长期战争，也希望有安定的生活。这时王权是社会秩序的代表，也是人民利益的代表，维护王权，就是维护安定的社会秩序，维护人民的安居乐业。又说："夫寒者利短褐，而饥者甘糟糠，天下之嗷嗷，新主之资也。此言劳民之易为仁也。"（《史记·秦始皇本纪》）寒冷的时候，有短袖粗布的衣服，就很高兴；饥饿的时候，吃到糟糠也感到味道很好，所谓"饥不择食"。天下人都在苦难中度过，仰望上天，希望能给他们安定生活。这就是说，对于劳累的人民，非常容易满足，只要给点关怀，就算是施了仁政。秦亡不是由于制度不好，而是因为当政者自己扰乱天下。

第三，建立中央集权制度，需要统一思想观念相配套。维护中央集权制度，需要有独尊的理论体系。这就需要有统一的价值观和指导思想，还需要建立统一的思想体系和文化系统。秦以法家思想为指导，取得胜利，胜利后，自然还会以法家思想为指导进行社会治理。这是中国历史上真正法治的时代。司马迁说是"一断于法"，一切由法来作决断。"不别亲疏，不殊贵贱"，只能行于一时，不可长用。法治的片面性，以秦朝速亡作了验证。圣人不能无法以治国，徒法不能以自行。

秦亡以后，汉初的思想家经过这一场动乱以后，受到很大的触动。他们反复思考社会治乱的问题，乱的原因是什么？如何才能避免混乱？用什么思想指导政治，才能维持社会秩序，实现长治久安？最初陆贾提倡儒家的经典《诗》《书》，那是被秦朝禁毁的典籍。半文盲的农民起义领袖刘邦不能理会，认为他是在马上打的天下，儒没有用处。陆贾提出打天下与治江山是不同的，可以在马上打天下，难道可以坐在马背上治理天下？陆贾总结经验教训，认为秦朝灭亡的教训就在于用对付敌人的方法对待人民，不实行仁义，才导致速亡。他在《新语·道基》中，认为是"后圣（指孔子）乃定《五经》，明六艺"，"圣人怀仁仗义……危而不倾，佚而不乱者，仁义之所治也"，他经过复杂的论说以后，最后得出结论说："万世不乱，仁义之所治也。"这就是说，用儒学来治国，才能长治久安。被称为"汉代第一大儒"的陆贾积极向刘邦提倡儒学。当时君臣听到陆贾上奏《新语》时，欢呼万岁，说明陆贾倡导儒学得到认同和支持。文帝时代的贾谊继承孔、孟的重民、民贵的思想，提出系统的"民本主义"，发展了儒学。他曾想用儒学进行全面改革，受到利益既得者的反对，未能实施，自己还受到迫害。后来，士人入仕为官，前赴后继提倡儒学。建元元年，汉武帝刚即位不久，就提出让大官推荐贤良方正直言极谏之士参加对策。推荐来的人才很多，当时的丞相卫绾提出："所举贤良，或治申、商、韩非、苏秦、张仪之言，乱国政，请皆罢。"奏可。汉武帝同意这一提议，说明当时，虽然还没有提出独尊儒术却已经有了罢黜异端的倾向。接着，汉武帝提倡道德教化，倡导孝道，"遣使者安车蒲轮，束帛加璧，徵鲁申公"（《汉书·武帝纪》）。用隆重的形式，邀请鲁国的儒家申公。建元四年，置《五经》博士，就是让研究儒家经典的人任博士。这应该就是尊儒的开始。元光元年，汉武帝再次诏贤良对策，这时董仲舒明确提出独尊儒术的建议。他在第三策中说："《春秋》大一统者，天地之常经，古今之通谊也。今师异道，人异论，百家殊方，指意不同，是以上亡以持一统，法制数变，下不知所守。臣愚以为诸不在六艺之科孔子之术者，皆绝其道，勿使并进。邪辟之说灭息，然后统纪可一而法度可明，民知所从矣。"（《汉书·董仲舒传》）这是汉武帝即位第七年。到了董仲舒，才有了最完整而全面的儒学复兴理论。

董仲舒建立的汉代新儒学，核心内容是"大一统"论。这是从历史与现实两个方面总结出来的。春秋战国的纷争，就是因为不统一，这是历史的教训；汉景帝时代的吴楚七国之乱，董仲舒亲身经历过，是汉建立以后最严重的动乱，所有叛乱者都是分封的诸侯，诸侯有较大的独立性，这是现实的教训。为了防止尾大不掉，防止分裂，贾谊、晁错都提出过关于削藩的问题，当政的皇帝下不了决心，最后酿成七国乱祸。教训是深刻的。董仲舒要从基本理论上解决这种根本性的问题，提出"屈民而伸君"的主张，这个"民"主要不是指那些平民百姓，而是掌握地方实权的那些诸侯，要他们无条件服从中央，维护中央集权制度，这样才能上下相安无事，否则，只能两败俱伤，对于诸侯来说，更是惨祸。但是，理论家考虑问题不是线性的、单向的，要反思不同方向的教训。秦统一以后，实现了"屈民而伸君"，为什么又乱了？那是秦二世胡来。只要一个人胡来，天下也会大乱。任何权力都要受到制约，没有制约的权力必然要走向腐败。如何制约掌有至高无上权力的当政者？这是无法回避的现实问题，这个问题不解决，天下必乱无疑。在两千多年前的汉代，没有资本主义，更没有社会主义，不能成立一个监督机构来制约皇帝的权力。董仲舒在总结历史经验中发现皇帝心目中所畏惧的只有两样东西，那就是祖先的神灵与上天的意志。祖先的神灵，要作一些解释，有比较大的难度。天命论的权威，受到荀子《天论》批判以后，上自天子，下至庶人，都在疑惑之中。传统的天命论影响还在，而最新的科学研究成果又有强有力的否定成分。董仲舒利用当时的科研成果，阴阳五行，同气相感和儒家思想，以及其他各家的思想，融会一起，进行综合创新，提出一套天人感应理论。这一套理论的要点是："屈君而伸天。"皇帝必须听从上天的意志。这就是用天的意志来制约皇帝的至高无上的权力。但是，天的意志是什么？这当然需要儒家来解释。董仲舒就用儒家思想来解释天意。也就是说，皇帝必须听从天意，而天意又是儒家思想，这就形成了用儒家思想制约皇帝的权力。皇帝怎么能相信这种说法呢？董仲舒又通过对《春秋》的解读，对圣人微言大义的阐释，再加上阴阳五行的论证，皇帝不得不相信。当然，董仲舒这一番论证还有一些技巧，例如先吹捧皇帝是上天的儿子，有莫大的权威，特别聪明，这都是上天赋予的。这样，他怎么能不听从上天的？然后，又说皇帝有非常大的自主权，上天又是特别关怀他，他怎么能不自爱，自寻倒霉？这叫"循循善诱"。皇帝在心理上有了一种优越感的满足，又有了一种责任感的需要，只好听董仲舒继续往下讲。董仲舒说，天有好生之德，实行德治当然符合天意。刑罚也需要，就像四季有冬季那样，万物都藏起来以后，天才出现冬季，说明天意对刑罚主张"设而不用"，尽量少用。因此治国要德治为主，刑罚为辅。董仲舒还利用传统的一些内容，演绎出灾异谴告说。所有自然现象都体现上天的意志，自然灾害就是上天对政治的批评谴告。这样所有的儒家就可以利用自然灾害，作出一种解释，来批评政治中不合理的政策或措施。中国地大，地理复杂，每年都会有许多自然灾害发生，可以利用的机会很多。这给儒臣提意见提供了很多方便。董仲舒提倡"六艺之科，孔子之术"，班固说儒家"游文于六经之中，留意于仁义之际，祖述尧、舜，宪章文、武，宗师仲尼，以重其言，于道最为高"（《汉书·艺文志》）。这就是所谓"独尊儒术"。

独尊儒术，儒家典籍成为经书，研究经书成为一门学问，叫经学，汉代学术的特点就是经学。董仲舒这位经学大师采纳诸子百家学说的优秀成果，发展儒家学说，成为汉代新儒学。董仲舒新儒学是以儒学为基础的诸子百家集大成者。董仲舒因此被称为"为群儒首"（《汉书·董仲舒传》论引刘歆语），"为儒者宗"（《汉书·五行志》）。王充称董仲舒是孔子的正统继承人，"孔子之文在仲舒"（《论衡·超奇篇》）。朱熹说，三代以下，董仲舒是"醇儒"。近代康有为对两千年前的董仲舒仍然崇拜得五体投地，称他是"自孔子之后一人哉"（《春秋董氏学》卷七《传经表》）！董仲舒是在中央集权制下的以儒学为基础的诸子百家政治思想的集大成者。

第四节 政治哲学的基础——政治经济学

皇帝掌握了天下大权以后，应该做些什么事呢？孔子提倡仁义，如何具体化呢？孔子说："使老有所终，壮有所用，幼有所长，矜寡孤独废疾者，皆有所养。男有分，女有归。货恶其弃于地也，不必藏于己；力恶其不出于身也，不必为己。是故谋闭而不兴，盗窃乱贼而不作，故外户而不闭，是谓大同。"（《礼记·礼运》引）墨家提出："求兴天下之利，除天下之害。"董仲舒提倡大一统，在大一统局面下，"一统乎天子，而加忧于天下之忧也，务除天下所患"（《春秋繁露·符瑞》）。天下由天子来管，天子就要对"天下之忧"加倍忧虑。天下最大的忧患是什么？是动乱。动乱是怎么产生的？源头在哪儿？

一、百乱之源

社会为什么会产生动乱？从历史上看，主要是贫富不均，两极分化。富贵之家利用社会地位和经济实力，与民争利，民怎么抵挡得住呢？富贵之家不断地聚敛财富，盘剥百姓，使人民逐渐贫困化。"贫者穷急愁苦，穷急愁苦而上不救，则民不乐生；民不乐生，尚不避死，安能避罪！此刑罚之所以蕃而奸邪不可胜者也。"（《汉书·董仲舒传》）很多穷人不怕犯罪，不怕死，天下就大乱了，刑罚是禁不住不怕死的人的。

董仲舒认为秦朝灭亡也是与贫富两极分化有密切联系的。他说：秦"用商鞅之法，改帝王之制，除井田，民得买卖。富者田连仟伯，贫者亡立锥之地。又颛（专）川泽之利，管山林之饶，荒淫越制，逾侈以相高，邑有人君之尊，里有公侯之富，小民安得不困？……故贫民常衣牛马之衣，而食犬彘之食。重以贪暴之吏，刑戮妄加，民愁亡聊，亡逃山林，转为盗贼，赭衣半道，断狱岁以千万数。汉兴，循而未改"（《汉书·食货志》）。这段话虽是说秦朝贫富两极分化的情况，但最后说汉朝"循而未改"，也就是说，汉朝也是这样贫富不均。富的人占地一大片，穷的人没有立锥之地。乡村富的人都像诸侯国君那样豪华、奢侈、讲排场，而穷的人穿的是牛马穿的服装，吃的是猪狗吃的饲料。再加上官吏横行，人民无法正常生活，就逃到山林中去，变成盗贼。这样，天下还能不乱吗？

董仲舒又说："大富则骄，大贫则忧，忧则为盗，骄则为暴，此众人之情也。"（《度制》）

大富和大贫在中国古代那种制度下都会导致社会不安定。而汉代的现实如何呢？董仲舒说："今世弃其度制而各从其欲，欲无所穷，而欲得自恣，其势无极。大人病不足于上，而小民羸瘠于下，则富者愈贪利而不肯为义，贫者日犯禁而不可得止，是世之所以难治也。"（《度制》）

抛弃制度，随心所欲。欲望没有穷尽，这种发展趋势也没有尽头。富的人感到不能满足，小民却十分贫困。富的人越富越贪利，也越不肯行义。穷的人每天违犯禁令而无法禁止。这就是社会难以治理的原因。

汉代虽然难治，尚未进入乱世。"凡百乱之源，皆出嫌疑纤微，以渐浸稍长至于大。"（《度制》）乱，都是从小逐渐变大的。所以，汉代难治的现实，如果不能及时治理，那就必将导致大乱，以致不可收拾。这也是智者的先见之明。

如何防止乱的发生呢？董仲舒认为治乱之本在于调均。

二、调均

孔子说："不患贫而患不均。"董仲舒认为"不均"，"有所积重，则有所空虚。"（《度制》）一些人财富积累多了，另一些人就贫困了。圣人了解一般人的性情，知道乱是怎么产生的，所以就作出规定，使人有贵贱富贫的上下差别，"使富者足以示贵而不至于骄，贫者足以养生而不至于忧。以此为度而调均之。是以财不匮而上下相安，故易治也"（《度制》）。使富的人足以显示自己尊贵而又不至于骄奢，使穷的人足够生活而又不至于忧愁，根据这种原则来进行调均，这样就可以使财富不匮乏而上下可以相安，所以就容易治理。

这里，董仲舒提出的是重要的调均原则。至于如何做到富者不太富，穷者不太穷，还需要许多具体的制度。首先是不尽利。孔子说："君子不尽利以遗民"（《礼记·坊记》），君子不能把利全都拿走，要剩下一些余利留给人民。《诗》云："彼有遗秉，此有不敛穧，伊寡妇之利。"收稻子的时候，那里掉一把稻子，这里有没收割的稻穗，那都是给寡妇留下的余利。《诗云》："采葑采菲，无以下体。"（《邶风·谷风》）采蔓菁时只收上面的叶子，留根茎于地下，是不尽利的做法。反复对人民进行不尽利的教育，还有人忘义争利而丧失生命。不尽利，就是不要把好处利益全部捞到自己家去，要留一些余利给其他人。现在所谓"有本事的吃肉，没本事的喝汤"。有本事的吃肉连喝汤，使没本事的人连汤也喝不上，那就是不义了。现代强调竞争，那是争差别，不是争有无。应该给竞争失败者出路，给一条生路。优胜劣汰，被淘汰不等于被消灭。这是中国儒家仁道思想的体现，跟西方提倡的博爱，是相吻合的。

其次是不争利，不兼利。董仲舒对于这个问题论述较多。在"天人三策"中，有一大段是讲这个问题的。先讲天的分予，给予牙齿（指上齿）就不给长角，有两翅膀的只长两条腿。天生万物，不能兼予。古代人有俸禄的不能再从事别的有收入的行业，或者靠体力劳动来增加收入。接受了大的，就不能再取小的。这种兼利，天都不能满足，何况人呢？老百姓为什么叫苦不迭，就是由于富贵的人家仗势欺人，与民争利，老百姓怎么争得过他们呀？所以，应该规定，拿俸禄的那些官员只能拿俸禄，不应再兼别的业务，这样，"利可均布而民可家足"。这种均利足民的措施，符合上天的分予道理，也符合古代的治道。天子应该据此规定制度，大夫要遵循这种制度。接着，董仲舒举公仪休为例。鲁相公仪休回家吃饭的时候，吃到自己家种的葵菜，他就到园里把葵菜全拔了。看见妻子在织帛，就发怒，休了妻子。他说："我已经拿了俸禄，怎么能又夺园夫红女的利呢？"董仲舒说古代当官的都是这样，自己拿了薪金，就不能再与菜农、女工争夺行业的利益。所以，老百姓都效法这种不兼利，社会风气就比较好。《易》上说："负且乘，致寇至。"董仲舒的解释是：乘车是当官的位子，负担是小人的事。负且乘，指当官的人还要做百姓的事，那就会招来祸患。也就是说，不能兼利。他在《度制》中还引《礼记·坊记》的话，"君子仕则不稼，田则不渔"，说明君子不兼业、不兼职、不兼利。《度制》又说："天不重予，有角不得有上齿，故已有大者不得有小者，天数也。夫已有大者，又兼小者，天不能足之，况人乎？故明圣者，像天所为，为制度，使诸有大奉（俸）禄亦皆不得兼小利，与民争利业，乃天理也。"这是对"对策"中的思想作的复述和概括。

另外，董仲舒认为社会必须有制度，他说："谓之度制，谓之礼节，故贵贱有等，衣服有制，朝廷有位，乡党有序，则民有所让而不敢争，所以一之也。"（《度制》）规定制度和礼节，就是使各种人的社会地位有所区别，贵贱有不同的等级，服装（样式和颜色）有区别的标志，朝廷上有不同的座位，民间也有尊卑老幼的顺序。都有了详细的规定，人民就会有章可循，各就各位，不会竞争，于是上下相安，就容易统治了。这里有必要提到的是，朝廷有位，是汉代的制度，什么官坐在什么位子上，三公九卿各不相同。职官随时有所变化，魏时有九品，隋唐列六部。官位大概也要随着改变。宋以后，皇帝坐着，百官站着，所以只有站位没有座位了。清朝时，皇帝坐上高高的金銮殿龙椅宝座，百官不但没有座位，而且连站位都没有了，只有跪的位子。没有练出膝盖的硬功夫，要当清朝的大官，也实在艰难。曾国藩消灭太平天国，为清朝立了大功，赴京述职，也仍然要跪在那里老半天。

董仲舒以服装为例来讲制度的产生和必要性，他说："凡衣裳之生也，为盖形暖身也。然而染五采饰文章者，非以为益肌肤血气之情也，将以贵尊贤而明别上下之伦，使教亟行，使化易成，为治为之也。……失文采所遂生之意矣，上下之伦不别，其势不能相治，故苦乱也。嗜欲之物无限，其数不能相足，故苦贫也。今欲以乱为治，以贫为富，非反之制度不可。古者，天子衣文，诸侯不以燕，大夫衣橼，士不以燕，庶人衣缦。此其大略也。"（《度制》）

衣服的产生是用于盖形遮羞和暖身御寒。但是，在衣服上染各种颜色、画各种图案花纹，都不是由于有益肌肤血气，而是为了表示贵人的高贵和对贤人的尊重，以使上下等级有明显的区别，使教化容易推行。为了治理社会才这么做的。如果不知道花纹产生的意义，上下等级没有区别，那就无法实行正常管理，天下就乱了。要从混乱回到安定，要从贫穷达到富裕，不恢复规定的制度绝对不可以。古代，天子穿的衣服是有花纹的。诸侯只在祭祀时才穿有花纹的服装，平时是不穿的。大夫穿的衣服是有花边的橼衣，士平时不穿，只在隆重礼仪中穿。庶人，普通老百姓，任何时候都只能穿没有任何装饰的衣服。这就是服装上的等级差别。

在制度方面，董仲舒没有提到关于物价的问题。《管子》认为社会主要由四部分人组成，即士、农、工、商。生产者只有农与工，工业品价格高了，农民就吃亏了；农产品价格高了，工人就损失了。在工、农这两者之间要根据物的轻重进行协调，"视物轻重而御之以准，故贵贱可调而君得其利"(《管子·国蓄》)。"准"是统治者定的制度，"御"是驾驭、控制的意思。统治者用政权的力量进行调控，使物品的价格达到相对合理，不使任何一方吃亏，各方面都有积极性，统治者就可以稳坐江山了。这就是"君得其利"。控制物价，也是统治者进行调均的重要内容。

从以上可以看出，董仲舒主张调均，并非平均主义，他承认差别，也主张应该有差别。但他反对差别过大，反对贫富两极分化，认为贫富两极分化是百乱之源。为了防止动乱，他主张制定制度，来进行调均，以缩小贫富差别，阻止差别无限扩大。这就是董仲舒调均的基本内容和重要意义。现代社会更加复杂了，所需要调均的内容就更多了。

三、调均的意义

从古今中外的大量经济思想中可以看到，对经济关系有两种倾向：一种是竞争，在经济领域中发展不平衡，通过竞争，优胜劣汰。一种是调均，当经济水平差别不断扩大时，对太富的进行抑制，对太贫的采取某些适当保护措施。

欧洲文化强调竞争，宣扬优胜劣汰，主张社会达尔文主义，为贫富两极分化的殖民主义政策提供理论依据，认为这些都是生存竞争、自然选择，与生物界一样。这种竞争理论促进了西方国家的经济发展，同时因此产生了一批野心勃勃的企图独霸世界的帝国主义国家，挑起了两次世界大战。这种发展是以弱者被残酷淘汰为代价的。

中国文化比较强调"调均"。孔子讲仁义，墨子讲兼爱，都是古代的博爱思想。从博爱思想自然引出"不患寡而患不均"的经济原则，那就是"调均"原则。

从历史上看，社会发展的自然趋势就是富者愈富，贫者愈贫的两极分化。政府经常要制定政策、制度，限制富者，赈济贫者，才能使社会正常运行，稳定秩序。如果听之任之，贫富很快两极分化，富者骄奢，为暴，贫者忧愁，逃遁山林，聚集为盗。所谓"盗"就是暴动群众，就是农民起义。农民起义的口号："劫富济贫""替天

行道""均贫富""开仓赈民"等都是"调均"思想的反映,也都是
对贫富两极分化的抗争。

政府的作用在于调均。如果大臣掌握实权,皇帝不能抑制他,
那就有两种可能的趋势:一是权臣势力日益扩大,权倾朝野,然后
发动宫廷政变,夺取政权;二是权臣势力扩大到全国,朝廷内外都
受到严重迫害,逼得正派人物与人民起来反抗,所谓官逼民反,引
发农民起义。无论哪一种情况,朝廷都要失去政权。总之,如果皇
帝或政府没有能力实行调均,那么,亡国则是必然的。许多人不能
从全局、从长远来看问题,总以为只要自己掌握实权,就什么事都
好办了。但是,政府不能为人民做几件好事,不能保护人民的利益,
就不能长久存在下去。在这种意义上说,人民是历史发展的决定
因素。

第五节　政治哲学的理论基础——性未善论

中国哲学史上,讨论人性的很多。人性论是中国哲学史的一个
重要论题。孔子讲"性相近,习相远",本性差别不大,后天的习染
使人性有了很大的差别。又讲"上智与下愚不移",最聪明与最愚蠢
的不会改变,其他都是可以教化的,承认绝大多数人是可以教育的。
孔子以后许多学者参加讨论人性论问题,如世硕、漆雕开、公孙尼
子、告子、孟子、荀子等。战国时代,孟子讲人性是本善的,荀子
讲人性是本恶的,似乎相反,推论的结果却一致认为需要接受儒家
礼乐的教化。

董仲舒不同意孟子的性善论。他认为人性问题讨论不清楚,是
由于对"性"这个名没有弄清楚,概念不明确,什么问题也都不可
能清楚。所以他认为首先要"正名"。他说:"性之名,非生与?"
"性"这个名,不就是"生"的意思吗?然后他进一步阐释说:"生
之自然之资,谓之性","性者,质也。"(《春秋繁露·深察名号》)
生来自然的本质,未经任何加工的,就是人的本性。这跟孟子批评
过的告子的"生之谓性"的观点是一致的。孟子以"牛之性犹人之

性与"来驳斥告子的观点，因为人与牛都有"生"，人性与牛性能一样吗？人生有人性，牛生有牛性，不能否定生物的差别。一块木材可以雕刻成精美的艺术品。木材本身不是艺术品，只是素材。素材也是千差万别的，不是一样的。同样是黄杨木，新与老不同，树的枝与根也不同，一棵大树，内外还有差别。虽有差别，却大致相同。艺术家加工以后，价值差别就很大，价格可以相差几十倍，甚至成百上千倍。

董仲舒反对性善论。他在给性正名之后，就提出："诘性之质于善之名，能中之与？既不能中矣，而尚谓之质善，何哉？性之名不得离质。离质如毛，则非性已，不可不察也。"诘，深究的意思。中，是符合的意思。性的素质与善的名称是否相符合呢？如果不符合，那怎么能说性的素质就是善的呢？从善的名中寻找不到性的质，因此不能说"质善"。性又离不开质，离开质一丝一毫也就不是性了。没有"质善"，自然也就没有"性善"。

人性离不开质。一切动物的性也都离不开质。如何说明人性与动物性的区别呢？我们根据现代的思维水平来考察这个问题，作一下分析还是有必要的。

人性从大的方面可以分为自然属性和社会属性。从自然属性上看，人和动物，尤其是灵长类动物，差别是很小的。从社会属性上说，人的社会性是地球上独一无二的，这是人与动物的主要区别。人刚出生的时候，只有自然属性，可以说几乎没有社会属性，因此，婴儿和猴崽的区别就更小了。但是，差异是绝对的。猴崽与婴儿的差异总要大于猴崽之间的差异。一个保姆花一两年时间进行抚育，使婴儿能够说话、思考，而不能使猴崽说话与思维。从后来的事实，我们可以推论出：婴儿和猴崽在先天的素质（即本性）上是有较大差异的。而这种差异只有在后天的实践中才能充分显现出来。相对于后天显现的差异，先天的素质上的差异可以称做隐形差异或潜在差异。从一个点引出30°夹角的两条射线，刚离交点不远处，它们之间距离很小，离交点越远，它们之间的距离就越大。如果把人的一生过程比做一条射线，那么，人性的变化、差异，就像两条射线上的各点之间的距离。这样说来，孔子的"性相近也，习相远也"就可以用图式来表示它的合理性。从自然属性上说，婴儿与猴崽差别不大，婴儿与婴儿之间的差别更小。这说明告子的"生之谓性"、"食色，性也"的说法也有一定的合理性。从社会属性上说，婴儿刚出生是没有社会属性的，但是，婴儿应该有先天的社会属性的潜在素质，否则，婴儿就不会接受社会的影响而带上社会性的。"人非木石，岂能无情"，木石是无情的，人是有情的。情就是社会属性。这种先天的社会属性的潜在素质开始并不表现为社会属性，只是接受社会影响发展为社会属性的可能趋势。孟子讲的仁义礼智就是人的社会属性。他说人性有这四个"善端"，就是说人性中有区别于禽兽的社会属性的端倪，即萌芽。经过"扩而充之"，才能成为现实的善。这样看来，孟子的四端是指"先天的社会属性的潜在素质"，也有它的合理性。人为什么会有这种素质呢？应该说这是人类在长期发展的过程中逐渐形成的。人生活在社会中，受社会的影响而有了人的社会属性。人的社会属性是后天获得的。一般地说，根据遗传学原理，后天获得的没有遗传性，但是，后天获得的属性，如果经过长期反复的过程，也会部分地遗传给后代。人的社会属性，经过人类的长期发展，也成了愈益加强的社会属性的素质不断地传给后代。这些素质已经表现为各个地区、各个民族的不同气质。至今，这些素质在遗传基因中的哪些部分用何种方式携带社会性的信息，怎样传递，又会受到外界哪些环境的影响，这些都需要科学家们继续研究。哲学家只能在宏观上说，人的社会性在人体的衍化过程中产生积淀，即在人体的遗传基因中携带有社会性的信息，保留历史的痕迹。因为社会性是有善有恶的，所以人性所带的社会性信息也是有善有恶的。由此得出人性是有善有恶的，应该说基本正确。性善论和性恶论都失之偏颇，因此，汉代思想家都在总结争论以后，肯定了有善有恶论。

董仲舒从"心"的名来探讨人性问题。他说："栣众恶于内，弗使得发于外者，心也。"（《春秋繁露·深察名号》）这一句话给"心"下了个定义，这个定义似乎是当时人的共识，否则就没有意义，

"柂"字比较费解。今本《辞海》《辞源》及其增补本中都没有收这个字，在《说文解字》中有"桼"字。清代学者卢文弨云："'柂'，《说文》作'桼'，如甚切，弱貌。盖恶强则肆见于外，故欲驯之使无暴也。即下所云'损其欲，辍其情者'是也。"①卢文弨根据《说文》解"桼"为"弱儿"，认为"柂"就是削弱的意思，并与董仲舒后面所说"损其欲辍其情"相印证，加以确认。但是，《说文解字》以"弱儿"解，是状貌的，描写状态的，应是形容词。董仲舒将"柂"作动词用，如："柂众恶于内"、"人之受气苟无恶者，心何柂哉？""天性不乘于教，终不能柂。"这些句中，"柂"均为动词，无描写状态的，更无"弱儿"之意。苏舆《春秋繁露义证》引"俞云"："今案：袥者，衣襜也。襜有禁御之义。《释名》释衣服：'襜，禁也，交于前所以禁御风寒也。'袥亦有任制之义。《释名》释丧制：'小要又谓之袥。袥，任也，任制际会使不解也。'任制禁御，其义相通。'柂众恶于内，弗使得发于外'，正取任制之义。下文曰：'天有阴阳禁，身有情欲柂。'柂、禁对文，然则，柂即禁也，亦犹袥即襜也。"柂有"任制之义"，可以引申为限制、封闭。那么，董仲舒的话就可以译为：心是把众恶封闭在里面不让散发出来。这样就可以推出：人性中是有众恶的，并非全善。如果人性不是全善无恶的，那么，"心"还能封闭什么呢？因此，董仲舒说："吾以心之名得人之诚。人之诚有贪有仁，仁贪之气两在于身。"就是说，人性中有仁气（善质）和贪气（恶质），心是限制贪气外化的。

董仲舒还用"民"的意义来探讨人性问题。他说："民之号，取之瞑也。"瞑，就是古代的眠字。他又说："性有似目，目卧幽而瞑，待觉而后见。当其未觉，可谓有见质而不可谓见。今万民之性有其质而未能觉，譬如瞑者待觉，教之然后善。当其未觉，可谓有善质而不可谓善，与目之瞑而觉，一概之比也。……民之为言固犹瞑也。随其名号，以入其理，则得之矣。"人性就像眼睛，人闭目睡眠，醒

① 卢文弨：《抱经堂丛书》本《春秋繁露》，转引自钟肇鹏主编：《春秋繁露校释》，530页，济南，山东友谊出版社，1994。

来以后才能看见，当人未觉醒时，可以说有看视的质，但不能说有所见。万民之性也像正处于睡眠状态的眼睛，要等醒来以后才能有所见，要经过教育以后，才会变善。未受教育之前，可以说有"善质"，不能说已经善了。这跟眼睛的睡眠和觉醒的情况相类似。民犹瞑，根据这个名号，进行推理，就可以得到正确的结论。以此驳斥性善论，"民之号，取之瞑也。使性而已善，则何故以眠为号"？民是蒙昧的，未善的，需要教化才能善，这是天命。王者是奉天命来教化万民的。如果说万民之性也已善，就没有必要进行教化了。董仲舒认为那是"失天意而去王任"的。王者的责任是教化万民，如果不去教化，那就是"弃重任而违天命"。说人性已善，是"设名不正"，所以需要加以正名。

董仲舒用圣人的话来反驳孟子的说法。他先提出这样的原则："圣人之所命，天下以为正。正朝夕者视北辰，正嫌疑者视圣人。"圣人说的话是正确的，是判别是非的标准。他引孔子的话："善人，吾不得而见之，得见有常者，斯可矣。"（《论语·述而篇》）然后说："由是观之，圣人之所谓善，未易当也。非善于禽兽则谓之善也。使动其端，善于禽兽则可谓之善，善奚为弗见也？夫善于禽兽之未得为善也。犹知于草木而不得名知。"孔子说见不到善人，可见善是不容易达到的。如果比动物好一些就可以说是善，那怎么会见不着善呢？比禽兽好还不能说就是善，就像比草木聪明不能算聪明一样。圣人所谓"善"指什么呢？"忠信而博爱，敦厚而好礼，乃可谓善，此圣人之'善'也。"圣人的善是不容易达到的，因此，"圣人以为无王之世、不教之民，莫能当善"。没有王道的社会，没受教化的人民，都不能算善。善是不容易达到的，一般百姓都很难达到善。孟子讲万民之性比禽兽好一点就叫善，董仲舒认为要达到圣人所说的善，才能叫善。所以孟子说性已善，而董仲舒说"性未善"。董仲舒知道自己的观点与孟子的差别，最后说："《春秋》大元，故谨于正名，名非所始，如之何谓未善已善也。"《春秋》强调正名。名没有弄清本义，怎么能讨论人性已善未善的问题呢？董仲舒说："吾上质于圣人之所为，故谓性未善。"这是根据圣人的言论作出的判断，因而是正确的。而孟子性善论却是"此世长者之所误出也",是孟子一时说的错话。

另外,董仲舒还说:"圣人莫谓性善",圣人从来没有讲过人性是善的。又说:"圣人之言中,本无性善名。"圣人的言论中本来就没有"性善"的说法。董仲舒以此证明性善论不符合圣人的思想。

董仲舒还以天道来驳斥孟子性善论。首先,董仲舒认为天有阴阳,所以人性中就有性情、仁贪两方面的因素。"身之有性情也,若天之有阴阳也。言人之质而无其情,犹言天之阳而无其阴也。"这里,他以阴阳比性情,有性情为二的思想,虽说"情亦性也"。又说:"谓性已善,奈其情何?"似有性善情恶的思想萌芽。其次,董仲舒认为天生民性有善质而未能善,需经教化才成善。他以禾、茧、卵作比喻。他说:"故性比于禾,善比于米。米出于禾中,而禾未可全为米也,善出于性中,而性未可全为善也。""天之所为有所至而止,止之内谓之天性,止之外谓之人事。"善和米一样,都是"人之所继天而成于外,非在天所炎之内也"。茧有丝而茧非丝,茧待缫而为丝。卵有雏而卵非雏,卵待覆而成雏。天生民性有善质而未能善,"性待教而为善,此之谓真天"。民受未能善之性于天而退受成性之教于王,性善成于王者的教化。这里,董仲舒把天性与人事作了区分,自然之质是天性,经过人的加工是人事。这是天人之分的思想。最后,董仲舒在"身犹天也"的天人合一思想下,认为对于贪仁之性应该分别对待,仁性经教化而成善,贪性则需要加以限制。他说:"是以阴之行不得于春夏,而月之魄常厌于日光,乍全乍伤,天之禁阴如此,安得不损其欲而辍其情以应天?天所禁而身禁之,故曰身犹天也。"没有经过教化,天性中的贪性(恶)终究限制不住。可见没有经过教化,万民之性怎么可能突然变善了呢?董仲舒论人性的内容都在《春秋繁露·深察名号》和《春秋繁露·实性》两篇中,以上引文不注出处的,都是引自这两篇。

董仲舒批判了孟子的性善论,也不同意荀子的性恶论,主张性未善论。他认为性有善质而未善,必须经过教化才能成为善。

　　董仲舒的人性观点有很多说法，于是学术界也有许多不同的概括。董仲舒曾经说过"圣人之性""斗筲之性"和"中民之性"。"圣人之性"是上，"斗筲之性"是下，"中民之性"是中。这样，有的学者据此将董仲舒的人性论概括为"性三品论"。但是，董仲舒又说："名性，不以上，不以下，以其中名之。"（《春秋繁露·深察名号》）又说："圣人之性不可以名性，斗筲之性又不可以名性，名性者，中民之性。"（《春秋繁露·实性》）也就是说，上品和下品的人性是极少数，没有代表性，因此他认为只有中等的"中民之性"，才是需要讨论的人性，才是有代表性意义的真正的普遍的人性。

　　过去有人认为"圣人之性"是指不需要教化就是"善"的统治者，"斗筲之性"是生来就恶，经教化也不会变"善"的奴隶。那么"中民之性"就是指各级官员和贵族。实际上，这种理解受到阶级斗争的影响，不符合董仲舒的思想。董仲舒不认为所有统治者都是性善的，他对历史上许多统治者持批评的态度。孔子和董仲舒所讲的"斗筲之性"都说的是大坏蛋，不是一般平民。平民哪有资格当大坏蛋？过去讲批判多，很少注意研究的科学性。

　　有的学者将董仲舒的人性论概括为"性四品论"。过善的"圣人之性"、美善的"上品之性"、"中民之性"和丑恶的"斗筲之性"共四品。"圣人之性"是指最高层统治者如皇帝与三公。"上品之性"指各级官员、贵族、奴隶主和大商人。"中民之性"指最广大人民群众。"斗筲之性"，即"下品之性"指奴隶、雇佣劳动者和罪犯。这是用阶级分析的方法来研究、界定董仲舒的人性论。按这种说法，董仲舒的人性论可能就不是四品，而是有更多的品。例如官制有四选：三公、九卿、二十七大夫、八十一元士。与此相应的是圣人、君子、善人、正人。四选之上有皇帝天子，之下有平民百姓、三教九流。他说："是故三公之位，圣人之选也；三卿之位，君子之选也；三大夫之位，善人之选也；三士之位，正直之选也。"（《春秋繁露·官制象天》）这是说，要选圣人这种人才当三公，不是说当上三公的就是圣人。董仲舒经常提到古代诸侯王品德不好，如说晋厉有

"妄杀无罪"的暴行，鲁庄有"骄奢淫逸"之失，晋献有"逆理近色之过"，卫侯朔有"不即召之罪"。这些诸侯王虽然地位很高，却都不是圣人。鲁文公"小善无一而大恶四五"，还有像夏桀、殷纣这些天子，连平民都不如，更谈不上什么圣人了。如果这些等级都说成是人性品级，那就不是三品、四品，即使七品、八品也不够。人有十等，爵有五级，与人性的品级是不对应的。人性的品级与社会等级是不一样的，不能混为一谈。

董仲舒的人性论起了承前启后的作用，对后代有广泛的影响。董仲舒说："名性，不以上，不以下，以其中名之。"这里的上中下开了后代性三品说的先河，后经王充、荀悦，到韩愈，形成完整的系统的性三品说。董仲舒讲："天之所为有所至而止，止之内谓之天性，止之外谓之人事。"这个"天性"，在张载那里就演化成"天地之性"。董仲舒的"仁贪二气，两在于身"演化成"气质之性"。"天地之性"与"气质之性"的关系，后来就变成了"天理"与"人欲"的关系。董仲舒所谓身有性情，"谓性已善，奈其情何"和"损其欲而辍其情"，唐代李翱提出"性善情恶，复性灭情"，宋明理学家的"存天理，灭人欲"，都可能受到董仲舒的人性论的影响。

第六节　承前启后　继往开来

董学是政治哲学，它是用天人感应的神学形式包装起来的政治哲学。它的核心内容是大一统论，大一统论包括两个方面：一是政治统一；二是思想统一。政治统一，一方面"屈民而伸君"，要求全国臣民服从皇帝；另一方面"屈君而伸天"，要求皇帝服从上天。上天是什么？上天有什么命令？这就由儒家解释。儒家总是以儒学来解释天命，皇帝服从天命，实际上就是服从儒学。思想统一，就是罢黜百家，独尊儒术。儒家在先秦是百家之一，到汉代登上了独尊的地位，并且从此以后，儒学在中国两千多年的政治思想中一直居于指导地位，深深地渗入中华民族，成为中华民族精神的主干。从这种意义上说，孔子创立了儒学，而董仲舒以儒学奠定了中国魂。

思想统一和政治统一是一致的，都统一于儒学。这是董学对儒学的贡献，也是董学对中华民族的贡献。简单地说，董学使儒学从诸子升为独尊角色起了关键作用，为使儒学成为中华民族精神的主干作了奠基工程。

今以一副对联来概括董仲舒的历史地位：

上承孔子，下启朱熹，始推阴阳，为群儒首；
前对汉武，后相江都，初倡一统，罢百家书。

第六章
朱　熹

　　朱熹（1130—1200），字元晦，后改晦庵，60
岁以后又称晦翁。祖籍婺源（古属安徽向来州郡，
今属江西婺源县）松岩里，生于福建南剑（今南
平市）尤溪县城外毓秀峰下郑氏馆舍。他青年时，
中了进士，在50年中换了四个皇帝，他"仕于外
者仅九考，立朝才四十日"，只是考察巡视九次，
没有正经坐下来当个像样的官。朱熹在朝廷只有
四十天。为什么呢？就因为敢说真话。后来，他
退居讲学于建阳考亭，被称为"考亭学派"。他的
教学活动主要在福建，学生也多是福建人，因此，
以他为主的学派又被称为"闽学"。朱熹影响很
大，侂胄一伙奸臣在朱熹晚年，称朱熹学派为

"伪学猖獗",又从"伪党"到"逆党""死党",甚至上书要求"斩熹"。当奸臣猖獗之时,朱熹仍然与弟子"讲学不休",将生死荣辱置之度外,有理论的坚定性。侂胄死后,局势立即改变。宋理宗于宝庆三年(公元 1227 年)谥朱熹曰文,赠太师,追封信国公,改徽国。淳祐元年(公元 1241 年)理宗又手诏朱熹跟周敦颐、张载、二程一起"从祀孔子庙"(《宋史·朱熹传》)。他的思想被元、明、清几朝奉为正宗儒学。他的《四书集注》作为科举时的理论依据,统治封建社会后期八百年历史,他是公认的理学集大成者,著作较多(190 卷),思想体系庞大。"其为学,大抵穷理以致其知,反躬以践其实,而以居敬为主。"(《宋史·朱熹传》)

第一节　理气关系

宋明理学重视理气关系的讨论。《朱子语类》也是把"理气"放在卷首。朱熹认为理和道、太极是一样的,是抽象的概念。他说:"道即理之谓也",又说:"太极只是一个理字"(《周子通书注》),还说:"诚即所谓太极也。"(《朱子语类》卷 1)诚,诚意,是实在的意思,属于精神性。理、道、太极,都是精神性的。

理和气的关系,朱熹认为:"太极生阴阳,理生气也。"(《周子太极图说注》)太极是理,阴阳是气。但他认为:"气虽是理之所生,然既生出,则此理寓于气了。"(《性理精义·性命》)理生出气以后,又寓于气中,后来理与气就不可分了。从根本上说:"天下万物万化,何者不出于此理。"(《朱子语类》卷 65)"以本体之,则有是理,然后有是气。"(《孟子或问》卷 3)从本体本原上说,先有理后有气。当他讲理气相依,不可分离,也没有先后的时候,是将气作为物质实体(即本体)看待的,而把理看做气运动变化的本因寓于气中。理相当于法则、规律。

张载在《西铭》即《正蒙·乾称》中发挥儒家仁爱思想,提出"民胞物与"的主张,认为一切人都是自己的同胞,一切物都是自己的伴侣,都是天生的,都要加以爱护。这种泛爱思想受到了程颐的高度赞扬。说它"扩前圣所未发，与孟子性善养气之论同功"。发明了什么呢？"《西铭》明理一分殊。"① 朱熹在《西铭注》中说："盖以乾为父，以坤为母，有生之类，无物不然，所谓理一也。而人物之生，血脉之属，各亲其亲，各子其子，则其分亦安得而不殊哉!"朱熹认为，万物都是天地所生，这就是所谓"理一"。也就是说，一个道理。因此，他说："天地之间，理一而已。"但是，世间万事万物都不一样，有大小差别，有亲疏等级，这就是"分殊"。他借用佛经的比喻"月印万川"来比喻"理一分殊"。天上只有一个月亮，地上万川都有月亮的影子。天上下雨，水是一样的，水落到地上不同地方，就成了不同的水，落到河里为河水，落在池里是池水，河水、池水还同样是水。"物物各具此理"，是"理一"；"物物各异其用"就是"分殊"。朱熹将万物的理称为太极，因此，"理一分殊"，也可以说成："盖统体是一帮极，然又一物各具一太极。""人人有一太极，物物有一太极。"（《朱子语类》卷 94）综合起来，本来就只有一个太极。

第二节　知行观

朱熹在知行观上有一些通俗而明确的说法，值得介绍。

第一，知先行后。朱熹说："义理不明，如何践履?"② 践履就是实践的意思。道理不明白，怎么能实践呢？譬如走路，不知东西南北，不知长安在何处，怎么走路？往哪儿走？从认识的总体看，人类先有实践，然后才有认识，认识源于实践。但对于个人来说，认识主要来源于学习。朱熹讲的就是个人的知行观，知先行后，是对的，先上学，后工作，这是天下普遍的现象。

第二，行重知轻。朱熹说："论先后，知为先；论轻重，行为重。"③ 他认为知行比较，行更重要。学习道理的目的在于行，不行

① 《与杨时论西铭书》，见《二程集》，609 页。
② 《朱子语类》卷第九，中华本，152 页。
③ 同上书，148 页。

就跟没有学一样。因此他说："工夫全在于行上。"行是个人行为，也就是个人心性修养和伦理道德的践履。

第三，知行相须。朱熹说："目无足不行，足无目不见。"① 知行与足目的关系一样，是相须的。孤立、偏好，都不好。朱熹后学强调知先行后，义理不明，不能践履。义理难明，终身无法践履，导致了只说不干的倾向。王夫之批评这种倾向是"先知后行"变成"先知以废行"（《尚书引义·说命中》）。

第三节　读书心得

朱熹是南宋大思想家，大教育家，也曾任过大小官员，有从政的经验。他读了很多书，也著了很多书，因此，他的读书经验体会，很值得重视。关于读书，他有许多论述，这里只对其中个别说法进行评论。

朱熹说："学之之博，未若知之之要；知之之要，未若行之之实。"② 这里有三个比较：学、知、行。

先说学。不学习不知道，学而知之。"困而不学，民斯为下矣。"（《论语·季氏篇》）没有知识，处于困境，还不想学习，那是最没有出息的人。学习的知识，是人的精神素质的基础。所有启蒙思想家都强调知识的作用，都认为知识可以转化成巨大的力量。王充作为封建社会的启蒙思想家，在反对天人感应的神学目的论中，提出"以知为力"，认为"筋骨之力不如仁义之力荣也"（《论衡·效力篇》）；英国资本主义启蒙思想家培根反对经院哲学，反对偶像崇拜，反对迷信教条，提出"知识就是力量"；无产阶级革命思想家高尔基说："没有任何力量比知识更强大，用知识武装起来的人是不可战胜的。"尽管他们所处的时代不同，所代表的阶级也不一样，但是，他们在反对蒙昧主义的迷信中，提出了一致的口号："知识就是力量。"

---

① 《朱子语类》卷第九，中华本，148 页。
② 《朱子语类》卷第十三，中华本，222 页。

我们认为，这个思想在任何时代，都具有进步的意义。反过来也是一样，"不学无术在任何时候，对任何人，都无所帮助，也不会带来利益"①。一个哲学家知道了反映论的道理，知道认识是对客观世界的反映，认识来源于实践，那还是很肤浅的，只有知道了能动性的道理，知道知识是一种力量，对改造世界起巨大贡献作用，理论对实践有重要的指导意义，才具有一定的深度。蔑视知识是愚昧无知的表现，反对知识、破坏文明，则是反动的行为。

"学之之博"，博览群书，开阔眼界，就不会是孤陋寡闻，这也是很必要的。在现代社会，一个人需要有相当广泛的基础知识，才能形成必要的知识结构。还有许多生活知识包括人际交往的知识也是需要的。哪一方面的知识绝对没有，都会在生活实践与生产实践中，在工作中，带来说不清的麻烦。这些知识，很多内容不是在上课的时候听老师讲的，而是在自己看书或看报中学的，有的是在与朋友聊天中知道的，有的是从自己的教训中学的。从教训中学的特别深刻，记忆长久，尤其珍贵。聪明人更多的是从别人的教训中学习，自己可以少走弯路，少受损失。

再说知。一个人知识虽然学得很多，并不一定知道其中的要点，也不一定就能体会其中的精神实质。朱熹举了孔子弟子为例，"若不用躬行，只是说得便了，则七十子之从孔子，只用两日说便尽，何用许多年随着孔子不去"。孔子的学问只要两天就可以说完，何必用许多年的时间跟着孔子呢？原因就是与孔子相处，"去理会这个身心"，也就是领会孔子学问的精神实质。

子贡是个机敏的人，他对孔子的认识还花了三年时间。"子贡事孔子，一年自谓过孔子；二年自谓与孔子同；三年自知不及孔子。当一年二年之时，未知孔子圣也，三年之后然乃知之。"（《论衡·讲瑞篇》）也有人以为"子贡贤于仲尼"。子贡说："譬之宫墙，赐之墙也及肩，窥见室家之好。夫子之墙数仞，不得其门而入，不见宗庙

---

①　1846 年在布鲁塞尔，安年柯夫记录马克思对威廉·魏特灵说的话。见苏联科学院历史研究所编：《近代史教程》，中文版，第 2 分册，73 页，北京，人民出版社，1953。

之美，百官之富。得其门者或寡矣。夫子之云，不亦宜乎！"（《论语·子张篇》）这说明真正认识孔子学说的精神是不容易的。很多人学习了许多知识，就是不入门，不能领会孔子的精神实质。而真正能够入门的是极少数，因此，许多人以为孔子的水平不及子贡。孔子曾说："君子食无求饱，居无求安，敏于事而慎于言，就有道而正焉，可谓好学也已。"（《论语·学而》）这里说的"就有道"，就是接近有道德或者掌握理论的人，接近他们，才能更好地学习正道，理解精神实质，纠正自己的错误。朱熹讲今天格一物，明天格一物，联系起来反复思考，到一定时候，豁然贯通，认识天理。只格物，不思考，"学而不思则罔"。学习中国传统文化，需要身心体会，化为自己的精神，才能在实践中见效。

子路原是粗野的人，长期与圣贤相处，经过潜移默化的作用，逐渐地改变气质。王充认为，人性的善恶是可以改变的，就像"蓬入麻间，不扶自直；白纱入缁，不染自黑。"（《论衡·率性篇》）王充举子路为例，子路"未入孔门时，戴鸡佩豚，勇猛无礼，闻诵读之声，摇鸡奋豚，扬唇吻之音，聒贤圣之耳，恶之甚矣。孔子引而教之，渐渍磨砺，阖导牖进，猛气消损，骄节屈折，卒能政事，序在四科。斯盖变性使恶为善之明效也"（《论衡·率性篇》）。子路没到孔子那里学习之前，不知礼节，很野蛮，听见读书声都反感。后来跟着孔子学习几年，性格变化很大，能够从事政治工作。王充认为这是孔子能够通过教育改变弟子性格的典型事例，孔子的贤弟子就是这么转变的。

朱熹认为："讲论一篇书，须是理会得透。把这一篇书与自家衮作一片，方是。去了本子，都在心中，皆说得去，方好。"① 读书，必须"理会得透"，这就是知，是真正的彻底理解。也就是要将书中的思想接受下来，放"在自家肚里"，成为自己的思想，放下本子，随心说去，都能正确表达出来，这才表明自己确实理会透了，将之融入自己的思想。有些人按着本本，可以说一套，离开本本，就说不成话，就没法说话。毛泽东称这种人是"本本主义"。过去有这样

① 《朱子语类》，卷五十，《学四·读书法上》，171页。

的人，现在也有这种人，过去叫教条主义，古代称迂儒，现在大概可以叫书呆子。现在书呆子少了，不读书的人多了。现在流行的是急功近利，浮躁作风，从网络上看一点议论，就以为获得真理，加上自己的随意想象，就要隆重推出一个思想体系，或者出版一两本书，就以为自己是西方什么名家再世，至于中国古代名家已经不在话下了。如果将他比朱熹，他会觉得掉价。有时，他会在众人面前高谈阔论，目空一切。正如朱熹所说，那些人在具体典籍上，读书全不仔细，经不起追问。苏东坡说这种人"游谈无根"，学问做得不扎实。先读书，然后才能要求"理会得透"，对于不读书的人或者懒于读书的人，首先还是强调先读书，然后才有理会的问题。没学会走路的人就想跑步，没有不摔跤的。

第四节　理欲观

朱熹讲读书，要把书中的思想经过思考，变成自己的思想，再化成自己的行动。一切最后落实在行上，追求至善。这样读书，才能提高自己的素质，才是为己之学，保留着"古之学者为己"的遗风。现在许多人将学问当做外在的东西，学了让人看，说了让人听，对自己的思想没有作用，或者说只是学会了骗人。这是言行不一，正如孔子所说："今之学者为人。"因此，有的人虽然学习了一些儒家思想，只能跟别人说，没有能够改变自己的气质，自己原本什么样子，还是那个样子。有些领导干部说反腐败的道理很对，他自己却由于以权谋私，腐败堕落，触犯法律而被判刑。许多贪官在被逮捕前，还在慷慨激昂地向广大听众作关于廉政的报告，进了监狱才说自己没有改造好世界观。这都是没有把学到的道理放在自家的肚子里。在这里，让我想到陆游的两句诗："纸上得来终觉浅，绝知此事要躬行。"（《冬夜读书示子聿》）这告诉我们，只读书是不够的，认识总是肤浅的，需要在实践中体验，才能有真正深刻的认识。我们学习辩证唯物主义理论，是否变成自己的思想方法？是否能在实践中正确运用？我们学习儒学，是否应该从中吸取适合现代的思想因素呢？是否能将古老的智慧化成构建现代和谐社会的先进文化？这些都值得我们不断思考。

在朱熹那里，义利关系被提高到更高的理论高度，这就是天理人欲之辨。天理就是公义，人欲就是私利。著名的口号是："存天理，灭人欲。"过去有些人批评这个口号，说是不让人民有起码的欲望。这是一种误解。因为朱熹在回答"饮食之间，孰为天理，孰为人欲"时，说："饮食者，天理也；要求美味，人欲也。"①正常的欲望，是天理。人不能不吃饭，这就是天理。要求美味，就是追求过度享受。追求享受，应该也是天理。但是，如果将精力都放在追求享受上，自然影响事业，影响社会责任。那种追求过度享受，就是人欲。在学习时期，讲究吃穿，化妆美容，追求排场，那么，学习就会受到影响，就无法参加深入的理论探讨。正如孔子所说："士志于道，而耻恶衣恶食者，未足与议也。"（《论语·里仁篇》）立志学道的青年如果过分讲究吃穿，那就没有资格参与讨论治国的大道理。在当官执政的时候，如果过度追求享受，那就会以权谋私，贪污受贿，破坏公义。

天理与人欲是人性中相对的两个方面，朱熹认为："人欲便也是天理里面做出来。虽是人欲，人欲中自有天理。""人之一心，天理存，则人欲亡，人欲胜，则天理灭，未有天理人欲夹杂者。""天理人欲常相对。""天理人欲，无硬定底界，此是两界分上功夫。""人只有个天理人欲，此胜则彼退，彼胜则此退，无中立不进退之理。凡人不进便退也。"以刘邦项羽打仗为比喻，"彼进得一步，则此退一步；此进一步，则彼退一步"。"只此一心，但看天理私欲之消长如何尔。""学者须是革尽人欲，复尽天理，方始是学。"②没有确定的界线，此消彼长，革尽人欲，尽复天理，才是真正学习儒学。朱熹认为："圣贤千言万语，只是教人明天理，灭人欲。天理明，自不消讲学。"③朱熹讲的"存天理，灭人

---

① 《朱子语类》卷第十三，中华本，224 页。
② 同上书，224～325 页。
③ 《朱子语类》卷第十二，中华本，207 页。

欲",就是针对这些当官的或者准备当官的人说的。人欲导致自己的毁灭,天理使人成才、成功。学者在这一根本问题上,必须有明确的态度。本立而道生,本立了,其他事情就容易理解,也容易解决了。朱熹说:"为学之道,莫先于穷理;穷理之要,必在于读书。"(《甲寅行宫便殿奏札》)为了存天理、灭人欲,要从读书开始,学习圣贤所讲的理。当时许多人认为现在读着圣贤的书,就是在"穷理",没有对此有所疑问。朱熹与陆九渊由于治学方法不同,各自成家,形成不同的派别。有一次,朱熹请陆九渊到他主持的白鹿洞书院讲学。陆九渊以求同存异的精神,不谈治学方法,只讲义利之辨,"以义利判君子小人",陆九渊认为虽然读圣贤书,一心想着考取功名,那也是为了私利。这种说法击中要害,震撼人心,朱熹也感到这类问题极端重要,还要陆九渊"笔之于简,而受藏之"①。为修身而学习,还是为功名而学习,这就是义利关系的问题,也是在读书中的动机问题,就是一种行的表现。读书也有"为己"和"为人"的不同,"古之学者为己,今之学者为人"。或者说,如何"为己"的问题,是为了提高自己素质、道德涵养,还是为了自己考取功名,升官发财?这与现代的素质教育和应试教育之区别相似。陆九渊认为这个根本问题不解决,读书多,只是"假寇兵,资盗粮"(《陆九渊集·语录下》)。朱、陆都认为教育就是两项内容:尊德性与道问学。孰先孰后,至今还有争议。

　　了解朱熹的读书观,认识到他的见解的合理性,那么,我们现在的学者、学生,在读书中,在学习理论中,是否有需要检讨的表现呢?读书是否深入理解理论,并且化成自己的思维方法,是否落实在自己的行动上?有的人喜欢从书本上抄来抄去,或者抄了别人的东西,离开本本,就说不成话。有的话只在小圈子里流行,跟外行人讲,就说不清楚,人家听不明白。不能用自己的话讲,只能按别人书上的话讲,甚至按外国人书上的话讲,如何让人听懂?道理讲不清楚,还用了一大批新词,自己一知半解,怎么能使别人明白?自己不相信的东西,总想讲得让别人相信。自己做不到

---

　　① 《白鹿洞书院论语讲义》,载《陆九渊集》,275～276 页,中华书局,1980。

的事情，总想劝别人去做。《大学》中提到："有诸己而后求诸人，无诸己而后非诸人。"自己做到了，然后才可以要求别人做到；自己没有的毛病，才好批评别人这方面的毛病。自己有的毛病，不去掉，批评别人，就不会有效果。自己做不到的事，要求别人做到，理由也不顺。

学生读书，是当然的事。现在也有了变化，很多学生不读书，或者读书比较少，主要靠上网。看书在网上看，写论文也在网上，方便倒是方便了，还有一些值得怀疑的地方。例如，看书，可以看上下文，有助于理解大意，现在用检索的办法，获得的都是语录，都是一句一句孤立的话，没有上下文，是否能够正确理解，我觉得有点担心。理解不正确、不全面，甚至曲解、误解，如何能体会精神实质？至于在实际中运用理论于实践，就更不容易了。学生暂时做不到，可以理解，当教师的是否应该先做到，给学生以示范，身教重于言教。这些是我自己读朱熹的书而有的体会，未必正确，如有可取之处，那就希望与大家共勉。

附录：历代著名的儒家如下：

（1）先秦（春秋）：孔子及其学生。

（2）先秦（战国）：子思、孟子、荀子。

（3）汉唐时代：董仲舒与西汉经学、郑玄与东汉经学、孔颖达与唐代经学。

（4）宋代：朱熹与理学，陆九渊与心学。

（5）明代：王阳明与心学。

（6）清代：考据学（阎若璩《尚书古文疏证》），章太炎、康有为、梁启超。

（7）现代新儒家。

第一代：梁漱溟、熊十力、冯友兰、钱穆。

第二代：牟宗三、徐复观、唐君毅、方东美。

第三代：余英时、杜维明、蔡仁厚、成中英、刘述先。

第七章
批判儒学以后的反思

20世纪的一百年中，不断地批判孔子儒学。有些人虽然现在不写文章批判儒学了，过去批判儒学给他们留下的深刻印象难以清除。在他们的心目中，儒学仍然是保守的、落后的、过时的、反动的、封建主义的，甚至是没落奴隶主阶级的。他们认为，儒学不利于经济的发展，阻碍了科技的进步，违背社会的文明。中国的落后都是儒学造成的，儒学是万恶之源，甚至有人认为，现代的官员腐败，总根源在儒学上。

这是需要分析研究的问题。在这里要讲三个问题：首先，儒学是否妨碍了经济的发展。其次，儒学是否阻碍了科技的进步。最后，儒学是否违背了社会的文明。

第一节　儒学妨碍经济发展吗

这要从历史事实与理论研究两方面来分析。儒学创立两千多年了，在汉代独尊儒术以后，出现过汉唐盛世，宋元明清几朝，中国的经济一直居于世界领先地位。元代，西方游客马可波罗到中国，发现中国比西方繁荣得多。明代中期，西方人到中国来，看到繁荣昌盛的社会，安定文明的秩序，都曾经赞叹不已，特别对于科举考试，文官制度，推崇备至。到了清朝中期，中国的产值在世界经济的比重，也超过当今的美国。这是基本事实。当然富裕往往是综合因素的结果，但是，儒学没有妨碍中国经济的发展，应该是历史事实。从理论上说，孔子、孟子都提倡富民，先富后教，说明重视经济发展。讲"民以食为天"，又讲"国以民为本"，都是重视人民衣食住行的。儒家在讲义利关系时，主张重义轻利。轻利就不要利，自然会妨碍经济的发展。这是许多人的普遍的误解，也许是少数人的故意曲解。

儒家讲轻利不是不要利。这有大量的事实可以证明。

《论语·雍也》记载："原思为之宰，与之粟九百，辞。子曰：毋！以与尔邻里乡党乎！"原思就是孔子的学生原宪。他很穷，当了孔子的管家，觉得"九百"（原文没有量单位，有的说是九百斗，有的说是九百斛，即九百石）薪水太多，不要。孔子批评他，认为不要是不对的，要了，自己用不了，可以救济乡里穷困人家。朱熹的解释："言常禄不当辞。"正常的薪水，不应当辞。辞也是不义。并不是"辞"钱财就是对的。孔子的学生子贡是很会预测市场的，他从事商业活动，赚了很多钱。鲁国规定谁能花钱把在外国当奴婢的鲁国人赎回来，可以到政府那里领取一些钱，作为补偿金。子贡赎了一些人回来，因为他自己钱多，就不去政府那里领取补偿金，受到孔子的批评。孔子说，不能因为你有钱，就不去领取补偿金。做事情，要考虑如何合适，才能作为群众的榜样。你这么做，今后鲁国人在外国当奴隶，再没有人去赎了。在这里，不拿钱是不义，拿钱才是义。王充认为子贡"让而止善"。孔子的另一个学生子路救了一个落水的小孩，那小孩的家长用一头牛来表示感谢之情，报答救命之恩。子路接受了。孔子说："鲁国人今后一定很热心于拯救落水的人。"当时，一头牛是价值十分昂贵的酬谢品。王充说子路"受而观（劝）德"（《论衡·定贤篇》）。接受了谢礼，等于倡导了做好事。

从此可见，儒家重义轻利，并不是不要利，只是强调要拿合理的利，不合理的不应该拿，孔子讲："见利思义"，"义然后取"（《论语·宪问》）。孟子说："非其有而取之，非义也。"（《孟子·尽心下》）碰见利益，就要先想是否合理，如果确实是合理的，就要收取。该取的不取是不义的，获取不是自己应该得的，也是不义的。当然讲义利之辨，儒家主要反对当权者贪污受贿，那是"不义之财"。简单地说，儒家主张"君子爱财，取之有道"。不要财，不是儒家的主张。

孟子也非常重视义，他说，如果让他去杀一个无辜的人，就可以给他天下，他也不会去干。他的做人原则是：不符合义的，不要别人的哪怕是一分钱，也不给别人一分钱。少了不要，再多也不要，哪怕给他亿万财富。如果自己作出了贡献，自己应该得的报酬，多少都要，问心无愧，可以"安富尊荣"。从这里可以看出，儒家所讲的义不排斥物质利益，只是要求得到合理的物质利益。取得自己应得的报酬，再多也是义，而不是利。朱熹曾经说过，吃饭是天理，是义，而想吃好的，超过自己的经济条件，那是贪欲，是利，是需要克服的。

对于收取别人的礼物，古今都有各种不同的说法，也都有一些流行的俗语。孔子说"立功受禄"，现在叫做"无功不受禄"。曾参说"受人者畏人，予人者骄人"，现在也有类似的说法，叫做"吃人者嘴短，拿人者手软"。为什么嘴短手软呢？就是"畏"人家嘛！吃人家的请客，嘴油了，就不敢提意见，就不敢批评。收了别人的礼物，该处理的事情，就下不了决心。现在说哪儿治安不好，地痞流氓比较猖獗，很可能那里的当权者吃请受贿，或者与那些罪犯有许多牵连，不敢下手，或不忍下手，手软了。当然也有这种说法："小偷坐监牢，中偷作检讨，大偷作报告。"

义是合理分配。重义是强调合理分配，分配不合理，财富再多，都被少数人所垄断，多数人受穷，两极分化，社会就不安定。因此孔子说"不患寡而患不均"。董仲舒说义利都是人所需要的，"义以养心，利以养身"，心比身重要，所以要重义而轻利。孔子的"杀身成仁"，孟子的"舍生取义"，也都是认为仁义道德比身体生命都更重要。不要利，不是儒家的思想。孟子讲"何必曰利"，被许多人当做不要利的典型言语来批判。那是一种误解。孟子认为只要实行仁义了，就会有利于国家，不必说如何才有利。还有一个很有启发性的事实：当中国大陆一致批判孔子儒学的时候，经济受到严重破坏，到了崩溃的边缘；深受儒学影响而又不批判儒学的亚洲四小龙的经济却已腾飞。大陆后来不批孔子了，经济每年以9%的速度增长，出现了和平崛起的奇迹。这些基本事实，奇怪现象，是否也值得反思呢？我们不认为儒学是中国经济发展的决定因素，却可以肯定，儒学并不妨碍中国的经济发展。说儒学妨碍中国经济的发展，不符合历史事实，也没有理论根据。

第二节　儒学妨碍科技进步吗

一些论著说儒家文化是农业文明，是黄色文化，是落后、封闭、保守的。这些人天天吃粮食，天天骂农业文明，这不奇怪吗？说海洋文明是蓝色文化，是开放进步的。从航海业来看，中国在两千多年中，一直处于领先地位。秦代就有徐福带领数千男女青年渡海到日本，这是中国、韩国、日本三国正史都有明确记载的史实。汉代能够制造大楼船，高十余丈。人坐在船上，关闭窗户，船行而人没有感觉，说明船大而稳。福建泉州出土宋代文物——巨大的橹，说明那时在海上丝绸之路航行的船是巨大的。到了明朝，郑和下西洋，公元1405年第一次航海有船二百多艘，大船六十二艘，每船长四十四丈，宽十八丈。这是当时世界上最大的航海船队，郑和就是这个航海舰队的总指挥，或者说是世界上第一个庞大海军的总司令。当时，中国的造船业与航海业都是世界上最先进的。一百年以后，西方航海还达不到这个水平。2005年是郑和第一次航海六百周年。郑和第一次航海87年以后的公元1492年，欧洲人哥伦布才第一次航海。那是小规模的，三艘小船载着87人横渡大西洋。郑和第一次航海的人数（27800人）是哥伦布第一次航海人数的三百多倍！如果说有蓝色文化，那么，中国在两千多年中一直是世界上蓝色文化的最先进、最杰出的代表！航海如此，其他更不必说了。英国科技史专家李约瑟博士说："中国的这些发明和发现往往远远超过同时代的欧洲，特别是在十五世纪之前更是如此（关于这一点可以毫不费力地加以证明）。"① 他还认为，十五世纪以前，中国人的科技是同时代的西方人所望尘莫及的。中国古代有许多科技成就。例如两千年前的秦代建筑了绵延万里的长城，隋代挖了从北京通州到浙江杭州两千多里的大运河，唐代富强名闻天下，长安简直成了东半球许多人向往的天堂。按这种说法，中国在15世纪以前，实际的科学水平超过同时代的欧洲。但是，欧洲在16世纪以后就诞生出近代科学，而中国文明却没有能够在亚洲产生出与此相似的近代科学，这是什么原因？李约瑟百思不得其解。这就是所谓"李约瑟难题"。

　　海内外学者在解释"李约瑟难题"时，提出了各种观点，有的说儒学影响了科技进步，因为儒家重视"道"轻视"技"，甚至认为中国古代根本就没有科学。说中国只有技术，没有科学，认为李约瑟误将技术当做科学。有的说中国只有经验，没有理论体系。有的说中国方块文字影响了科学的进步，因此只有废除了汉字，中国才有希望。有的说中国因为科举制度只考文科，不考理工科，妨碍了科技的发展。有的说……总之，中国所特有的东西都成了科学落后的原因，都成了罪过，都要彻底改变。

　　世界各国各民族在生活和生产实践中都有所发现或发明。在天文学上，西方有托勒密的地心说，中国有张衡的浑天说，发生在东西方2世纪的两个学说有很多相似之处，都是以人类生活的大地为

---

① 李约瑟：《中国科学技术史》第一卷"序言"，北京，科学出版社，1975。

静止的中心。天体是如何绕地旋转的，他们又用不同的方式解释所观察到的现象。我们承认在西方天文学界占统治地位达一千多年的地心说是科学，也应该承认与地心说相似的浑天说也是科学。只要浑天说是科学的，就无法否定中国有传统的科学，中国曾经有自己特色的科学。

中国医学有系统的经络学说，有四诊八纲和脏象学，以及阴阳消长、五行生克等法则，形成系统的知识体系，至少在两千多年前就已经奠定了这一基础理论。李时珍的《本草纲目》对近两千种药物进行分类，分为62类，配成一万多种方剂。对每一种药都有释名、集解、正误、气味、主治、发明、附方等项内容，条分缕析，内容详备。这算不算是有概念、定理的知识体系呢？难道只有西方植物学里把植物分为单子叶和双子叶才是科学？东汉哲学家王充曾说："入山见木，长短无所不知，入野见草，大小无所不识。然而，不能伐木以作室屋，采草以和方药，此知草木而不能用也。"① 只知道草的名称和形状还不够，更重要的要知道这些草可配什么方，治什么病。可惜的是，两千年后的某些西方人还不知草药能治病，断言"草根怎么能治病?!"对于草根的治病功能毫无所知的所谓"植物学"，算不算完整的"知识体系"呢？

汉代论天三家中的"宣夜说"认为宇宙是无限的空间，气托着天体在其中自由浮动。李约瑟博士认为："这种宇宙观的开明进步，同希腊的任何说法相比，的确都毫不逊色，亚里士多德和托勒密僵硬的同心水晶球概念，曾束缚欧洲天文学思想一千多年。中国这种在无限的空间中飘浮着稀疏的天体的看法，要比欧洲的水晶球概念先进得多。"②

宣夜说的"先进"是技术吗？不是。因为它根本就没有任何技术，这种宇宙观只有理论，只能是科学。欧洲科学史专家认为它比

① 王充：《论衡·超奇篇》，上海，上海人民出版社，1974。
② 李约瑟：《中国科学技术史》，第四卷第一分册，115页，北京，科学出版社，1975。

托勒密地心说"先进得多",而中国有些人却说中国历史上从未有过科学,没有可以与托勒密《天文学大全》同日而语的科学著作。双方似乎都表现出高尚的"谦虚",抑或还有别的什么原因?

近三四百年来,欧洲发展很快。一些欧洲人因此就以为"任何一种重要的发明或发现都绝对不可能在欧洲以外的任何地方诞生"。这是李约瑟先生对欧洲中心主义者的批评。在这种观念的束缚下,就不可能客观地、公正地评论各国的科学发明,就不能正视历史事实。"在一部1950年出版的关于工艺史的著作中,作者则没有把一些明明是属于中国人的成就归功于中国人,例如,关于中国人最先认识到磁极性、发明火药以及最早制造铸铁等等,在这部著作中都只字不提。"[1] 这显然是一种偏见。

欧洲人说哥伦布航海促进了世界近代科学的发展,不是没有道理的。从结果看,哥伦布航海促进了欧洲的发展,促进了世界科学的进步;从过程看,哥伦布航海帮助了欧洲强盗对美洲财富的掠夺,导致了欧洲对印第安人的残酷杀戮。现在有一种过程哲学,不知是否也应该研究这样一些让有理智、有良心的欧洲中心主义者忏悔的历史问题。

郑和航海与哥伦布航海相比,从时间上看,郑和早了87年;从规模看,郑和有二百艘大船,哥伦布只有三艘小船;人数上,郑和所率是哥伦布的三百多倍;航海次数是七比三。从效果看,郑和航海增进了中国与世界的互相了解,与亚非三十多个国家进行了文化交流和经济贸易。欧洲人说哥伦布航海发现了美洲新大陆。这个说法似乎欠妥。在那里生活了千万年的印第安人难道没有发现美洲?还要等欧洲人来"发现"?印第安人第一次到欧洲,能不能说他发现了欧洲呢?世界发展是要有代价的,欧洲人的发展,代价却是由欧洲以外的人付出的。欧洲人的发展是以印第安人的灾难为代价的。中国人发达早,实力强,却没有开辟一块殖民地。相比之下,中国人的睦邻政策是否更可贵呢?欧洲人写的科学史,航海史,都充分

---

① 李约瑟:《中国科学技术史》,第一卷"序言",5页。

地肯定了哥伦布航海，却几乎没有提到郑和航海。郑和航海表明当时中国在造船业和航海业方面在世界上处于领先地位，有绝对优势。过一个世纪以后，欧洲人也还没有赶上这种水平。如果能够正视这一事实，那么，有一些人在那里宣传蓝色文化如何开放进步，而把中国归入封闭落后的黄色文化的种种神话，就会不攻自破了。奇怪的是，有些中国人说，哥伦布那三艘小舢板，是科学；而中国郑和所率庞大航海船队却只有技术，而没有科学！从世界历史这样宏观的视角来审视科学问题，应该能够作出正确的、公允的评价，怎么能只看近三四百年的情况，以偏赅全，简单否定了欧洲以外的，特别是中国的人民对世界科学发展的贡献？

关于科学问题，在 20 世纪 20 年代有过科玄之争。至今，这类讨论还在继续。可以肯定的是，科学已经成为人类生活不可或缺的东西。但是，唯科学主义却是片面的，因为人类生活除了科学，还需要其他的非科学的东西。即使是科学，也还有不尽如人意的地方与方面。中国传统的科学思想与西方的科学思想有互补的关系。中国重整体综合，西方重局部分析；中国有较多的辩证思维，西方有较多的定量研究；中国重实用价值，西方重理论体系；中国重继承维护，西方重革新发展；中国医学以活体功能为基础，西医以尸体解剖为基础；中国医学以草药为主，西医以化学药品为主。中西的科学思想各有长处，互相结合，更有利于科学的发展，也将是世界科学发展的新趋势。模糊数学、测不准原理、系统论、全息论，这些最新的科学进展都包含中国传统科学思想的某些成分，这就已经预示着今后世界科学发展的趋势。儒学产生以后，中国科学进步的大量事实，完全可以否定儒学妨碍科学发展的说法。

从孔子到现在有两千五百多年，按孟子的说法，五百年必有王者兴，五百年算一个阶段，那么，从孔子到现在可以划为五个阶段。如果用接力赛作比喻的话，那么，五百年算一棒，孔子到现在共有五棒。15 世纪以前，中国的科技都是领先于西方，最后五百年落后了。也就是说，前四棒中国人都是领先的，最后一棒落后了。没有取上名次。我们有什么理由将最后的落后归罪于前四棒？我们拿着最后一棒的，是否有资格埋怨拿前四棒的古人，说落后是他们造成的？我认为：我们的祖先无愧于我们，倒是我们愧对祖先！我们应该发愤图强，重振雄风，振兴中华。

第三节　儒学违背社会文明吗

15 世纪前后有许多西方人来中国，看到了很多新鲜的东西，写了不少游记，高度赞赏中国社会的文明进步，认为中国是文明的典范。几百年后，他们把中国当做落后的代表。这不值得深思吗？社会是复杂的，社会的发展是综合因素的结果。简单的思维方式，看不清楚社会发展的规律，也解释不了社会发展的内在原因。所谓祸福相倚，物极必反，所谓穷不过三代，富不过四代，所谓气运更替，都是对社会某些现象的概括。这些说法被许多人认为是正确的，说明有一定的合理性。

儒学对社会文明进步还有什么意义，也就是儒学现代价值问题。儒学产生于两千多年前，是否过时了？儒学是长期发展的结晶，它在不断丰富、革新中流传下来。经过两千多年的实践检验，有很强的生命力。其中有许多内容是超时空的，到现代也还有普世的意义。在中国社会主义的革命与建设的实践中，将马克思主义理论与中国具体革命实践相结合，这个结合就是马克思主义与深受传统思想影响的工农群众相结合，也就是与中国传统思想相结合。其中主要是与儒学相结合。结合产生两方面的结果：一是使马克思主义中国化；二是使儒学现代化。战争年代提出的三大纪律八项注意，优待俘虏，建设时代提出的和平共处五项基本原则，五保户，特别是邓小平提出的小康社会，"一国两制"，都是儒学传统的体现。关于"一国两制"，需要多说几句。周代实行封建制，秦代实行郡县制，汉代同时实行封建制和郡县制，就是比较早的"一国两制"。戴逸教授说："康雍乾盛世的制度创新意义重大。政治制度改革作用明显。这是封建专制发展得最完善的时期。雍正年间军机处的设立，加强了中央集权。母后、外戚、宦官、藩镇的专权在清朝康雍乾时期都没有。

在处理民族问题上，清朝才是真正地巩固了疆域。清朝在中央设立理藩院管理民族事务，在少数民族地区，设立的行政机构又不一样，实行的是'一国多制'。比如在西藏设驻藏大臣，在新疆、东北设将军制，在西南地区改土司制为流官制，在蒙古设盟旗制，在维吾尔族地区设伯克制。这都是因地制宜，不把内地的一套全部用到少数民族地区。它们的形式与内容都不一样，但目的都是集中权力使得中央政治便于管理。汉、唐在西域设置是军事机构都护府，而不是类似清朝的行政机构。"① 国民党时代，故宫内保留一个封建小朝廷，宫墙内外也是两种截然不同的社会制度。中华人民共和国成立之初，西藏保留当时的农奴制，与全国各地实行社会主义，也是两种社会制度并存的局面。1959 年达赖叛乱，才取消农奴制度，大约两制并存了近十年。但是，邓小平解决的是香港回归问题。香港是特殊的政权方式，在一百年前，清朝政府腐败，在当时帝国主义压迫下，订下割地赔款的屈辱的不平等条约，把香港交给英国人管理。现在要收回主权，就必须处理好与英国政府、香港人民的关系，从这种特殊情况出发研究出一套方案，邓小平提出"一国两制"构想，三方都能接受，不费一枪一弹，妥善处理了香港回归的难题，而且为国际提供了处理类似问题的成功经验。孔子提出"和而不同"的思想，为"一国两制"或"一国多制"提供了理论依据。和而不同，强调独立自主，不当奴隶，不屈服于武力威胁，也不称霸，尊重别人，和平共处，友好合作。现代社会动乱的根源是霸权主义与恐怖主义。这个和而不同的精神对于现代社会也还有意义。满族入主中原时，康熙创造了统一战线政策，受到毛泽东的充分肯定。② 也可以说明毛泽东在一定程度上也继承了康熙的这个创造性政策。

从以上事实，我们可以说，现代中国的马克思主义中已经包含中国传统思想。儒学是中国传统思想的主干与基础，因此，马克思

① 洪波：《盛世的沉沦——戴逸谈康雍乾历史》，载《中华读书报》，2002 年 3 月 20 日《文史天地》专栏。

② 《毛泽东话康熙》，载中共中央党校主办：《学习时报》，2004 年 2 月 16 日第 8 版。

主义中已经包含儒学的内容。有些人思想受到"文革"中批孔的深刻影响，到现在还认为孔子儒学是封建主义的东西，是与马克思主义绝对对立的。他们只记住马克思主义的一些具体结论，并且视为教条，不能理解马克思主义的立场、方法，不能领会马克思主义的精神实质。毛泽东思想与邓小平理论才真正是马克思主义与中国传统文化相结合的优秀成果。

中华民族的文化传统是连续的，从古代到近代，再到现代，是割不断的。破四旧，破来破去，也是徒劳的。只要是合理有用的思想，怎么也破不了。如果是糟粕，那么，群众也会在实践中抛弃它。

第四节　儒学是否过时了

过去的思想不一定都是过时的。如何判断一个思想体系是否过时了呢？就看这个思想体系在现代社会是否还有好作用，是否还有价值。儒学在当今世界上还有没有价值呢？请看以下事实：

第一，20 世纪 80 年代，美国出版的《名人年鉴手册》列出世界十大思想家是孔子、柏拉图、亚里士多德、阿奎那、哥白尼、培根、牛顿、达尔文、伏尔泰、康德。东方只有一个孔子，其他都是西方的名人。十大思想家的第一位如果是过时的，那么后面九位是否也都是过时的呢？如果十大思想家都是过时的，那么还有哪个未过时的思想家呢？如果死去的人都过时了，那么我们还有必要讨论孔子思想是否过时吗？

第二，1988 年 1 月，全世界的诺贝尔奖获得者在法国巴黎开会时，有一位诺贝尔物理奖获奖者，科学家汉内斯·阿尔文博士（Dr. Hanes Aelven）在闭幕大会上说："如果人类要在 21 世纪生存下去，必须回到 25 个世纪以前，去吸取孔子的智慧。"[①] 诺贝尔奖获

[①]　新加坡东亚哲学研究所所长吴德耀：《古今人对孔子的评价》，载《走向世界》，1989 年第 5 期。过去有人（李慎之）说，经过调查没有这个事情，最近有人（汤一介等）又重新肯定此事属实。

得者是高智慧的人群，不是弱智者；在这样重要的国际会议上提出这一口号，是很慎重的，不是随便说说而已；此话出来后，被许多人所引用，可见是许多人的共识，不是某个人的偏见。发达国家的高智慧人群认为孔子儒学在现代以及未来的世界都有很大的价值，我们有什么根据说孔子儒学已经过时了呢？总之，这是非常有意义的事，不可忽视。可以预见，孔子儒学在 21 世纪将发挥更大的作用，将会为世界和平和人类进步产生更大的影响。

第三，1993 年 9 月，全世界宗教领袖在美国芝加哥召开宗教会议，会议通过《全球伦理宣言》。宣言中有这么一段话："这个原则是有数千年历史的宗教和伦理的传统所寻获并持守的：'己所不欲，勿施于人！'若由正面表达则是：己所欲，施于人！这个终极的、绝对的标准，适用于人生各个范畴，家庭和社会，种族、国家和宗教。"① 宗教是最难统一的，但是，他们对于孔子的"己所不欲，勿施于人"却都是认可的。而且在两千多年后的现代社会，还有那么多宗教领袖承认这一句话是"终极的、绝对的标准"，适用于所有人群。用一句话说，孔子的这句话的精神是超时空的，这一说法是普世伦理原则，不但适用于过去，也适用于未来，不但在中国有价值，在世界各种人群中也都有价值。这怎么能说过时了呢？

第四，孔子生日是 9 月 28 日，被美国加州定为教师节。还有一些亚洲国家和地区也是以此作为教师节的。

第五，孔子的塑像竖立在美国和德国等国家，孔庙在日本和韩国也很受重视。日本京都有一所私立大学叫"立命馆大学"，为什么用这个名称，是根据孟子的话："夭寿不贰，修身以俟之，所以立命也。"（《孟子·尽心上》）该大学总长（即校长）长田丰臣于 2001 年春立石碑，说明代表中国古代革新思想家的孟子的这句话，是学校名称的由来。京都大学是研究中国文化的重镇，所保存的中文典籍也最为丰富，20 世纪的一百年中，研究中国文化的大学者成为日本

---

① 作者于 1995 年 9 月底到台北辅仁大学参加《哲学与伦理》学术会议，该校神学院院长提供《全球伦理宣言》。

学术界的旗帜。文学部的小岛佑马教授被称为日本中国哲学史研究的开创者。他所培养的学生很多人成为各大学的学科主力，形成了中国学的京都学派。现在京都大学每年将附属图书馆的藏书拿出一部分进行展览和介绍。平成十四年即公元 2002 年 10 月 30 日到 12 月 1 日展览会的名称就是《学びの世界——中国文化と日本》。这个副标题明确指出的是中国文化对日本的影响。篇幅不大的《京大学生新闻》小报上，经常用一整版的篇幅刊登中国传统思想的文章。2002 年 11 月 20 日这一天的报纸登的是《儒教篇》关于朱子学与阳明学的关系问题，这些文章对当代大学生自然要产生很大的影响。请注意，这些事都发生在 21 世纪！

第六，我们召开讨论儒学的学术会议，有来自韩国、日本、马来西亚、新加坡、瑞典、俄罗斯、柬埔寨等许多国家与地区的代表，说明儒学在世界各地正在发展。说明儒学还是有生命力的，对于现代世界还是有价值的。

第七，中国与五十多个国家合作创办一百多所孔子学院。

第八，联合国设立孔子奖。（以上事实发生在 2006 年年底之前）

……

这些现象不是也值得我们反思吗？如果儒学已经过时，没有价值，世界各国包括西方发达国家，为什么会这样对待孔子儒学呢？我在反思，希望对此有兴趣的人们，与我一起反思。

第八章
儒学与中国现代政治

　　儒学是中国的老传统，是历史上几千年形成的、根深蒂固的传统。它对中国古代、近代、现代都有很深刻的影响，儒学对当代的影响也是明显的。但是，在20世纪，中国由于国力衰弱，受到西方列强的侵略，又由于思想文化的转换，传统的儒学也受到严厉批判。这就给人们一个印象：儒学一直受到批判，怎么会给政治以很大的影响呢？传统儒学是否就像一阵风那样，被西风吹掉了，或者压倒了呢？21世纪这个新世纪是否就没有儒学的影响了呢？有问题就需要研究，要研究就必须从实际出发，根据事实来讨论理论问题，不能空对空，从概念到概念作纯理论的探讨、研究。

第一节 儒学不是一阵风

两千多年前的儒学能够流传到现代，本身就是一个奇迹。孔子创立儒学的时代，儒家只是百家争鸣中的一家。由于孔子与弟子们的努力以及后学的弘扬，儒学的影响不断扩大，被称为"显学"（韩非语）。又由于社会的动荡，政治的斗争，思想的较量，儒家们的共同努力，儒学在汉代取得了独尊的地位。从此以后的两千年的中国政治中，"独尊儒术"的思想局面没有过根本的改变。倡导独尊儒术的汉朝政权瓦解以后，三国两晋南北朝时期，虽然有反礼教的玄学显赫一时，又有佛教、道教盛行于世，作为指导政治的儒学在政治规范与行政活动中始终占统治地位。在朝廷的议论中，也多以儒学为理论根据，而玄学、佛教、道教都只能作为非正统的思想产生一定的影响。在四百年的乱世中，也没有以它们作为政治的指导思想。最信佛的梁武帝，在三次舍身同泰寺大讲佛经的时候，也没有忘记宣传儒家的经典，对于《论语》《孝经》和"五经"也有较深的研究，其他的统治者就更不必说了。隋唐时代，虽然在思想界仍然是三教鼎立，而在政治活动中，都是按儒家理论进行的，例如君臣关系，朝廷礼仪，法制建设都是以儒家思想为指导的。从来没有让道士或者和尚当皇帝，最高的职位是国师，相当于后来的所谓顾问。宋以后，儒学的统治地位更加强了。以后的时代有一些特殊情况：即以儒学为传统的汉民族在军事上打了败仗，对儒学比较生疏的少数民族入主中原，按理说，似乎应该以少数民族的传统作为统治思想来教化汉民族，而实际情况却是统治者努力学习被统治者的文化，即汉民族的儒学传统文化。这种现象在南北朝时期就已经有过，元朝时提倡朱熹新儒学即理学，清朝时更是不遗余力地提倡儒学。应该说儒学在清代的总结与发展有些方面是空前的。清代在统治者倡导下，编了《康熙字典》，又编了《四库全书》和中国历史上最大的类书《古今图书集成》。对中国古代文化进行了清理与总结，从此产生了中国所特有的考据学。现在，曲阜孔庙中，有一处碑林，是历

代皇帝立的歌颂儒学的碑。其中两块大碑却是元代和清代立的，康
熙所立的碑是最大的，重约 60 吨。汉族皇帝所立的碑都没有那么
大。在两千多年的历史中，不断改朝换代，以致有二十四史，而儒
学在思想界的权威地位没有变化，儒家创始人孔子的圣人角色也没
有变化。可见，儒学在中华民族的精神中是根深蒂固的，岂能像一
阵风那样，受到一些人的反对便消失殆尽呢？

　　儒学在中国流传了几千年，经久不衰。在广袤的土地上聚集了
众多的人民，在这样的国度中，能够流传如此长久，绝不是什么偶
然原因所能解释的。可谓根深叶茂！儒学还传到国外，先传到周边
国家，再传到世界各地。东传日本，西传美国。在中国历史上，虽
然也有过反对孔子的思想与行为，如太平天国曾经侮辱过孔子，五
四时期打倒过孔家店，"文化大革命"中批判过孔子儒学，但是，孔
子依然是世界历史上的著名思想家，儒家的圣人。杜甫有两句诗很
深刻："尔曹身与名俱灭，不废江河万古流。"① 以此说明儒学的社
会价值，也许还比较合适。总之，儒学深深地扎根于中华民族，扎
根于社会，扎根于民众，不是一阵风。

第二节　儒学就像一江水

　　长江发源于高山，流经中华大地，汇聚众流，逐渐壮大，形成
浩浩荡荡的巨流汇入大海。儒学就像长江水，也是从小到大，形成
影响巨大的思想流派，汇入世界思潮，成为世界精神的一个重要方
面，大大丰富了世界精神宝库。20 世纪，世界发生了很大变化，欧
洲的科技发达、文明进步，向儒学提出严重的挑战。世界政局也发
生很大变化，有资本主义潮流，有共产主义潮流，都风行天下。儒
学在各种潮流冲击下也在不断地发挥自己的特殊作用。儒学产生于
两千年前的中华大地，产生以后，便具有相对的独立性，不再局限
于那块大地、那个时代。东风再大，也改变不了长江东流水。向东

---

① 杜甫：《戏为六绝句》第二，载《全唐诗》，556 页，上海，上海古籍出版社，1986。

流如果是前进的方向，那么，儒学也是在不断地前进之中。

长江水不仅在流淌着，而且还在滋润着广阔的中华大地，灌溉着数千里的沿江生灵。儒学就像长江那样，在数千年的历史中滋润着人口众多的中华民族，培养造就了千千万万的英雄人物，为世界文明创造了许多精神财富。20世纪，中华大地上的政治发生剧变，取消了数千年的帝制，抵抗了外来的侵略并重新振兴起来。在这瞬息万变的时代，儒学也起着不可忽视的作用。孙中山提出的"三民主义"和毛泽东提出的"为人民服务"，都继承了中国儒学中的重民、民贵、民本和"吏为民役"的传统思想。康有为的《大同书》，孙中山的"天下为公"和共产主义思潮，也都与儒家的"大同"理想有一定的关系，或者说都有相通之处。中国人有传统的儒家大同理想，所以比较容易接受共产主义思想。孔子讲仁者爱人，提倡德治；孟子讲仁政，主张民贵君轻；董仲舒认为爱得越远越好，也越伟大。毛泽东说白求恩同志"不远万里，来到中国"，支持中国人民的正义战争，表现了"毫不利己，专门利人"的高尚品德。他号召全国人民学习这位远方客人的崇高精神。这不也是仁爱思想的体现吗？邓小平说自己是人民的儿子，深深地爱着他们。胡锦涛提出"权为民所用、情为民所系、利为民所谋"的"三民"论点，也都是继承了孙中山的"三民主义"和毛泽东的"为人民服务"。他们都讲"民"。这个民是对中国传统民本思想的继承与发展。民生、民主、民本，应该是有中国特色的社会主义核心价值观念。

社会是连续的，思想也有连续性。过去有些人喜欢讲思想的中断。例如唐代韩愈说孟子以后，儒学道统中断了，应该由近千年以后的他来继承。朱熹也说孟子以后，儒学道统中断了，应该由一千多年以后的他来继承。实际上，儒学的传统从来没有中断过。如果真的中断了，后代的别人还怎么能继承？国民党统治时期，有些人认为当时推翻了帝制，再打倒孔家店，中华民族的传统一去不复返了，崭新的中华民国从此走向繁荣富强。现实的情况是，过不多久，就使很多原来满怀信心的热血青年大失所望。孙中山的"大总统"被袁世凯窃取，袁世凯又要恢复帝制。袁世凯在一片反对声中气死，这本来是大好事。但是，好事多磨。国民党官员的腐败，又使人民深受其害，并不觉得没有皇帝会比有皇帝好多少。苦难何时才是尽头？中国封建思想在延续着。这说明虽然封建制度被推翻了，作为具有相对独立性的思想观念还是存在的。鲁迅笔下的阿Q处于"顺境"时也做当皇帝的好梦。都想当皇帝，只是做不到就是了。这说明思想观念有独立性与延续性。同样道理，孔子儒学许多思想还留在人民的心中。

儒家有哪些思想留在人民的心中呢？儒家讲"三纲五常"。"三纲"的内容是君为臣纲、父为子纲、夫为妻纲。这些内容随着时代的变化逐渐失去存在的价值。君为臣纲，由于"君"通过选举产生，任期一届五年，取消了终身制，"君"与"臣"（公务员）的关系已经失去原来的意义。君为臣纲，已经不存在过去的那种意义。再说父为子纲。现在一个家庭只生一个子女，很多家庭的子女到远离家乡的大城市去上学，甚至到国外去上学，读了学士，再读硕士，有的又读博士，到博士毕业，已经三十岁左右，然后再到远离家乡的地方去工作。在事业上艰苦奋斗，要在激烈竞争中取胜，必须"只争朝夕"，非常珍惜时间，已经没有足够的时间陪自己的爱人，对于父母实在无暇顾及，过年过节打个电话问候一声就算不错了。父亲对于子女的行为，已经无法控制，所谓鞭长莫及。父为子纲，只剩下一句空话。夫与妻的关系，由于男女平等，婚姻自由，完全改变了过去那种"嫁鸡从鸡，嫁犬随犬"的依赖关系。已经不是"女为悦己者容"，而是"女为己悦者容"。男女都自由，离婚率大大提高，家庭很不稳定，结婚是终身大事，也大打折扣。夫为妻纲自然也不存在了。总之，过去的"三纲"已经不适应现代社会了，需要淘汰了。在民主的政治体制还不完善的时候，上下级关系还往往带有过去君臣关系的那种味道，还以上级"一把手"为"老板"。原来的"公仆"，现在也升为"父母官"了。现在一些企业中，老板与雇佣之间的关系还没有理顺，老板仍是雇佣的"纲"。因此，"三纲"关系还要变换形式在各种不同场合继续存在着，也可以说正处在消亡的过程中。

　　"五常"的内容是仁、义、礼、智、信。仁者爱人，博爱之谓仁。仁，相当于西方的博爱。有了爱，就有了一切。爱心是一切伦理道德的基础。仁爱，过去需要，现在需要，将来也还需要。仁爱是人类生存的保证，是永恒的主题，不会有过时的时候。只有在暴政下，仁爱才会受到冲击和破坏，但是，古今中外的任何暴君也无法取消人民心中的爱心。义者宜也。宜就是适宜的意思，就是合理的意思。什么样才是合理的，才是适宜的呢？这要随着时代的变化而变化。这是动态的概念，是发展变化的。不同时代、不同民族、不同地方、不同个体以及不同条件，都会有不同的义。义的内容是不断变化的，而坚持义的原则却是不变的。这里充满着辩证法的智慧之光。从这种意义上说，义也是永恒的。礼，指礼仪、礼节、礼貌等。实际上，这是人际关系的一个重要方面，是人际交往的形式与规范，只要有人类的地方，都是需要的。这也是因时间、地点、民族而不同的。中国古代朋友见面用鞠躬来表示敬意，而西方以握手、拥抱来表示亲切。现代中国人也学习西方的形式——握手，同时保留本民族的形式——鞠躬。以后也许还会产生变化，为了避免握手接触造成疾病传染，全世界也有可能逐渐改为鞠躬。但是，礼还是要继续存在下去的。智，原来是指知道仁义礼，现在把它阐释为智慧、智力。通俗说法，就是聪明。无论聪明，还是智慧，对于人类来说都是无价之宝。我们现在的教育，特别是素质教育，智都是重要内容。社会的发展，从实质上说，就是人的智力的提高。人的体力却可能逐渐下降，虽然运动会的世界纪录不断被打破。长城上的砖头是很大的，现在的人如果用手搬都感到很困难。北京西直门城墙拆除时，可以看到元、明、清三代的砖，元代的比明代的大，明代的比清代的大。明、清两代的砖从故宫内的地砖都可以看到，都比现代的砖大一倍以上。这是由于社会的发展、科学的进步、技术的提高，发挥了智力的作用，体力的作用就越来越小。信，就是讲信用。也可以称为诚信、信誉等。在任何社会，任何国家，任何民族，讲信用，都是起码的道德。欺骗总是不被提倡的。古代儒家所提倡的"五常"，经过现代阐释，都是可以继承的，其基本精神都是可以用于现代社会的。牟钟鉴教授给我们讲："三纲一个也不能要，五常一个也不能丢。"我认为这是正确的。

按"抽象继承法"，我们还可以继承祖先的很多精神财富。例如《周易》上说的："天行健，君子以自强不息。""地势坤，君子以厚德载物。"前者说对自己要勉强，要高要求；后者说对别人要宽容，要谅解。这是处理自己与别人关系的非常重要的原则。又如，唐代儒家韩愈说："业精于勤荒于嬉，行成于思荒于随。"（《进学解》）提倡勤奋和思考，反对将事业当做儿戏，也反对随波逐流，无所作为。宋代王安石说："夏之法至商而更之，商之法至周而更之，皆因世就民而为之节。"（《王文公文集·策问十道》）这是大改革家的改革理论。夏、商、周三代的法制都是不断改革的，这是孔子讲过的，没有人敢反对。王安石以此说明改革的必然性与必要性。改革的原则是"因世就民"。"因世"就是顺应社会的发展、时代的变化。"就民"就是迁就人民，按着人民的意愿，现在所谓"方便群众"。方便群众，就要改掉给群众造成麻烦的许多规章制度。但是，一些所定的规章制度都是为了限制群众的，给群众增加麻烦的。王安石的改革理论可谓深刻。元代大儒吴澄说："君子所重，惟言与动。言必可师，动必可式。"（《吴文正公集·警言动箴》）言论可以供别人学习，行为可以作别人榜样。现在北京师范大学的校训："学为人师，行为世范"也是这个意思。明代大儒王阳明提出："学贵得之心。求之于心而非也，虽言之出于孔子，不敢以为是也，而况其未及孔子者乎！求之于心而是也，虽其言之出于庸常，不敢以为非也，而况其出于孔子者乎！"（《阳明全书·传习录·答罗整庵少宰书》）是非要由自己审定，不应该只迷信权威。他又说："言之而是，虽异于己，乃益于己也；言之而非，虽同于己，适损于己也。"自己不迷信权威，也不应该让别人迷信自己。有的人反对别人权威，却要树立自己的权威，并且强迫别人接受这种权威。这当然与理不通。西学东渐以后，人们的思路开阔了。清代学者就开始面向世界，如阮元就提出："会通中西之长，不主一偏之见。"（《研经室三集·里算堂学记序》）又说："融合中西，归于一是。"（《畴人传》自序）他们都以世界的目光来审视万事万物，认为东方与西方的思想文化都有自己的长处与短处，应该取长补短，加以融合，提高认识水平，不主张出于民族主义的狭隘性和局限性。可以说这是一种开放的心态。总之，历朝历代都有很多儒家提出非常深刻的思想，只要我们能够结合自己的经验加以正确的理解和灵活的运用，一定会给我们的思维产生启迪，给我们的实践带来非常好的效果。

第三节　儒学滋润政治神经

　　五四时期批判儒学。20 世纪后半叶，中国大陆学术界经常以马克思主义理论批判资本主义思想和封建主义思想，儒学也在批判之列。在现代，儒学对政治的影响，是通过对政治家、政治思想家，特别是对政治领袖的影响表现出来的。政治领袖是政治家和政治思想家的突出代表，是政治神经。儒学对他们的影响，就是滋润了政治神经。在这里，我想通过毛泽东和邓小平的典型事例，来讨论儒学对中国当代政治的深刻影响。

　　第一，毛泽东青少年时代熟读儒家的经典，有些还能背诵。青年时代给朋友写信，他经常引用儒家的话和思想讨论所关心的问题。例如，他在 1916 年 12 月 9 日给黎锦熙的信中说："古称三达德，智、仁与勇并举。今之教育学者以为可配德智体之三言。"孔子讲过智仁勇，《中庸》称为"三达德"，毛泽东将其改为德智体，后来作为教育方针的重要内容即教育的目标。他讲到卫生时，也举了孔子和孟子的说法。"昔者圣人之自卫其生也，鱼馁肉败不食，《乡党》一篇载之详矣。孟子曰：知命者不立夫岩墙也。"他认为不重视保养身体，就是"食馁败而立岩墙也"，吃腐败的食品，站在危墙下面。还认为身体不是不可改变的，"至弱之人，可以进于至强。""心身可以并完"①。毛泽东晚年还爱读司马光的《资治通鉴》的过程。司马光是北宋大儒。在《资治通鉴》中，贯穿着儒学思想。毛泽东在长

---

　　① 《致黎锦熙信》，载《毛泽东早期文稿》，59～60 页，长沙，湖南出版社，1990。

期阅读《资治通鉴》的过程中，深受儒家思想的影响。他在重要讲话、重要报告中经常引用《资治通鉴》中的说法，由于他的个人权威，使《资治通鉴》中的一些话成为社会上流行的说法。从《毛泽东选集》中，我们可以读到很多儒家的话，许多是肯定的语气。例如毛泽东讲到要施"仁政"，要给出路的政策。这些小的例子不胜枚举。从大的方面来看，主要有作为指导性哲学著作引用儒家的观点或者儒家讨论的问题，在实施重要政策中贯穿儒家的思想原则，在政治斗争中渗透儒家的基本精神。

第二，《毛泽东选集》中引用的儒家观点。毛泽东在《矛盾论》中讲矛盾，就是对立统一规律。在中国古代所谓"一阴一阳之谓道"，就是以阴阳讲对立统一规律。"一阴一阳之谓道"，这一句话就出在儒家经典《周易·系辞传》中。《周易》经传都是儒家的重要典籍。

毛泽东在《实践论》中以知行观作为副标题，说明这个问题是继承了中国古代儒家经常讨论的知行观。清代颜元特别重视实践，自己称"习斋"。习，就是指实践。毛泽东继承了颜元重视实践的基本精神，在《实践论》中反复强调实践的重要性。认为实践是认识的前提，也是认识的目的，还是人类认识过程中不可缺少的一个环节。真知出于实践，所举例子也是从颜元那里来的。关于吃梨，要知道梨子味道，就必须亲自尝一尝。知还要在实践中受到检验。

《矛盾论》与《实践论》两论在指导革命实践中起过很大的作用。毛泽东以后讲的"一分为二"，凡事都要两面看看，既看正面，也看反面。在路线问题上，反左就要防右，反右就要防左。说起来似乎很简单，做起来却也相当复杂，要求对实际情况有全面深入的了解，要能够真正分析其中的问题和探讨解决的办法。仅仅这一点包含辩证法的理论，让广大群众在实践中运用，就产生明显的效果。运用时间长了，也熟练了，水平也提高了，其效果就更加明显。

毛泽东在讲学习时提出要学习中国历史，"从孔夫子到孙中山，我们应当给以总结，承继这一份珍贵的遗产。"① 这是一个总的精神，即继承孔子以来的儒家传统思想。在《学习和时局》中，毛泽东说："孟子说：'心之官则思。'他对脑筋的作用下了正确的定义。"② 这是肯定孟子的说法。毛泽东和晋绥日报编辑人员的谈话中提到"文武之道，一张一弛"③。这是《礼记·杂记下》中的话。文武，指周文王、周武王。一张一弛指紧张与松弛相结合。《礼记》也是儒家的论文集，汉代戴圣编辑而成。对于《党委会的工作方法》，毛泽东在第四条中说："不懂得和不了解的东西要问下级，不要轻易表示赞成或反对。"他说："我们切不可强不知以为知，要'不耻下问'，要善于倾听下面干部的意见。"④ 这里的"切不可强不知以为知"，引申自孔子的"知之为知之，不知为不知，是知也"（《论语·为政篇》）。"不耻下问"也是引自《论语·公冶长篇》。这些都是毛泽东引用儒家经典的话来讲自己的道理，说明他所受儒学的影响之深之广。

总之，儒学影响了政治家的哲学思想，又通过政治家对广大干部和群众产生影响，对于政治活动和其他活动都起着指导的作用。

第三，儒学渗入具体政策之中。儒家最重要的思想是仁爱。孟子讲"仁者无敌"（《孟子·梁惠王上》），仁义之师无敌于天下。在抗日战争中，毛泽东领导的八路军采取"优待俘虏"的政策，对于被俘虏的日军官兵都给予优待。这是马克思列宁主义的著作中所没有的，这是中国儒学传统中的仁爱思想的体现。

根据仁爱精神，在经济方面应该实行调均。汉代董仲舒提出的调均思想，要取有余而补不足。董仲舒认为太富太贫都不好，都不利于社会的安定，人民的幸福。他说："大富则骄，大贫则忧。忧则为盗，骄则为暴，此众人之情也。圣者则于众人之情，见乱之所从生，故其制人道而差上下也，使富者足以示贵而不至于骄，贫者足

---

① 《毛泽东选集》合订本，499页。
② 同上书，903页。
③ 同上书，1216页。
④ 同上书，1331页。

以养生而不至于忧，以此为度而调均之，是以财不匮而上下相安，故易治也。"（《春秋繁露·度制》）富者为暴，贫者为盗，都是不安定因素。进行适当调均，使富者不能为暴，使贫者不必为盗。天下就太平了。毛泽东在解放初期实行土地改革运动，把地主富农多余的土地拿出来分给没有土地或少地的贫农、下中农，把收入比较多的人的工资降下来，让没有职业的人得到就业的机会。在社会上真正做到了"均贫富"。

儒家典籍《礼记·礼运》记载：在"大同"社会中，没有生活依靠的"矜寡孤独废疾者"都能得到供养。所谓最理想的社会，就是要使所有社会成员都能过上幸福美满的生活。没有生活依靠的人在任何社会中都是最不幸的人，他们都能过上幸福的生活，还有谁不幸福呢？这是儒家在两千多年前提出的理想，是历代儒家所追求的政治目标，但从来没有实现过。毛泽东主持制定的《一九五六年到一九六七年全国农业发展纲要》中规定：对农业合作社的社员实行"五保"制度。对于生活没有依靠的"矜寡孤独废疾者"实行"五保"：保吃、保穿、保烧（燃料）、保教（儿童和少年）、保葬。使这些最困难的"五保户"社员有了基本的生活保障。在城市市民中实行最低生活标准，人均月收入不到最低标准者，政府给予补贴。可以说这些做法都是与传统儒学的大同理想相一致的。

第四，统一。中国大一统观念由来已久，也最深入人心。西周时代就有"溥天之下，莫非王土；率土之滨，莫非王臣"（《诗经·小雅·谷风之什·北山》）的说法。汉代董仲舒利用《春秋公羊传》的"大一统"，大力发挥大一统观念，认为全国人民都要服从皇帝，皇帝要服从上天。整个社会是一个统一体，是一个有机的整体，各部分之间的关系协调好，才能正常发挥其功能。一旦破坏了整体，出现不协调，社会就不能正常运转，就发生动乱，给全体人民都可能带来严重的灾难。为了保护人民的安居乐业，为了社会的有序状态，维护社会秩序，就要管住"害群之马"，防止分裂与动乱。在中国历史上，为国家的统一作出贡献的人，就是民族英雄，即使事业未能成功，有这种精神并且作出了巨大的努力，也是人们推崇的对象。像南北朝时的祖逖，南宋的岳飞，都是这样的民族英雄。相反，破坏统一，搞分裂的人，出卖领土和主权的人，就是民族败类，就是汉奸卖国贼。如果当政者不能保护人民，反而损害人民，人民被逼得无法生活下去，那么，这时如果有人出来领导人民起义，推翻旧政权，建立新的政权，切实改善人民的生活条件，他不但不是民族败类，而且还是了不起的新时代的开创者，民族英雄。南宋大诗人陆游在弥留之际，留下名言："死去元知万事空，但悲不见九州同。王师北定中原日，家祭无忘告乃翁。"一个爱国诗人在弥留之际，"死去元知万事空"，还惦记着"九州同"的祖国统一大业，相信以后总有一天会实现"九州同"的，告诫儿子到实现统一的那一天一定要将这个好消息在家祭的时候告诉他的在天之灵。大一统观念就是深入人心！爱国诗人就是这样关心祖国的统一大业！这也是现在海峡两岸全体中华儿女共同关心的大事业。

从毛泽东时代开始，都将统一祖国作为自己的历史使命。邓小平对于这个大业作了切实的安排，根据现实的实际情况，提出具体的方针与实施的步骤。这就是"一国两制"。既要避免用武力去解放，又不能放弃主权。"一国两制"就是最佳方案。

第五，"一国两制"。这是中国的老传统。从理论上说，孔子主张的"和而不同"是这个传统的理论基础。"和而不同"，就是说不同性质的东西可以和平共处于一个统一体中。对于制度来说，可以在一个国家同时实行两种制度，在实践中进行比较，人们可以从实践的后果中比较双方的优劣，并进行选择。这也是两种制度的和平竞争。从事实上看，中国也曾经多次实行过各种不同的"一国两制"。

邓小平以现实的态度，从实际出发，保留香港的资本主义制度，得到英国政府的认可，得到香港人民的拥护，顺利实现了香港的回归。"和而不同"是处理人际关系、国际关系的比较好的方式。在国内就是"一国两制"，这个解决方式对于国际上同类问题提供了好的范例。邓小平为了解决香港回归问题，不是从马克思主义著作中寻找现成的解决问题的办法，而是从实际出发吸取传统的经验，来解决这个问题。这没有违背马克思主义，而是完全符合马克思主义原则，发展了马克思主义理论。超过马克思主义，才是真正的马克思主义。有一些马克思主义理论研究专家开始跟在苏联后面，把苏联的东西都当做马克思主义的东西，以为那是马克思主义的正宗。苏联的失败，又使一些人以为苏联的马克思主义理论家歪曲了马克思主义理论，大加批判。我认为苏联马克思主义理论家根据本国的情况灵活运用马克思主义理论，是无可指责的。错误在于中国人不顾自己的国情，照搬他们那一套，犯了教条主义的错误。有些人又从这一教训中总结出应该从马克思主义原著中了解马克思主义。实际上，马克思主义原著是根据欧洲的情况写的，没有解决中国实际问题的现成答案。中国人读了马克思原著，如果脱离实际，把马克思的话当做教条，照搬乱套，照样会犯错误。如果不能领会精神实质，那么，无论什么思想也都会被歪曲，被乱用，在实践中遭到失败。像医生那样，不管病人患的是什么病，都开一样的药方，没有不犯错误的。所谓"庸医杀人"，正是指此，并非药有什么质量问题，问题在于用药不当。邓小平说，毛泽东思想的核心是实事求是，我们认为，邓小平理论的核心也是实事求是。实事求是符合辩证唯物主义原则，符合马克思主义理论。实事求是也是中国优秀的思想传统，还是中国传统儒学的优秀遗产。

儒学产生于春秋战国时代，独尊于汉代，一直与中国的政治有着密切的联系。这是中国的传统，也是儒学的传统。直至近现代，儒学仍然与政治有着密切的联系。这种联系是良性循环，既促进儒学的发展，也有助于政治的成功。他们对儒学采取批判继承的方针，剔除糟粕与吸取精华同时进行。他们在批判糟粕时，真正继承了优秀的传统，他们是优秀的传统继承者。

第九章
儒学与社会主义文化

　　儒家文化产生于两千年前的春秋时代，中国社会有了翻天覆地的变化，经过了漫长的封建社会和半殖民地半封建社会，进入了社会主义社会。社会性质虽然变化很大，其民族性却有着割不断的联系。因此，两千多年来的儒家思想文化与现代的社会主义新文化也有着割不断的联系。从理论上说，有中国特色的社会主义文化应该包含儒家文化，从事实上看，儒家文化已经融入中国社会主义新文化。

第一节　有中国特色的社会主义
文化理应包含儒家文化

　　社会主义只能在旧社会的基础上建设，社会主义新文化也只能在传统文化的基础上建设。历史上许多思想家企图全盘否定过去，彻底清理旧物，在完全干净的基础上建设崭新的文化，都只能是幻想。很简单的事实是全体人民是从旧社会过来的，其中有男女老幼，他们的思想早已受到旧社会的深刻影响。这种影响不是一个早晨就能去掉的。而且旧文化中也有许多是优秀的内容，可以吸收利用。如果把旧文化都抛弃掉，那么将出现什么样的情况呢？我们要建设社会主义文化，不要资产阶级的文化，也不要封建主义的文化，更不要奴隶主义的文化，那么，社会主义文化在什么基础上建设呢？要知道，社会主义文化不可能从天上掉下来，也不会从地下长出来。如果把几千年来人类努力建设的所有文化都抛弃掉，那么，社会主义文化就无从建设，就会倒退到最落后、最野蛮的原始社会去。社会文化是随着社会发展而不断积累、不断进步的。中华民族的传统文化就是几千年创造积累起来的，我们也只有在全人类几千年文化积累的基础上，批判继承，努力创新，才能建设最新、最好、最文明、最进步的文化。

　　各国建设社会主义都有自己的民族特色，各国建设社会主义文化也都有自己的特色，这是由于在本国的民族传统文化的基础上建设社会主义文化，这个社会主义文化就带有明显的民族性。中国要建设社会主义文化，当然也就有了中华民族的特色，因为要在中国传统文化的基础上来建设社会主义文化。中国传统文化是中华各民族共同创造的、极其丰富的、复杂多样的文化，是各民族文化的综合体。在这个文化综合体中，有三大思潮：儒家文化、佛教文化与道家道教文化。在这三者中，影响最大的是儒家文化。因此，儒家文化成为中华民族传统思想的主干和基础，是传统文化的核心。此外还有兵家文化、医家文化、农家文化、法家文化、纵横家文化、轻重家文化以及诸子百家的文化、各少数民族的文化，都汇集成中华传统文化。

儒家思想产生于先秦，独尊于汉代。处于独尊地位的儒家思想作为统治者的意识形态，长期不断地吸收各家合理的优秀的思想精华，并不断地向社会生活的各个方面进行渗透，成为中华民族精神的主干和基础。从汉代以来的两千多年中，中国传统文化可以大体分为三个层次：精英文化、市民文化、俗文化。① 精英文化是指那些思想家、政治理论家和哲学家研究、著述的高深理论典籍，主要是研究经学的那些理论著作。市民文化是指高深的理论通过通俗的文化形式来向普通群众宣传的文化，如戏剧、小说、评书等。俗文化指不形成文字的、在生活中贯穿着的一种习惯、风俗、精神。儒家精神所形成的经学传统在精英文化中占统治地位，说明儒家文化是中华民族传统精神的主干。儒家思想渗透于社会生活的各个方面，在三个层次的文化中都有深刻的影响，因此成为中华民族传统文化的基础。儒家文化广泛传播到中国以外的地方去，成为中国传统文化的代表，也成为世界上东方文化的杰出代表。

我们要建设有中国特色的社会主义，要建设有中国特色的社会主义文化，就是要在中国传统文化的基础上来建设。中国传统文化又是以儒家文化为主干、基础、核心的，因此，我们要建设的社会主义文化应该有中国的特色，这个"特色"，其中就包含儒家思想文化的内容或因素。

儒家文化在产生以后的几千年中，不断地改造、进步。不改造，就不能适应新社会的需要；不能随着时代的进步而进步，就要被社会历史所淘汰。儒家文化之所以能流传到现在，说明在几千年中有过很多的发展变化，因此有较多的合理性。但它毕竟是为封建社会的中央集权制度服务的，也有一些不能适应现代民主制度的内容，这就是所谓糟粕。这是需要加以区分的，需要"取其精华，去其糟粕"。在 20 世纪的一百年中，许多激进的改革者和革命者在批判封

---

① 这一观点是已故民俗学家钟敬文先生跟我谈的。

建制度的时候，往往把儒家文化作为封建文化加以全盘否定。这里有两个错误：一是将儒家文化等同于封建文化，实际上，孔子那个时代不是中央集权的专制制度的封建社会，他的思想还不能说就是封建思想，如果在封建制度以前就有了封建思想，那是超前进步的。二是将封建思想看做全部是错误的，是糟粕，不能继承，必须抛弃。我们不继承封建思想，更不能继承奴隶制时代的思想，那么我们要从原始社会开始起步，我们就会倒退到蛮荒时代，这是反动的观念。中华民族的灿烂文化主要都是在封建时代创造的，即使是最革命的内容也都带有封建时代的印迹。例如中国历史上第一次农民起义的领袖陈胜就说过非常革命的豪言壮语："将相宁有种乎?"这个"将相"是不是封建时代的印迹呢? 取得一些胜利，他就自称王，封建印迹就显示出来了。以后的多次农民起义也是这样，就是最后一次大规模的太平天国农民起义，有了半壁江山，就在南京建都，改名"天京"，起义领袖洪秀全自称"天王"，过起封建皇帝的生活，封建性就更加明显了。过去有些人说封建哲学、封建伦理道德、封建文化都是不能继承的，那么，古代还有什么呢? 最后只好落入历史虚无主义和民族虚无主义的泥坑中。从极"左"的否定一切会走到极右的历史虚无主义和民族虚无主义，是有深刻教训的，也是我们所始料未及的。

第二节　儒家文化已经融入中国社会主义文化之中

有中国特色的社会主义文化中已经包含儒家文化。中国人没有割断历史，也不可能割断历史。中国共产党人在建设社会主义新文化时已经把儒家文化融合到新文化中了。过去有一些人总想割断历史，好像今天的社会主义文化与过去的文化毫无关系，是与过去文化截然不同的东西。因为过去是剥削阶级的文化，现在是无产阶级的文化。实际上，无产阶级文化不能没有继承前人的文化。列宁认为，如果没有继承全人类所创造的全部文化，那么就不可能产生共产主义新文化。那种认为共产主义新文化可以在抛弃旧文化的情况下产生的观点是得了"左派"幼稚病。在国际共产主义运动史上，得了"左派"幼稚病的领导人很多，列宁的说法是有针对性的。为什么在国际共产主义运动史上"左派"幼稚病的人特别多，这是一个奇怪的现象，值得作为一个重大课题来研究。

中国共产党的领导人在社会主义革命与社会主义建设中都一再强调马克思主义理论要与中国具体革命实践相结合。参加革命实践的多是深受中国传统文化影响的工农群众。实际上马克思主义理论要与中国具体革命实践相结合，其中就包含与中国传统文化的结合，也包含与儒家文化的结合，尽管他们都在口头上批判儒家思想。这种情况可以从以下几个方面得到证实：

第一，在毛泽东、刘少奇、邓小平等革命领导人的著作中，可以看到他们大量引用孔子、孟子等儒家的言论和思想，而且主要是在正面意义上引用的。即使在反对或批判意义上引用，也说明他们受到儒家思想的启发与影响。

第二，在社会主义革命与建设中，中国共产党所实施的方针政策中，有些内容也在一定意义上体现了儒家文化精神。例如在第二次国内革命战争时期，毛泽东制定的"三大纪律八项注意"，就包含儒家的一些基本思想。不拿群众一针一线，说话和气，不打人骂人，不损害庄稼，不调戏妇女，不虐待俘虏等，特别是不虐待俘虏，这是世界上许多军队都做不到的。中国的工农红军为什么能提出这样的口号？这就是中国传统文化的特色，是儒家的仁爱思想在现代的新体现。在抗日战争中，中国共产党提出"优待俘虏"的口号，更加体现了中国传统中最伟大的仁爱精神。这一支革命的军队到处受到欢迎，因为他们所提倡的正是群众所希望的，军队与群众在中国传统文化上非常一致，心心相印，息息相通，感情融洽。"以民为本"的思想得到人民的拥护，赢得人民，就赢得胜利，这就是儒家亚圣孟子讲的"得民心者得天下"。相反，当时的国民党有很强的军事实力，却打了败仗，再一次证明了"人和"的重要性。在改造个体工商业、改造民族资产阶级的过程中，采取赎买政策，也是一种"仁政"。办公社时实行"五保"，也体现了中国古代儒家的"大同理

133

想"，所谓"矜、寡、孤、独、废疾者皆得所养"的仁爱精神。毛泽东领导的中国共产党所实行的很多政策都体现了中华民族的特色。有些人不了解这种情况，却以为这些政策是特殊的、别出心裁的，或者以为都是从马克思主义那里搬来的。

邓小平时代也是这样。邓小平提出"一国两制"，正确处理了香港回归的难题，使香港得以和平、顺利回归。"一国两制"是怎么提出来的呢？我们不能从马克思主义著作中找到直接的根据。但是，它体现了马克思主义提供的基本精神即实事求是。从实际出发，针对香港的特殊情况作出正确决策。

在中国革命史上，只要领导者企图照搬外国的经验，或者把理论当做教条，不研究中国的特殊国情，不考虑实际情况，总是要作出错误决策，给革命造成严重损失。相反，认真研究实际，从中国的国情出发，把马克思主义理论与中国具体实际相结合，就取得成功。中国的特殊国情，在物质方面有地大人多等实际情况，在思想方面主要是以儒家文化为核心的中国传统思想。

第十章
儒学民本观

中国古代讲民本，现代西方讲民主。在西方科学和经济强势的情况下，许多人就认为民主是最好的，而中国的民本是不行的。我想民主与民本都是可以分析的，各有优势和不足，这可以从政治理论上分析，也可以从历史经验上探讨。

第一节　民本传统

中国古代民本思想很丰富，今将主要内容摘录如下：

一、民为邦本

《尚书·五子之歌》载："民惟邦本，本固邦宁。"本指树根。国家像一棵树,民是树根。树根稳固,树才能正常生长。民稳定,国家才能安宁。民是国家的根本。这一段话出于伪《古文尚书》,两千多年中,在中国历史上产生了深刻的实际影响。《穀梁传》桓公十四年记载:"民者,君之本也。"可见在当时民就是国君的根本。

　　秦朝建立中央集权专制制度以后,虽然也有一些人提出民本的思想,但在实践中很难得到实行。例如《吕氏春秋·贵公》讲:"天下非一人之天下也,天下之天下也。"天下就是天下人民的天下,不是君主一个人的天下。但是,秦二世就是将天下视为自己的私有财富,要求天下人民侍奉他一个人。秦二世认为尧、舜、禹艰苦生活不应该是天子的生活,他认为:"贵有天下者,得肆意极欲。"(《史记·秦始皇本纪》)秦二世说:"彼贤人之有天下也,专用天下适己而已矣,此所以贵于有天下也……故吾愿赐志广欲,长享天下而无害。"(《史记·李斯列传》)刘邦得天下后,问其父亲:"某之业所就孰与仲多?"我的事业财富与老二比谁更多呢?实际上就是将天下视为自己的财富。西汉贾谊在《新书·大政上》提出:"闻之于政也,民无不为本也。国以为本,君以为本,吏以为本。"这是民本思想的系统论述。贾谊说:"自古至于今,与民为仇者,有迟有速,而民必胜之。"(同上)此后,不以民为本者,比比皆是,与民为仇者,不绝于世。他们正如贾谊所预见的早晚要失败。有民主观念的人当政,事事想到人民的利益;没有民主观念的人当政,他就胡来,让天下人为自己的私欲服务,最后搅乱天下,给人民带来灾难,也使他自己国破家亡,身败名裂。唐太宗深知这些历史教训,所以他一上台就注意人民的利益,提出:"为君之道,必须先存百姓。"经常想到前代亡国的教训,他就"不敢纵逸"(《贞观政要·君道》)。黄宗羲在《明夷待访录》中明确说,"天下为主,君为客"。天下就是天下人民,天下是天下人民的天下。这与《吕氏春秋》的说法相一致。吕书中所说的"一人"就是指天子国君。黄宗羲明确君是客。封建制度不合理,就在于封建君主"以我之大私为天下之大公",君主是"天下之大害",应该去掉。然后建立君、臣、民平等的社会,由君、臣、民共同承担社会责任。由学校来讨论政治的是非问题，制定"天下之法"取代"一家之法"。这就是要建立平等、民主、自由的新社会。这里讲民主思想，已经有了涉及制度层面的内容，虽然还非常简陋。黄宗羲的民主思想已经达到封建时代能够达到的最高峰。

二、民与天齐

《尚书·皋陶谟》上说："在知人，在安民……知人则哲，能官人；安民则惠，黎民怀之。"又说："天命有德"，"天罚有罪"，"天聪明，自我民聪明；天明畏，自我民明威。"这都是把民与天联系起来，借天的权威，强调民的重要性。统治者的责任在于"安民""利民"（德）。西周时代，明智的统治者就提出天命论，认为天有至高无上的权威，又说："天视自我民视，天听自我民听。"（《孟子·万章上》引《泰誓》语）认为民的视听与天的视听是一致的，所以统治者要以"敬天保民"作为执政的理念，在民面前作威作福，就是得罪了上天。他们又说："民之所欲，天必从之。"（《左传》昭公元年引《泰誓》语）人民有什么愿望、要求，天会努力使它得以实现。这些事情做得如何，就决定了当政者自己的地位是否巩固。因此，他们又从理论上概括："皇天无亲，唯德是辅。"（《左传》僖公五年引《周书》语）德，指使人民得到好处。天没有亲戚，它只辅助能给人民带来好处的有德者。他们把民抬到与天并列的崇高地位，说明他们是极端重视人民的作用的。因此，敬天保民成为他们的政治纲领。过去有人在"民"与"人"的区别上，讲人是奴隶主，民是奴隶，这是以阶级斗争为纲指导下的产物，比较勉强，不符合中国传统文化和传统思想大体，虽能解释少数资料，无法解释更多的理论与事实。中国传统重民的思想在世界上也是比较突出的，历代统治者绝大多数是重民的。

三、民为神主

春秋时代，敬神与保民作为社会风气同时流行。有的统治者重视神，祭神特别隆重，从人民那里刮来很多财富，准备祭品，作为敬神的物质条件。同时，他们每有大小事都向神请示，非常相信神，凡事都按神的意志（卜筮的结果）办。另外一些思想家把民放在比神还重要的位置上，要求统治者先把人民的事情办好了，然后再去向神表示敬意和感谢。例如，季梁说，治国之道就是"忠于民而信于神"。忠于民，就是高高在上的统治者要经常想着如何才对人民有好处，就是"上思利民"。他又说："夫民，神之主也。"在古代，蜡烛的芯，叫做主。民为神主，大意是说：神的情绪随着人民的意愿而产生变化。人民高兴，神也高兴。人民不高兴，神也会不高兴。所以，圣王先办完人民的事情，然后才花一点时间去敬神。"民和而神降之福"（《左传》桓公六年），人民安居乐业了，神才会降福，统治者办事才会成功。"民不和神不享"（《左传》僖公五年），人民生活不好，神就不接受统治者奉献给它的祭品，当然也不会给他们降福。在敬神与重民同时存在的情况下，在儒家的典籍中，对只敬神都是持批判的态度，而对重民则持肯定的态度，这表明儒家是主张重民的，而且在孔子及其弟子、以至于后来的孟子、荀子，都有明确的论述。

四、民贵君轻

无论是将民与天并列，还是主张民为神主，都说明西周以后开明的思想家已经有了重民的思想。当时普遍的观念还是天与神有崇高的地位，风俗是畏天敬神的。天、神的地位都在最高统治者天子之上，如果民与天、神并列，那么，很显然，民的地位应该在天子之上。这是很容易推导出来的。但是，这种思想到战国时代才由儒学大师、儒家亚圣孟子概括出来。他说："民为贵，社稷次之，君为轻。"（《孟子·尽心下》）人民最尊贵，国家是其次，国君排在最后。这就是著名的民贵君轻思想。为什么民比君还高贵呢？孟子作了这样的比较：一个人得到天子的赏识，可以当诸侯；得到诸侯的赏识，可以当大夫；只有得到人民的拥护，才能够当天子。用后来的史事作注解，就更容易理解。例如李斯本事很大，受到秦始皇的赏识，当了丞相，本事再大，也当不了天子。刘邦没有得到秦始皇的赏识，当不了丞相，却由于受到人民的拥护，当上了天子。由此可见，民是最高贵的。因此，得到人民，也就得到天下，失去人民，也就失去天下。怎么才能得到人民的拥护呢？就是要得民心。所谓"得民心者得天下"。民心的向背是关键，它决定天下大势。孟子的这种民贵君轻思想就是肯定了人民是历史发展的决定性因素。孟子认为得到人民真心拥护的人才能统治天下。谁能得天下，民心是决定因素，也可以说是民心主宰天下，主宰历史，或者叫民心决定论，民心史观。民心史观虽然不是唯物史观，其合理性、进步性却是非常明显的，与唯物史观在重视人民大众方面则是高度一致的。

五、立君为民

君与民是什么关系？从儒家典籍中可以看到，《尚书·西伯戡黎》载：在周武王领导人民要推翻商朝统治的时候，殷纣王说："呜呼！我生不有命在天？"意思说我是有天命的，还怕人民吗？祖伊说："呜呼！乃罪多参在上，乃能责命于天。"大意是：你罪恶滔天，天要惩罚你，你却将责任推给上天。上天按民的意愿，惩罚君。可见，在天意中，民重于君。《荀子·大略》载："天之生民，非为君也；天之立君，以为民也。"上天确立君即统治者，是为了人民，并不是为了君本身。如果君不为人民做事，就是违背天命，就要被废除掉。又说："君，舟也；庶民，水也。水则载舟，水则覆舟。"这都是说民是社会的真正主人。民可以拥戴君主，也可以推翻君主。君主的上台下台，是人民决定的。这就是民本思想，这里包含民主意识。君虽然不是投票选举产生的，他们都是人民选择的结果。这个选择的过程虽然不是投票，不是票数的简单多数决定的，但是，从历史上看，兴衰成败岂无凭？就凭民心所向。在历史的早期，民心表现在知识分子的倾向上。在春秋战国时代，并不是普通群众主宰世局，而是由众多的士即知识分子的走向决定世局的变化。这时的知识分子（贤士）则是民意的代表。从最后的根源上看，仍然是民众决定历史。秦国重用客卿，发展很快，从小邦升为大国，最后统一天下。从秦汉建立中央集权制度以后，皇帝就成为政权的代表。人民的意愿通过各级官员反映到朝廷，皇帝进行选择。选择正确，反映了人民的愿望，社会就安定，所谓长治久安；选择不当，不能反映人民的愿望，就会乱了天下，人民起来造反，导致改朝换代。

秦始皇统一天下，表明秦的强大。但是，由于秦二世选择错误，诛李斯、去疾，任用赵高；贵为天子，富有天下，不肯"徇百姓"，要以天下奉一人，皇帝"肆意极欲"，秦二世"欲造千乘之驾，万乘之属，充吾号名"（《史记·秦始皇本纪》）。秦二世即位两年，天下开始大乱。勉强支撑三年，苟延残喘，终归灭亡。如此强大的国家在与民为敌的路线下，迅速灭亡，有力地证明了人民的强大力量。君与民的关系虽然间接，有复杂的联系，仍然表达出人民对当政者的最终选择。人们从历史事实中可以得出结论，历史的真正主人就是人民。中国古代思想家就是这么说的，儒家是这么说的，马克思主义也是这么说的。实践是检验真理的唯一标准。在实践中获得成功，适合本国国情的制度，才是最好的制度。中国封建社会制度延续时间比较长，说明中国封建时代的制度有许多优越性。社会发展以后，人们发现，没有民主制度，社会缺乏稳定性。中国人治，因人而异。现在说干部是人民的公仆，在一千多年前的唐代，柳宗元提出的"吏为民役"就表达了这种思想。但是，轻视中国文化以后，这些都不算数了。晚了一千多年的说法却成了创新见解。

六、吏为民役

唐代柳宗元总结了历史与现实的经验教训，提出"吏为民役"，更加明确人民是社会的主人，所有当官的都是人民用自己的税收雇佣的仆役。柳宗元也说：对于不称职的官员，人民"则必甚怒而黜罚之"[1]。到了明末清初，黄宗羲在《明夷待访录》有《原君》《原臣》等篇。他在《原君》中说："古者以天下为主，君为客"，天下为主，就是天下人民为主。君为客，就是君"毕世而经营者为天下也"，就是皇帝要一辈子为天下人民服务。在《原臣》中说："出而仕于君也，不以天下为事，则君之仆妾也；以天下为事，则君之师友也。"天下就是人民的天下，以天下为事，就是为人民做事。如果当官是为人民做事，那么，与皇帝的关系就像老师、朋友的关系。如果当官不为天下人民做事，那就是皇帝的奴才。柳宗元讲"吏为

① 《送薛存义之任序》，载《柳宗元集》，616页，北京，中华书局，1979。

民役"，还没有涉及皇帝。黄宗羲认为皇帝也在民役之列，皇帝与百官一起为天下人民做事，都当人民的仆役。这就表达了彻底的"民为主"的思想。有思想不等于有制度，思想有指导作用，制度才有保证。而中国"民为主"只是一种思想，却就是没有制度的保证。特别是在中央集权制度建立以后，君臣关系逐渐拉开，君臣与民的距离就更远了。"民为主"成为历代思想家所期盼的、非常渺茫的理想。许多七品芝麻官还自以为是人民的"父母官"，忘记了人民是自己的"衣食父母"。他们肆无忌惮，欺压主人，忘乎所以，严重颠倒了主仆关系。

七、强国利民

群众的意见也是变化的。经过一段时间，实践证明它是好的，最后会得到群众的理解和拥护，会成为多数人支持的意见。我们从子产行政，商鞅变法，都可以看到这种情况。强国利民的改革，开始也会像子产初任郑国相时，实行一系列改革，群众编出顺口溜，表示强烈反对。当时子产认真审查了自己的主张，还是认为自己的做法是对的，是对国家和人民有利的，坚持不渝，并且说只要对国家有利，自己宁肯牺牲一切，他说："何害！苟利社稷，死生以之。且吾闻为善者不改其度，故能有济也。民不可逞，度不可改。《诗》曰：'礼义不愆，何恤于人言？'吾不迁矣。"（《左传》昭公四年）子产自信政策没有错误，不怕别人议论，坚持不改。行政三年，群众热烈拥护子产的政策。商鞅变法时，也有许多人反对，变法成功，民富国强，群众看到好处，也表示拥护。这些事实都表达一个意思：善为众之主。正确的意见更能代表群众的长远的、根本的利益，真正代表群众的愿望。法家人物在政治改革实践中总结出一个道理："民不可与虑始而可与乐成。论至德者不和于俗，成大功者不谋于众。是以圣人苟可以强国，不法其故；苟可以利民，不循其礼。"（《史记·商君列传》）要实行改革，开始不一定就要跟群众商量。只要改革方向正确，坚持改革，有了成效，就会得到人民的理解和拥护。古今中外的先进性改革都要受到来自各个方面的抵制和反对，道理很简单，任何先进性改革，都会改变群众的生活习惯、传统观念，因此群众首先反对；其次，任何改革都是利益的重新分配，那些掌权的利益既得者必须拿出一些利益分给别人，他们不甘心付出，自然就会利用权力，也借口群众意见来反对，有时还非常激烈。吴起在楚国的改革，由于楚王的死亡，吴起就遭到贵族们的射杀，可见积怨之深，仇恨之大。利国利民的改革，还要有极大的勇气。孔子讲的智仁勇，是改革成功的重要条件。有智慧，才能真正往好的先进的方向改革，有仁爱之心，才知道如何站在弱势群体方面进行改革。如果改革的结果，使贫富差距扩大，以致两极分化，那么改革的方向可能就是错的。没有勇气，在群众的反对下，在权势的围攻下，就不能坚持改革，乃至于半途而废。许多改革家都是为了人民，为了国家，敢于牺牲。他们是民族的精英，历史前进的动力，人民利益的维护者，国家的忠诚卫士，还是与祸国殃民的奸臣作殊死搏斗的忠臣。有时他们表现出残酷性，我以为多半是被逼出来的。

政治家如果心中没有人民，就听不进别人的意见，随心所欲，独断专行，就会自取败亡。王莽矜才拒谏，不听别人的批评建议，导致失败。隋炀帝也是这样，"隋炀帝暴虐，臣下钳口，卒令不闻其过，遂至灭亡"。"隋炀帝好自矜夸，护短拒谏"，"身不闻过，恶积祸盈，灭亡斯及。"（《贞观政要·求谏》）在中国历史上，政治家与哲学家，合则两利，离则俱伤。哲学家与政治家怎么合呢？他们各为自己，就合不起来。只有在为了人民这个共同的目标，为了长治久安的原则基础上，才能合得起来，这就是在民本思想上的联合。中国历史上所有安定繁荣的局面，总是统治者为人民做了好事才可能出现的。一个政权的垮台，一般都是因为这个政权不能为人民做好事，还做了很多损害人民利益的事。

孙中山提出"天下为公""三民主义"，毛泽东倡导"为人民服务"，邓小平说："我是中国人民的儿子。我深情地爱着我的祖国和人民。"江泽民提出"中国共产党必须始终代表中国最广大人民的根本利益"。胡锦涛强调"执政为民"，也都离不开"民"。应该说是一脉相承的。

142

第二节 民本三大特点

中国古代有民本传统，却没有产生现代的民主制度。民本与民主相比，有什么异同？相同之处在于执政者重视人民的愿望。不同处在于如何实现人民的愿望。

中国民本传统有三大特点。

一、倾听群众意见

古代传说，尧时曾经设立"进善之旌，非（诽）谤之木，敢谏之鼓"，舜时"询于四岳，辟四门，明四目，达四聪"（《尚书·舜典》）。这就是听取并采纳来自四面八方的各种意见。后来，喜欢仿古的王莽当了新朝皇帝以后，"令王路设进善之旌，非（诽）谤之木，敢谏之鼓。谏大夫四人常坐王路门受言事者。""令公卿大夫诸侯二千石举吏民有德行、通政事、能言语、明文学者各一人，诣王路四门。"（《汉书·王莽传中》）愿意倾听群众的形式，王莽都采纳了。但他个人自视过高，听不进群臣的意见，怎么能听进普通百姓的意见？不过是形式主义而已。传说尧时设了"敢谏之鼓，诽谤之木"。"诽谤之木"，就是华表，原来是王者向民众征求意见的形式，类似于现代的意见箱。这是经常性的，没有发生国家大事的时候，平时向民众征求意见的方式。后代的华表失去本来的意义，形式还保留到现在。从西周开始，中国执政者都很重视民的作用，周公提出"敬德保民"的口号。尊重民的意愿，就要采取各种不同的方式听取人民群众的意见。然后根据这些意见来实施政治，尽可能实现群众的愿望。商朝就有召集群众议论大事的习惯，如《尚书·商书·盘庚上》载："王命众悉至于庭"，讨论关于迁都的事。《尚书·商书·盘庚下》载："朕及笃敬，恭承民命，用永地于新邑。"孔氏传："言我当与厚敬之臣奉承民命，用长居新邑。"这个"众"不是"臣"、官员，自然也不是全国人民，而是一部分民众。最后按群众讨论的意见定了新都。商末周初出现的《洪范》有"谋及乃心，谋及卿士，谋及庶人，谋及卜筮"的记载。认为这些都一致的情况，就是"大同"。庶人就是一般群众，区别于当官的卿士。《周礼·秋官司寇·小司寇》载："小司寇之职，掌外朝之政，以至万民而询焉。一曰询国危，二曰询国迁，三曰询立君。"西周时代，有一种制度，在大事决定之前，要进行商量。一方面，国王与各大臣在朝廷上商议；另一方面，派小司寇到外朝向万民征询意见。国家大事有三件：一是国家危险的时候，即战盟问题。外国入侵，国家安全受到威胁，或者要与别国订立结盟，这也与战争有关，都要与民众商议。二是国迁，即迁都，首都要迁移，也要与民众商量。三是立君，即确立新君，决定国君接班人，这也是与民众关系极大的事情。

《韩诗外传》卷三·第三十一章载：

> 成王封伯禽于鲁，周公诫之曰："往矣！子其无以鲁国骄士。吾文王之子，武王之弟，成王之叔父也。又相天子，吾于天下亦不轻矣。然一沐三握发，一饭三吐哺，犹恐失天下之士。……诫之哉！子其无以鲁骄士也。"

周公封于鲁，因为自己要帮助周成王治理天下，让儿子伯禽到鲁国去任鲁公，治理鲁国。临行前，周公告诉他要谦虚，不要以鲁国公为骄傲而瞧不起士人。然后说自己是"文王之子，武王之弟，成王之叔父"，又是现任的天子相，地位之高，可谓一人之下，万人之上。但是，他还非常谦虚、十分认真地听取士人的意见，以至于"一沐三握发，一饭三吐哺"。洗一次头发，要多次停下来；吃一顿饭，也要多次停下来，不敢怠慢士人，就是这样，还怕得罪了天下的士人。周公在执政的七年中，"周公践天子之位七年，布衣之士所执贽而师见者十人，所友见者十二人，穷巷白屋所先见者四十九人，时进善者百人，教士者千人，官朝者万人。"（《韩诗外传》卷三·第三十一章）"布衣之士"，就是没有当官的，被周公当做师长隆重接待的有十个人，当做朋友会见的有十二个人。"穷巷白屋"，指没有爵位的平民。古代服装与住屋都根据爵位高低涂以不同的颜色，以示区别。布衣与白屋是没有爵位的人的服装与住房，后代都以此代表平民百姓。至于"先见者""时进善者""教士者""官朝者"，意思是说接见的规格有等级差别。

在西周时代，就有邵穆公提出："夫民虑之于心而宣之于口，成而行之，胡可壅也。"（《国语·周语》）人民心里想的意见说出来，按归纳形成的正确意见来实行统治，才能稳定社会，怎么可以堵塞言路呢？让群众说话，就不会垮台。"郑人游于乡校，以论执政。"然明对子产说："毁乡校何如？"子产曰："何为？夫人朝夕退而游焉，以议执政之善否，其所善者，吾则行之；其所恶者，吾则改之：是吾师也。若之何毁之？我闻忠善以损怨，不闻作威以防怨。岂不遽止？然犹防川，大决所犯，伤人必多，吾不克救也；不如小决使道（导），不如吾闻而药之也。"子产"不毁乡校"的消息传到孔子那里，孔子说："以是观之，人谓子产不仁，吾不信也。"（《左传》襄公三十一年）子产保留乡校，就是为了倾听群众意见。直到清朝初年，黄宗羲提出学校应该是议政的地方，也还是提倡倾听群众的意见。真心征求群众意见，表明执政者想要了解并代表人民群众的愿望。

听取群众意见，按群众的愿望治理社会，这是间接民主形式。中国古代也有过类似投票性质的站队数人的做法，只是为了解决某一意见分歧所采取的临时做法，并没有形成制度。

二、以善为主，不轻信多数

不听群众的意见是不对的，听了群众意见，不加分析就照办，也不对。《吕氏春秋·不二》说："听群众人议以治国，国危无日矣。"听了群众的意见，要加以分析研究，进行选择。否则，什么事也办不成，只能等着亡国。《左传》哀公元年记载：吴国进攻楚国，吴国派使者到陈国召陈怀公。陈国是小国，夹在吴、楚两大国之间。吴楚相争，陈国怎么办？陈怀公感到很为难，就向国人征询意见。国人意见分歧很大，讨论很长时间，莫衷一是。陈怀公说："欲与楚者右，欲与吴者左。"支持楚国的站在右边，支持吴国的站在左边。陈怀公数一下人数，就知道支持哪一边的人数多。这大概就是两千多年前的"站队"问题，也是最早划分左派和右派。当时通过站队点人数，后来演变成放豆子，举手表决，无记名投票，再到电脑计票。民主形式可以不断发展，民主精神则是贯通的。陈国那次站队的结果，支持楚国的占多数，即多数人不支持发动侵略战争的吴国。

根据人数（即票数）的多少来决定大事，不尽合理。中国古代比较明智的思想家不是根据简单多数来决定大事，而是理智地审察群众的意见，经过分析研究，作出抉择。例如，《左传》成公六年载：楚军进攻郑国，晋国栾书带兵去救援郑国。郑国与楚国已经停战。楚国退驻蔡国。晋国千里迢迢来救援，却没有打上一仗，白跑了？有的人主张到蔡国去打驻在那里的楚军，有的人不同意。赵同、赵括等将军力主向楚军开战，一决雌雄。知庄子、范文子、韩献子不赞成，认为救郑任务已经完成，可以班师。如果开战，胜了没有什么意义，败了会遭世人耻笑。主帅栾书决定撤兵。这时主战的将军们对栾书说："圣人与众同欲，是以济事。子盍从众？子为大政，将酌于民者也。子之佐十一人，其不欲战者，三人而已。欲战者可谓众矣。《商书》曰：'三人占，从二人。'众故也。"栾书说："善钧从众，夫善，众之主也。三卿为主，可谓众矣，从之，不亦可乎？"主战者强调要服从多数，主战者八人，反战者只有三人。责问主帅为什么不服从多数人的意见？栾书说：如果两种意见都是好的，那么就应该服从多数。好意见才能成为群众拥护的核心。三位贤人的意见可以作为群众的核心，采纳这样的意见，不也是可以的吗？这里表明栾书的想法，贤人的意见，分量要重一些，不是简单地按人数多少来定的。"善"即好的意见才真正代表多数人的意见。群众是分阶级、分层次、分派别的，什么意见都有。如果不加分析选择，什么事也办不成，以此治国，必定亡国，以此治产，必定破产。

孔子说："众恶之，必察焉；众好之，必察焉。"（《论语·卫灵公》）不能根据众人的好恶，来决定自己的好恶。自己的好恶来自于自己对评论对象的认真考察与分析。很显然，孔子认为众人的好恶未必正确。在另一处，子贡问："乡人皆好之，何如？"子曰："未可也。""乡人皆恶之，何如？"子曰："未可也。不如乡人之善者好之，其不善者恶之。"（《论语·子路》）乡人皆好之，说明赞成这个人的

146

占绝大多数，如果按现代投票办法，他准得多数票。但是，孔子不轻信多数人的意见，还要自己考察、分析，然后作出自己的评价。

总之，先秦时代，统治者重视听取人民的意见，群众有各种不同的意见，即使有比较一致的意见，也未必正确，也不一定就按群众的意见决策。统治者听取各种意见以后，再进行思考、分析，选择最佳方案。这是当时最合理的民主方式。正确的意见真正代表群众利益，最后会得到群众的拥护。

群众的意见也是变化的。开始的时候，多数群众可能代表传统势力，还没有认识到这种"善"的意见是好的，可能反对的人占了多数。经过一段时间，实践证明它是好的，最后会得到群众的理解和拥护的，会成为多数人支持的意见。我们从子产行政、商鞅变法，都可以看到这种情况。

现在，在经营中也会遇到这样的问题。中国小天鹅集团副总裁徐源向日本号称"经营之圣"的稻盛和夫（在 40 年中缔造了两家世界 500 强企业，京瓷公司的创始人）请教时，稻盛和夫讲到对员工劳务评议时说："创建京瓷时，对员工的劳务评议，我也有过很多烦恼。我曾采用员工相互评价的方法，然而员工在相互评议时，在一个一个过堂的情况下，大家评议的结果可能都是好的，这样产生的结果只能促成一个和事老团队，但不可能成为一个精悍统一的集体。到底是用一番公平的民主评议来决定，还是由领导对员工的评议来决定？该用什么方法来评价？我思考了很久，最后我决定不采用员工相互评价的方法。据我所知，当时有很多日本企业都采用了员工互评的方法，但结果都没有成功。过了几年，各企业也都改变了这一做法。"[1] 东西方习惯不同，管理方法也不一样，成功的就是正确的。理论很好，但不实用，在实践中不能成功。这样的情况很多，过去有过的马克思主义教条主义也就是如此。中国古代也有过类似情况，如惠施给魏国设计治理方案，别人评论是：好而不能用。治国与管理公司一样，一切都要从实际出发，脱离实际，说得非常好

---

① 中国科协管理科学研究中心等主办：《中外管理》，2004 年第 2 期，43～44 页。

听，非常理想，那是用不上的。用理想主义来管理公司，必将破产；用以治理国家，也必将亡国。

三、通过协商，照顾少数利益

民主最重要的是尊重人民的意愿，维护绝大多数人民的长远的根本的利益。民主有形式与内容的问题。中国古人讲的民本，就是着重于民主内容或实质民主，由于没有一定的形式，受到当政者个人的素质影响极大。个人素质好，就能得到很好的体现，个人素质差，民本就成为一句空话。而形式就是指规范、制度。徒有形式也不行，因为任何形式都会被主体意识所歪曲。阴谋家可以在表面形式的掩盖下弄虚作假，欺世盗名，进行各种阴谋活动。例如："齐田成子、越王勾践"都是以虚恩收买民心的人，"成子欲专齐政，以大斗贷、小斗收而民悦。勾践欲雪会稽之耻，拊循其民，吊死问病而民喜。二者皆自有所欲为于他，而伪诱属其民，诚心不加，而民亦说。"（王充《论衡·定贤篇》）阴谋家可以用虚恩来引诱人民拥护他们。大德才是人民利益的根本，小惠收买人心则是别有用心的。大德一亏，多数人民就会受灾遭难。小惠虽行，只能使一小部分人得到一点暂时的好处。虽然会产生作用，甚至一时得逞，终究不能长久。古代有这种情况，现代也有贿选现象存在，即使在最民主的国家，不能真正体现民意的选举也经常发生。民主制度是形式，民主是手段，真正体现民意的是能够实实在在提高人民的物质生活，丰富人民的精神生活的领导者与社会制度。民主究竟应该是什么形式，投票是一种形式，不是最好的形式，却是当今可以采纳的行之有效的较好的形式。

投票需要先协商。这是中国共产党在革命实践中摸索创造出来的。在十多亿人口的中国，汉族占绝大多数，中共党员有七千多万，如果按选举的简单多数，就可能没有广泛的代表性，代表不了少数民族和其他民主党派以及特殊群体。经过协商，规定少数民族和其他民主党派的代表人数，文化界的代表，工商界的代表，军队的代表，使代表大会能够代表全体人民的意愿，照顾到各种少数利益群体。我以为这种以协商为基础的选举制度，更具有代表性，更合理。

民主是一种制度，吸取西方投票的形式，加上中国的协商过程，可以减少徒有形式的弊端，使这种形式更趋完善。民主也是一种观念，在知识分子的推动下，民主风气会逐渐形成，制度也会逐渐完善。理论与制度好坏，都是要在实践中检验的，不是说起来好听就是好的。选举制度和任期制度是有合理性的，在许多国家实行的结果来看是有优越性的。但这是相对的，因为希特勒也是民主选举出来的，谁也不能保证以后不会再选出希特勒式的人物来。在西方古代的选举，只有少数人参加，多数人没有选举权，仍然是少数人对多数人的专政，这与中国古代也差不多。任何政府有执政能力，就会关注人民的愿望，就会得到人民的拥护。一旦失去执政能力，不能为人民做好事，人民自然就会抛弃他们。得民心者得天下，就是民主观念。中国历史上有过盛世，体现了民心的决定作用。有人说古希腊就有民主思想，那么，西方政治一直动乱，也一直改革？那时绝大多数人是作不了主的！就是现代，美国人民能够作主吗？美国驻军伊拉克是人民作主吗？民主不是说了好听，要真正使人民得到好处，生活幸福。王充说："夫太平以治定为效，百姓以安乐为符。"（《论衡·宣汉》）什么是太平？社会治理安定，百姓安居乐业，就是太平。能够做到这样的制度就是好的，统治者就是有功于人民的。这是客观标准。过去谩骂历代统治者，是不正常的观念，现在仍然没有改变过来。

第三节　民本观念与民主制度

先秦时代的民本思想很丰富，进入秦汉以后，"民为本"变成"君为纲"。儒家概括出适应社会政治需要的"三纲"（君为臣纲，父为子纲，夫为妻纲）理论。中央集权专制制度被推翻以后，中国要走向民主，自然要用中国传统的民本思想取代"三纲"理论。民本论可以说是中国式的民主思想。为了适应现代社会的需要，民本思想还要有新的阐释，还需要创新的内容，也要吸取西方的民主形式的合理因素。

许多人不了解历史，认为西方人从古希腊开始就有了民主思想，而中国始终没有。英国女皇是民主选举产生的吗？两百多年前，美国是英国的殖民地，美国人能享受什么样的"民主"？如果美国人民早就有了真正的民主，华盛顿还闹什么革命？如果英国人给殖民地人民有充分的民主，美国人为什么要闹独立？主张全盘西化的人究竟思考过这类问题没有？为什么言必称希腊？民主怎么成了西方人的专利？

关于中央集权专制制度如何评价的问题，也值得注意。

我们如果能够应用历史唯物主义观点分析问题，对历史上出现的现象则需要进行历史性的分析，不能以现代的情绪审视评论古代的制度。恩格斯有一段精彩的论述。他说："用一般性的词句痛骂奴隶制和其他类似的现象，对这些可耻的现象发泄高尚的义愤，这是最容易不过的做法。可惜，这样做仅仅说出了一件人所周知的事情，这就是：这种古代的制度已经不再适合我们目前的情况和由这种情况所决定的我们的感情。但是，这种制度是怎样产生的，它为什么存在，它在历史上起了什么作用。关于这些问题，我们并没有因此而得到任何的说明。如果我们对这些问题深入地研究一下，那我们就一定会说——尽管听起来是多么矛盾和离奇——在当时的条件下，采取奴隶制是一个巨大的进步。……甚至对奴隶来说，这也是一种进步，因为成为大批奴隶来源的战俘以前都被杀掉，而在更早的时候甚至被吃掉，现在至少能保全生命了。"（恩格斯：《反杜林论》）我们过去痛骂中央集权专制制度，只能说明这种制度已经不再适合我们目前的情况以及我们的感情，不是对这种制度的真正评价，也不是这种制度的历史地位。奴隶制在当时是巨大的进步，封建制度当然也是当时的巨大进步，资本主义制度当然也不例外。我们都能给一种新制度的产生以高度的评价，那么，我们就无法否定中国封建制度在它的产生初期的巨大进步作用。我们如果有历史的观点，就不可能简单地痛骂历史上所有统治者：奴隶主、封建地主和资产阶级当政者，就不能简单地否定中国古代的天子、皇帝，不能否定尧、舜、禹、汤、文武周公的历史功绩，也不能否定秦皇、汉武、

150

唐宗、宋祖对中华民族的贡献。同时也不能否定为他们献计献策的智谋之士、贤相忠臣、清官廉吏。正如季羡林先生所说："犹如一条链子，是由许多环组成的，每一环从本身来看，只不过是微不足道的一点东西；但是没有这一点东西，链子就组不成。在人类社会发展的长河中，我们每个人都有自己的任务，而且是绝非可有可无的。如果说人生有意义与价值的话，其意义与价值就在这里。"① 中国传统文化能够传承下来，每一代人都是有贡献的。否定前人的贡献，是历史虚无主义的观念。我们要建设社会主义，是在前人的基础上建设，不是离开这个基础来重新建设。资本主义是在封建制度的基础上建设的，封建制度是在奴隶制基础上建设的。如果这些都否定了，我们只能回到原始社会，回到最野蛮的时代。这才是真正反人类的最反动的思想！中央集权专制制度从秦汉时代开始，历经三国两晋南北朝隋唐五代宋元，直至明清，每一代都有每一代的贡献，即使不是盛世，也是这个长链上的一环，也是不可或缺的，也不是可有可无的。否定历史，是无知的表现。西方人认为学习历史使人明智。中国古人以史为镜，研究治国方略，古为今用，是重史的优秀传统。没有历史观念的人，不尊重古代圣贤的人，思想之浅薄，境界之低下，都是很自然的。

　　民本观念是内容，民主制度是形式。人民是社会的主人，也是历史的主人。民本思想，民为贵，很多人觉得太抽象了，不好理解。我们举一个例子，在春秋时代，齐襄公死后，公子纠奔鲁国，管仲与召忽辅佐他。公子小白奔莒，鲍叔辅佐他。公子纠与小白都从外地赶往齐国，管仲带兵去拦截公子小白，曾经箭射小白的带钩上。最后小白先赶到齐国，当上了齐桓公。鲁国迫于齐国的压力，杀了公子纠。辅佐公子纠的召忽自杀，管仲没有自杀，鲁国将他送回齐国。齐桓公对管仲"厚礼以为大夫，任政"（《史记·齐太公世家》）。春秋时代有这样的规矩：辅佐谁，就要"忠"，当君主遇难时，就要殉难。召忽就是这样做的。如果不殉难，就是不义。孔子的弟子也

---

① 《人生的意义与价值》，载《季羡林学刊》，27 页。

曾多次提到这件事，孔子都作了肯定的回答。《论语·宪问篇》："子路曰：'桓公杀公子纠，召忽死之，管仲不死。'曰：'未仁乎?'子曰：'桓公九合诸侯，不以兵车，管仲之力也！如其仁！如其仁！'"齐桓公多次召集诸侯国的盟会，没有使用武力，这都是管仲出的力。这就算他的仁德吧，这应该是大仁大德。子贡也问到这件事。"子贡曰：'管仲非仁者与? 桓公杀公子纠，不能死，又相之。'子曰：'管仲相桓公，霸诸侯，一匡天下，民到于今受其赐。微管仲，吾其被发左衽矣。岂若匹夫匹妇之为谅也，自经于沟渎而莫之知也?'"孔子这里讲到的齐桓公"霸诸侯"就是管仲为齐国的社稷所作出的贡献，孔子还感受到管仲为后代人民的开化文明所作出的重大贡献。这正符合孟子所说的"民为贵，社稷次之，君为轻"。管仲没有死难于公子纠这个"君"，却为齐国的"社稷"和天下人民作出巨大贡献，有什么可指责的呢? 20 世纪 80 年代改革开放之初，农村包产到户是受争议的问题。集体化的二十多年中，国家每年收购粮食 300 亿至 350 亿公斤。搞包产到户后，1984 年粮食年产量达到 4000 亿公斤。农业总产值增加了 68%，农民个人收入增加了 160%。在讨论中，有的人认为不走集体化道路，搞包产到户，是走回头路，是脱离社会主义。另一些人认为，包产到户，农民可以吃饱饭。最后集中到这样的问题上："万里问：社会主义和人民群众，你要什么? 对方答：我要社会主义。万里说：我要群众。"① 按孟子的说法：民为贵，社稷次之，君为轻。那么，所谓社会主义就是社稷，群众就是最高贵的人民，这就是民本观念。所有当政者必须树立民本观念，一切为人民服务，"权为民所用，情为民所系，利为民所谋"。有的人能够这样想，有的则不这么想，却也这么说，只是在关键时候滥用职权，为自己牟私利。因此，需要制定严格的民主制度，防止职权的乱用、滥用，来维护人民的利益。民主制度是需要的，没有制度，只能凭良心办事。有些没良心的人就可能胡用，给人民造成极大伤害。小人当政，危害一方。有良心的人当官，为官一任，造福

---

① 《报刊文摘》，2008 年 7 月 7 日，摘自《南方人物周刊》，6 月 27 日。

一方。建立健全民主制度，如果没有民本观念，那么，这种形式就会被利用，就会被曲解。因为形式是死的，人是活的，如果活人要利用死形式搞歪门邪道，那么，这时的形式也就失去规范作用。正如孟子所说："徒善不足以为政，徒法不能以自行。"（《孟子·离娄上》）只有善良的心理，做好政治还不够条件；只有法律，自己不能实行。明显的事实是，德国希特勒就是通过民主选举上去的，后来给欧洲造成那么大的灾难。这就是只讲形式的教训。有的说欧洲有民主的传统，而两次世界大战都是从民主发源地的欧洲爆发的。这应该可以说明问题。后来一些人不承认这样的事实，如果读一读梁启超的游欧日记，也许会受到启发。那时的情境，那时的心态，欧洲人是如何看待民主制度的。

毛泽东在领导革命的时候，创造了"从群众中来，到群众中去"的群众路线，强调要先当群众的小学生，向群众学习；又不能当群众的尾巴。领导者要有自己的思考，要集中群众中的正确意见，才能作出正确的决策。到现在为止，所有问题如果都靠投票来决定，其弊端也很多。有的利用金钱和权力造势，有的在投票中捣鬼，有的向选民承诺很多东西，选上以后又不兑现，甚至背道而驰。有的用民主投票选出独裁总统，有的一边喊人权，一边否定别国主权，不尊重联合国的权威，不尊重其他民族的主权，还有什么资格谈人权。随便践踏一个国家的主权，还会尊重一个平民的主权吗？谁能相信它的"人权"是真的？投票可以了解群众的愿望，辩论可以阐明事情的道理。所以，经过辩论，酝酿成熟，最后投票，也许更合理一些。中国基层进行投票选举，情况比较复杂，说明民主制度还需要不断发展、完善。有的搞等额选举，只能分别候选人的票数差别，无法把不合格的候选人选下去。选举比不选举好，差额选举比等额选举好，这就是不断进步的过程。往回改，就是社会的倒退。我们既不要认为实行投票就万事大吉了，也不要因为有些投票选举结果存在种种问题而认为投票应该取消。总之，当代中国的民主，是通过选举代表的间接民主，是中国传统的继承与发展，也是吸收西方文化的一种表现。我们需要选举，但不迷信选举。在全民族文化素质不断提高的情况下，选举也会日益完善，真正民主的水平也会不断提高。

从民本，到协商民主。这是中国传统民主思想的发展进程。

民主有两种方式：直接民主与间接民主。直接民主由所有成年居民直接参与政治，投票选举各级社会管理人员。这是现代的民主形式。间接民主是由居民用不同的方式间接参与政治，主要是通过一些代表人民利益的优秀人物来掌握政权，处理政务。这就是中国古代人民盼望明君贤臣的观念，也是君臣和士人的民本思想。从理论上说，民主就是要让群众说话，充分表达他们的愿望。当政者要倾听群众的意见，要让群众有机会充分表达自己的愿望，要根据群众的愿望与实际情况，采取措施，为最大多数人民的根本利益作出最有效的服务。中国传统所讲的"民心""民意"，颇受历代开明的统治者重视，实质上就是间接民主的意思。现代最简单的概括，就是"全心全意为人民服务"，或者"为人民服务"。这种思路与制度在中国几千年的社会实践中都是适用的，收到较好的实际效果。这可以说，执政者大体上代表了人民的利益，反映了群众的愿望。有的执政者随心所欲，贪图享受，不顾人民死活。人民生活不下去，起来将其推翻，另拥立新的领袖，这就是改朝换代，也是说明"得民心者得天下"。历史上也有过欺骗民心的现象。齐国田成子，以大斗贷小斗收的办法收买民心，最后达到他的篡夺齐国政治的目的。越王勾践为了雪会稽之耻，拊循其民，吊死问病，也得到人民的拥护。他们不是真正关心人民，而是别有企图。政治家的假装爱民，也会暂时获得支持。

全民族的文化素质提高以后，会逐渐改进民主制度，使之适合新社会的新情况。应该说，现在中国的人民代表制度还是间接民主的制度。在小范围内可以实行直接投票的选举办法，对于地域如此广大，人民如此众多的大国，全民直接选举，并不一定是最合理的。中国政治的改革会逐渐完善选举制度。

这可以叫做民主意识或者民主观念。

民主观念与民主制度还不一样，有民主观念，如果没有民主制度，那么这种观念在实践能否实行，则没有保证。有的君主比较觉悟、开明，民主观念可能实行得好一些；有的统治者将民主观念抛到脑后，不顾人民生活，追求个人享乐，最后弄得天下大乱，亡国灭族，身败名裂。虽然最后，还是人民胜利了，但在人民胜利之前，人民却需要在水深火热中煎熬一段时间。

最后，我要说的是，民主制度是一个历史概念，过去不存在，后来产生了，有它的优越性、合理性。以后，也必将有更加合理的社会政治形式来代替它。在古代，东西方都没有民主制度的时候，中国的民本思想曾经起过积极的作用，推动了社会的前进和发展。黄宗羲的民主思想是先进的，灭亡的明朝和新兴的清朝都不能接受这种革命性的改革，中国只能在历经磨难后，才会逐渐认识民主的优越性，用专制无法统治下去的当政者，才会被迫逐渐接受改革，向民主靠拢。民主在艰难中缓慢升起，放射光芒。

不论当皇帝，还是当什么官，或者任什么职，甚至做任何事情，都要想到人民的利益，人民的愿望。讨论什么问题，处理什么案件，举办什么事业，都要以人民的利益和愿望为正确的标准、理论的依据。这就是我们所认为的民本观念。至于许多人做事、议论问题、举办事业、处理案件，并没有考虑人民的利益与愿望，只要上级满意就可以升官发财。注重人民利益与愿望的人却得不到提拔。在这种情况下，民本观念就会逐渐淡薄，显得软弱无力。人民虽然有强烈的愿望，却也敢怒不敢言。虽然经过一段时间，这些人都会遭到报应，被人民所推翻，为历史所淘汰。那要经过较长的时间，不是三五年就能有结果的。可见，人民在专制制度下，要多受几年痛苦，灾难更加深重。有人以为民本思想毫无作用，那也不是，因为中国历史上的改朝换代就是民本观念决定历史的明显证据。

中国与欧洲比较，欧洲动乱的时间和程度，也不比中国差。中国统一、稳定常有上百年。从人口的多少也可以看出来，稳定时候人口大增，动乱时人口急剧减少。我们从人口的多少，也可以看出历史上不同时期的繁荣程度。同样道理，在世界历史上，人口多少就是社会稳定、经济繁荣、文化发达、科学进步的重要标志。中国汉唐盛世，都是人口较多的时代，在战国时代、南北朝时代、唐以后的五代，都是人口较少的时代。简单地说，治世人口多，乱世人口少。人口多少是综合标志，其中包括政治、经济、文化教育以及科技（包括医疗水平）等方面。李约瑟认为中国的科技在 15 世纪以前遥遥领先于西方，是同时代的欧洲所望尘莫及的。同样在 15 世纪以前，中国的经济、政治、社会文明，也都遥遥领先于西方，也是同时代的欧洲所望尘莫及的。这是过去欧洲人对中国的评价。现在欧洲人对历史有点生疏了，只知道眼前的现象，不知道欧洲以外的世界历史，也把他们的先人言论忘掉了，甚至抛到九霄云外去了。欧洲中心主义者的狂妄，以欧洲的观念作为唯一标准来衡量世界各国情况，以为任何重要的发明与创造都不可能产生于欧洲以外的地方。在欧洲文化强势的情况下，民主高于民本，成为普遍看法。但是，如果深入考察，我们会发现一些疑难问题。例如：西方采取选举的办法，认为这是最民主的制度，自然要举美国为例。但是，希特勒就是德国民众高票当选出来的，他发动了第二次世界大战，使欧洲各国人民蒙受巨大灾难，也使他的选民遭受空前的浩劫。这是为什么？民主就那么有保证，给人民带来幸福吗？民主如果只能给人民带来灾难，它又有什么可贵呢？

中国的科举制度，尽管有一些舞弊现象，总体上还是比较公正的，是机会平等的。因为有合理性，这种制度延续了一千多年，也得到过去西方人的高度赞扬。西方人喊平等若干年，才从中国学到考试制度。怎么能说平等只是西方人的发现呢？我们现在的从西方学来的高考、公务员考试，那是出口转内销。而且，我们现在的考试，远没有中国古代科举考试严格和严密，对于舞弊的处理，古代也比现在更加严厉。以为现在一切都比过去好，是一种盲目性。

我们从世界历史来看，中国的落后只是近二三百年的事。在此前的两三千年中，中国并不落后，不论是科学水平，还是社会制度方面，中国都处于先进行列。那么，我们就感到奇怪：在过去的两三千年中，中国凭什么呢？在欧洲中心主义者看来，中国既没有科学，也没有民主，西方国家既有科学，又有民主，却为何在各方面都落后于中国？如英国科技史专家李约瑟甚至发出"望尘莫及"的感叹。我们应该如何思考这样的问题？在 15 世纪以前，中国不论在政治制度，还是在科技方面，都不比西方落后。中国究竟有什么东西在起作用呢？在社会政治方面，中国有传统的民本思想和民主思想在维系着中国的政治。

第十一章
儒学等级观

　　西方传入平等口号以后，中国就开始批评儒家的等级观念。等级观念成为十恶不赦的邪念，人人得以共讨之。讨伐一百年后，我们再看看平等源头的社会中，仍然存在着诸多等级现象。只是划分等级的标准改变了。儒家的等级观都有一些什么内容？在当时有没有合理性？对于当今社会还有没有借鉴意义？同时我们也可以借此机会探讨一下西方所谓平等的问题。在什么意义上讲平等，平等与等级又是一种什么关系？等级与平等在人类社会中都占有什么样的地位？

第一节　社会等级是普遍现象

人类社会从原始社会进入阶级社会，从奴隶制以后，经过封建社会到资本主义社会，等级从未消失过。等级区分在各民族各地区各时代都不一样，分别的标准不同，名称有差别，级差大小也不一致。差别是一样存在的。就中国而言，不同时期的等级是不相同的。在尧、舜、禹时代，尧、舜、禹是天子，其他则是臣民，存在等级，是不言自明的。因为记载资料缺少，难知详情。夏、商、周三代，商有甲骨文，周有金文，再加上《尚书》的一些内容，可以互相参考。

周代的制度，人分十等：王、公、大夫、士、皂、舆、隶、僚、仆、台。王最高，即天子；第二等是公，诸侯，如齐桓公；第三等是大夫，在政府机构中任职的各种官员；第四等是士，这是特殊的阶级，相当于自由民，多数人是有文化的，有的还有特殊本事，能够出谋划策，带兵打仗，奔走于各诸侯之间，起着不可忽视的作用。爵位则分五等：公、侯、伯、子、男。爵位是天子封的，因此天子不在爵位内。爵位最高的则是公。"天子无爵，三公无官。"三公的名称与职责也在变化，周朝以"太师、太傅、太保"为三公，汉朝以丞相、大司马、御史大夫为三公，后汉以太尉、司徒、司空为三公。以下是侯、伯、子、男等爵位。他们的区别首先是领地的大小：公、侯七十里，伯五十里，子、男三十里。在其他方面按礼的规定都有等级区别，天子用八佾舞，诸侯王用六佾舞。如果用八佾舞，就是僭越，违背礼的制度。从夏商周到汉朝都有三公九卿的说法。秦朝建立郡县制以后，中央朝廷有相国（宰相、丞相）、公卿等官职，地方行政长官则有郡太守、县令（长）以及基层的亭长、乡三老之类的地方官等。在魏晋以后，实行九品中正制度，最大的是一品大员，最小的是七品芝麻官。隋唐以后朝廷则有五府六部体制，分工比较明确。在政治上分级，则有王道、霸道、亡道之分。《荀子·王霸》载："故用国者，义立而王，信立而霸，权谋立而亡。"

《荀子·不苟》按品德和能力，分士的等级是："有通士者，有公士者，有直士者，有悫士者，有小人者。"尊君爱民，"物至而应，事起而辨"，是最高级的通士。"言无常信，行无常贞，唯利所在，无所不倾"是小人的特点。出仕为臣，荀子认为有不同的臣道："人臣之论：有态臣者，有篡臣者，有功臣者，有圣臣者。"（《荀子·臣道》）荀子还将先秦的人物归入各种不同的臣。纵横家苏秦、张仪属于态臣，伊尹、姜太公属于圣臣。中国建立元朝时，将各民族分为四等：最高贵的为蒙古人，其次是色目人，第三是汉人，排在最后的是南人。综观中国古代，每一时期以不同的标准，对人群进行划分各种不同的等级。儒家重视等级，在不同场合，按不同的标准分不同的等级。孟子说："天下有达尊三：爵一、齿一、德一。朝廷莫如爵，乡党莫如齿，辅世长民莫如德。"（《孟子·公孙丑下》）是指爵位（地位）、年龄、道德在不同场合就是排序的标准。在朝廷上、在政治场合，按官大小排序。在乡党聚会时"序齿"，按年龄排序。在社会活动中则以道德排列。

第二节　中国社会等级处于变动之中

社会等级从来就有。中国从夏商周开始，一直到明清时代，社会等级都是普遍存在的。但是，中国的情况是，个人和家族的社会地位不是固定的。商汤的后代成为商朝的统治者，而到了殷纣王就因为失去民心，周武王革命推翻了他的统治。商的后代就被封于宋国，从天子降为诸侯。周朝分封建国以后，各诸侯如果搞不好政治，就要换人。所谓"君子之泽，五世而斩"（《孟子·离娄下》）。流传五代，没有立新功，就要取消封地。墨家主张"尚贤"思想。墨子说："不辩贫富贵贱远迩亲疏，贤者举而尚之，不肖者抑而废之。"（《墨子·尚贤中》）贤不肖作为唯一的选拔标准，贤者提拔，不肖者废除。这就是所谓"任人唯贤"。荀子吸收了墨家思想，提出："虽王公士大夫之子孙也，不能属于礼义，则归之庶人。虽庶人之子孙也，积文学，正身行，能属于礼义，则归之卿相士大夫。"（《荀子·

王制》）这样一来，庶人与贵族之间的社会地位就不是固定的，而是变化的、流动的。特别是隋唐时代开始实行科举制度，通过考试，选拔官吏，改变了世卿世禄的传统，上下层之间交流现象更加明显，势族衰落，下降为平民，少数平民通过考试中举，升入士族。势族富贵人家的纨绔子弟，不刻苦学习，贪图享受，多数破落，所谓"富不过三代"。居于下层的平民子弟，苦苦挣扎，一有机会，就抓住不放，向上冲刺，每有中层者进入上层，下层者进入中层或上层。这种人才交流，增加了社会的活力，缓和了阶层之间的矛盾，巩固了社会的稳定。社会动乱，改朝换代，更加剧了阶层之间的交流，所谓"一朝天子一朝臣"。特别是魏晋南北朝那个乱世，朝代更迭十分频繁，贵贱贫富的转变非常迅速，虽有大户势族，也难免灰飞烟灭，"没有不散的宴席"，"旧时王谢堂前燕，飞入寻常百姓家"（唐·刘禹锡《乌衣巷》）。过去批评科举制度，就没有认识到它的长处——创造阶层之间的交流。它的另一长处，就是确立了文官制度。官员都是科举出身，有文化，受到儒家伦理的熏陶，又懂得治国平天下的道理，又有许多从平民出身，了解民间疾苦，同情穷人，这在行政中有一定的好处。比较西方一些贵族统治，有明显优越性，但这也没有改变社会的等级现象。在阶级社会中，等级是消灭不了的。协调等级之间的关系，缓和矛盾，维持平衡，构建和谐，则是社会的共同追求。如何才能做到和谐？儒家想了很多办法，可供参考。

从世界历史的宏观角度上看，等级主要有两种：一是政治地位的等级；二是经济地位的等级。在奴隶社会中，以出身等级为主，主要有贵族、平民、奴隶的等级。在贵族内部、平民内部与奴隶内部也还分有一些等级。在封建社会中，也有许多等级。这些等级以政治地位的等级为主，所谓"官本位"，附带着经济地位的差别。以经济差别形成的等级在中国两千年前的汉代，就已经有了萌芽。司马迁在《史记·货殖列传》中说，一些养牛马猪羊的牧人，一些种果树、经济林木（枣、栗、漆、桑麻、竹）的人，甚至种蔬菜（韭、薑）的人，他们发了财，"其人皆与千户侯等"。由于财富的多少，人际关系就表现出等级来。司马迁说:"凡编户之民,富相什则卑下之,伯则畏惮之,千则役,万则仆,物之理也。"财富相差十倍,就表现出谦卑的态度。相差一百倍,就有畏惧感;相差一千倍,就要自愿为他做事,听他指挥;相差一万倍呢?就甘心充当奴仆。很明显的,这就是财富多少在人们心理上的等级。蜀卓氏用铁冶富,至僮千人,"拟于人君"。"千金之家比一都之君,巨万者乃与王者同乐",司马迁称这些人为"素封",没有封地爵位,却有封侯的享受。还有两个巨富,乌氏倮畜牧发财,"秦始皇帝令倮比封君,以时与列臣朝请。而巴寡妇清……秦皇帝以为贞妇而客之,为筑女怀清台。夫倮鄙人牧长,清穷乡寡妇,礼抗万乘,名显天下,岂非以富邪?"就是由于富,一般平民能够"礼抗万乘"。就是说,拥有巨额财富的人,在秦汉时代,就已经享有相当高的社会地位。

资产阶级提倡平等,就是反对奴隶制和封建制度的以出身为决定性因素的政治等级。而他们建立的是机会平等,政治平等,在经济方面有等级的社会。以资本分等级,被称为"资本主义"。他们反对贵族的特权,对于平民来说,自然也有好处。而他们并不反对所有等级,最明显的是选举要有财产的规定,开始妇女没有选举权。这些当然也在改革之中。如何才能废除经济方面的等级,实现更高一级的平等,那就是最后消除私有经济,实现共产主义。大家都没有私有财产了,自然就在经济上彻底平等了。因此,资产阶级所谓平等,比以前的社会制度有了很大进步,但也没有达到理想的程度,也还有需要继续改进的内容。

第三节 儒家社会等级观

等级既然是客观存在的,消灭不了的,那么,如何正视等级问题,则是明智的选择。多次农民起义都提出"等贵贱,均贫富"的口号,实际都是不能实现的。他们夺取政权以后,就把这个口号抛弃了,因为它不符合社会的需要。奴才当了主子,也不会取消奴才称呼。这不是个人愿意不愿意的问题,即使个别人改了,也无法改变社会需要的现实。适当的做法，就是如何正确认识和对待等级差别。

儒家认识与对待等级差别有以下一些观点。

一、儒家认为等级差别是社会所必需

如荀子说："分均则不偏，执（势）齐则不壹，众齐则不使。……夫两贵之不能相事，两贱之不能相使，是天数也。执位齐，而欲恶同，物不能澹则必争，争则必乱，乱则穷矣。先王恶其乱也，故制礼义以分之，使有贫富贵贱之等，足以相兼临者，是养天下之本也。《书》曰：'维齐非齐。'此之谓也。"（《荀子·王制》）名分一样就无法普及。全县的人都是县长，怎么可能呢？势位没有高低就不能统一。大家平等就没法指挥。两个一样高贵的人，不能互相侍候。两个一样低贱的人，不能互相使唤。这是客观定数。势位一样，好恶也一样，那么物质供应不上，就必然要争，争起来必然要乱，乱就会导致全社会的灾难。先王厌恶这种灾难，所以制定礼义等级制度来分别人群，使人群有贫富贵贱的等级区分，能够互相统管，这是养天下的根本。等级是当时社会所需要的，没有等级，天下就会大乱，谁也别想过安定的日子。《尚书》中有"维齐非齐"的说法，只有不平等，才是公平合理的。墨子的"尚贤"主张，肯定机会平等，贤者上，不贤者下，最后结果也是不平等的。孟子说："夫物之不齐，物之情也。"（《孟子·滕文公上》）物的价值可以相差几倍、几十倍，乃至千万倍。人也不例外，价值也有若干倍之差。勉强把差别拉平，必然要乱天下，因为违背了客观规律。荀子认为人能够组织起来才有力量。组织起来叫"群"，能"群"在于"分"即名分、等级制度。"分"要合理，即义。合理的等级才能达到和谐，和谐才能统一，统一力量就大，力量强大，才能战胜自然物。人类之所以最为天下贵，就由于人有合理的等级差别"义"。（《王制》）关于误解，我举一个新近的典型例子。有人为了"追寻真实的孔夫子"，对孔子的"君子和而不同，小人同而不和"作了新的解释。他认为，和指和谐，同指平等。意思是"君子讲和谐，小人讲平等"。"君子是上层，重视和谐胜于平等；小人是下层，重视平等胜于和谐。……墨子尚同，孔子不尚同。

他讲的礼，追求的是和，不是同。"他引《国语·郑语》史伯的话"夫和实生物，同则不继"，不知为什么不引《左传》上晏婴对和与同的解说。说墨子尚同，是主张平等，实在是严重误解。《墨子·尚同中》载："凡国之万民，上同乎天子，而不敢下比。天子之所是，必亦是之，天子之所非，必亦非之。万民法天子。"万民都以天子的是非为是非，保持完全一致，这就是墨子所谓的"尚同"。这个"同"哪有平等的意味？有一位资深教授却认为，"这个解释可能比较符合孔夫子的原意"。

二、儒家认为等级分配才是合理的

荀子说："贵为天子，富有天下"是人的共同欲望。如果随人所欲，那么"执不能容，物不能赡"，形势不容许，物质也供不上，也就是说，这是不可能的。先王制定礼义来分配财物，使"贵贱有等，长幼之差，知愚、能不能之分，皆使人载其事而各得其宜，然后使悫（què）禄多少厚薄之称，是夫群居和一之道也"。贵贱、长幼、知愚、能不能，都根据他们所做的事以及做得好坏来进行相应的分配，这是"群居和一"之道。群居就是团体，和一就是和谐统一，也就是说分配有差别，才能和谐共处。"故或禄天下而不自以为多，或监门、御旅、抱关、击柝，而不自以为寡。"当帝王的不感觉自己财富多，做下等杂役如守门、打更、旅馆服务的人员也不感觉自己收入太少，因为自己从事的工作与报酬是相应的。这叫"斩而齐，枉而顺，不同而一。"（《荀子·荣辱》）不齐才是齐的，不直才是顺的，不同才是合理的。这里包含深刻的辩证法道理。辩证法认为差异是绝对的。如果将平等理解为没有差别，那是极大的误解或曲解。过去许多人以为平均才是最合理的，实践证明，干活多少好坏都一样，干与不干也一样，会使许多人逐渐变成懒汉，社会就会缺乏积极性和创造性，缺少活力与发展的动力。

三、儒家认为在贫富之间必须调均

儒家承认等级差别，否认平均主义。同时，儒家又反对贫富两极分化。孔子说："不患贫而患不均。"①这个"均"不是平均主义，而是合理均衡的意思。认为贫富两极分化不利于社会安定。这就要"调均"，损有余而益不足。董仲舒说："大富则骄，大贫则忧，忧则为盗，骄则为暴，此众人之情也。……则富者愈贪利而不肯为义，贫者日犯禁而不可得止，是世之所以难治也。"（《春秋繁露·度制》）贫富两极分化，太富与太穷，都会妨碍社会的安定。社会不安定，就不好治理。我们现在的世界也像董仲舒所讲的那样，弄得很乱，不好治理。一边富者搞霸权主义，一边贫者被迫搞恐怖主义，天下就不太平了，人民生活也就不安全了。人的地位不同，享受物质可以不同，差别不宜太大。能力大小可以相差几百倍，但是，收入不应该差太多。政府应该通过税收等办法向高收入者多征收税款，用于公共事业和救济贫民，或者由高收入者以向慈善事业捐款的形式进行调节。总之，董仲舒提倡的"调均"是很有意义的，也是构建和谐社会的重要原则。

四、儒家反对政府官员与民争利

调均的对立面是扩大贫富差别。扩大贫富差别主要有三种形式：一是有厚禄的官员贪污受贿，获得不义之财。这一点是容易理解的，也是民愤最大的。儒家讲义利之辨，主张重义轻利。利就是物质财富，引申为一切利益（包括名誉地位等）。义是合理分配。孔子说："见利思义"，"义然后取"。见到利益，首先要想是否合理，如果合理，就可以取。孟子说："非其有而取之，非义也。"（《孟子·尽心上》）不是你的，你拿走，就是不义。贪污受贿得来的钱财，就是不义之财。孔子认为义非常重要，是政治的重要内容。二是职能部门以权谋私，通过权力垄断行业，牟取不当利益。职能部门出台一些霸王条款就是这一类问题。三是通过各种手段与民争利。董仲舒反对当官的搞副业创收，反对与民争利。有些人把好处都往自己口袋里捞，"能者多劳"变成了"能者多捞"，千方百计与民争利，有的以权谋私，搞行业垄断，破坏社会公平。有人给公仪休送鱼，他不

---

① 《论语·季氏》作"不患寡而患不均"，此据《春秋繁露·度制》引文。

受。了解他的人说:"您不是很喜欢吃鱼吗?给您送鱼来,为什么不要呢?"公仪休说:"我收了鱼,以后当不成国相,就没有人给我送鱼,我就吃不上鱼了。我不收鱼,一直当着国相,可以用自己俸禄买鱼吃。正因为我爱吃鱼,所以我不收别人送的鱼。"当时有人议论,认为公仪休真正懂得珍爱自己。当今的贪污受贿,挪用公款的高官,怎么不珍惜自己?奋斗一生,最后身败名裂,还要在监狱里苦度晚年。

五、调均的原则是礼义,礼义的目标是和谐

在物质分配上,儒家认为必须有差别,差别要在礼义的范围内。扩大差别和取消差别都是不对的,过犹不及。礼是等级制度,它首先是限制诸侯僭越行为。如果没有限制,诸侯就会由于讲排场,一些消费规格超过天子,例如天子用八佾舞,诸侯也用,就是僭越。如果没有这种限制,天下就会乱了秩序。他们争相僭越,就会无限制地增加人民的负担,导致物质贫乏与精神混乱。义指合理性,这主要表现在当政者对待人民方面,例如税收多少,徭役多少,何时收取,何时服役,这些对人民都是很重要的。因此,儒家一再提出要"薄赋敛,省徭役,以宽民力"。收成时收取赋税,农闲时使用民力,这都是保证农业生产的具体措施。保证农业生产,才能保证粮食供应,才能稳定社会。农业社会,民以食为天,国以民为本。当官的必须遵守这些规则,就是义。孔子讲子产"其使民也义"(《论语·公冶长》),使用民力符合义的原则。有子说:"礼之用,和为贵。"(《论语·学而》)礼即制度的作用,最重要的是要达到社会和谐的目的。孔子认为夏礼到了殷代有了改革,殷礼到了周代又有所改革,以后还会不断地进行改革,这说明社会在发展,为了适应社会的发展,礼还要随着改革,才能使社会达到和谐。

六、独立人格的平等精神

儒家认为社会存在不平等现象是客观需要,但在精神上却是应该有独立人格的。孔子说:"三军可夺帅也,匹夫不可夺志也。"(《论语·子罕》)孔子提倡"和而不同",同时强调"和而不流"。讲

"和而不同"，是对于上级来说的，不能盲目服从，要自己思考，作出分析，正确的支持，不正确的，要提出自己的看法，进行讨论。这是"不唯上"。讲"和而不流"，是对于群众的态度，也不能简单服从多数，按多数人的意见办。多数人的意见未必正确，也要分析。多数人的意见正确，当然要照办，如果不正确，那也要提出自己的看法，进行讨论，做群众的工作，不能随大流，当群众的尾巴。对于上级的意见，对于多数人的意见，许多人都要放弃自己的立场和主张。但孔子不是这样。我们从《论语》中还可以看到孔子的一些观点。相信群众是向善的，在群众还暂时不理解的时候，不要轻易放弃自己的正确主张。孔子说："吾之于人也，谁毁谁誉？如有所誉者，其有所试矣。"我对别人，不随便诋毁或赞誉，如果有赞誉，一定是有根据的。他又说："众恶之，必察焉；众好之，必察焉。"（《论语·卫灵公》）大家都说他不好，我也要自己考察一下；大家都说他好，我也要考察一下。这才是实事求是的态度。孔子认为众人的好恶未必正确。子贡问："乡人皆好之，何如？"子曰："未可也。""乡人皆恶之，何如？"子曰："未可也。不如乡人之善者好之，其不善者恶之。"（《论语·子路》）乡人皆好之，说明赞成这个人的占绝大多数，如果按现代投票办法，他准得多数票。但是，孔子不轻信多数人的意见，还要自己考察，分析，然后作出自己的评价。古代讲"众口铄金"，大家都说他坏话，连真金都会受到破坏，更何况其他东西。所以孔子不肯相信从群众那里听来的，总要自己加以认真考察。所谓"百闻不如一见"，讲的也是这个道理。毛泽东在革命战争中提出要走群众路线，不要做群众的尾巴。这是对待群众意见的正确态度，也是继承了中国传统的辩证法思想。简单地说，真理不一定在多数人手里，往往在少数人的手里。特别是科学创造，总是少数人发现真理，不可能几亿人同时发现什么真理。因此可以肯定的是，在自然科学领域，新的发现总是少数人作出来的。但是，在社会政治领域实行投票选举，对不对呢？在社会领域主要是价值观的问题，投票占多数，说明这是多数人的意愿，这与自然科学是不一样的。因此，在社会政治领域采取投票选举的办法可以表明多数人的意愿，但也不能说明这个意见是绝对正确的。至于自然科学，就不能用投票的方式决定对错。

七、大同理想

儒家最高理想是实现大同世界。《礼记·礼运》载："大道之行也，天下为公，选贤与（举）能，讲信修睦。故人不独亲其亲，不独子其子，使老有所终，壮有所用，幼有所长，矜、寡、孤、独、废疾者，皆得所养。男有分，女有归。货恶其弃于地也，不必藏于己；力恶其不出于身也，不必为己。是故谋闭而不兴，盗窃乱贼而不作。故外户而不闭。是谓大同。"

所谓大道，就是儒家讲的仁道或王道。天下为公，这是很复杂的问题。可以有这样一种解释：全天下的人都为了社会公共事业作贡献。出于整体的利益的考虑，什么都出以公心，那么就会选择贤人推举有能力的人去做适当的工作。人与人之间都要讲信用，大家都要维护和睦的正常的社会秩序。所以每个人不仅与自己的亲戚亲近，也不仅疼爱自己的子女，与社会所有成员都非常亲热。使社会每一个老人都能享受幸福的晚年生活，寿终而死。使所有壮年人能够充分发挥他们的才华，实现他们的价值。每个小孩都有良好的学习环境，得到教育培养，健康成长。矜、寡、孤、独、废疾者，这是一个无依无靠的群体，是社会上最困难最悲惨的一部分人。大同社会对于这样一批人也要给予赡养，不使他们受冻挨饿。男有分，女有归。分指名分，即职业或职位。归，指归宿，妇女有婆家，有丈夫，有美满的家庭生活。货指生产品，反对抛弃于地，就是反对浪费。不必藏于己，说明不是私有制社会。力指出力的事，就怕不是自身去做，不是为了增加自己的财富。这种说法，说明当时的劳动已经成为每个劳动者的第一需要。大家抢着为社会创造更多的财富。既然大家都为社会创造财富，什么阴谋也不用了，盗窃乱贼也就全都没有了，住宅的外面的大门也不用关了。这就是大同社会理想。这种社会的实现，可能在遥远的未来，但它在过去的社会中曾经指引着人们走向开明、进步。它给人类指出了前进的方向，这就是不断地减少乃至于消灭因政治、经济的差别造成的不平等。

八、和而不同

《论语》上有孔子的说法："君子和而不同，小人同而不和。"如何理解这里的同与和？据《左传》记载晏婴的说法：齐侯问晏婴："和与同异乎？"晏婴曰："异，和如羹焉，水火醯醢盐梅，以烹鱼肉，燀之以薪，宰夫和之，齐之以味，济其不及，以泄其过，君子食之，以平其心。君臣亦然，君所谓可，而有否焉，臣献其否，以成其可；君所谓否，而有可焉，臣献其可，以去其否，是以政平而不干，民无争心。……若以水与水，谁能食之？若琴瑟之专一，谁能听之？同之不可也如是。"（《左传》昭公二十年）醯（xī），就是醋。醢（hǎi），指肉酱。醯醢盐梅，都是古代饮食调味品。羹，就是菜汤。可，是肯定，赞成；否，是否定，反对。"和"是指不同成分的合理配合。做汤，加上油盐酱醋，鱼肉菜蔬，用水火加工，作出可口的汤，大家都爱喝，这叫"和"。一种汤，如果只有一个味，或者只有水加水，或者只有咸味加咸味，这个汤就没法喝，因为它是"同"。音乐也是这样，有很多种乐器，音调有高低缓急，长短刚柔，清浊大小，相互配合，奏出美妙的音乐，大家都爱听，这叫"和"。如果只有一个乐器，只发出一个音调的声音，那是单调的声音，就很难听，不仅不悦耳，而且是有害健康的、令人讨厌的噪音。这叫"同"。在政治生活中，国君说什么，大家也都跟着说什么；国君反对什么，大家也都跟着反对什么。君臣意见都是完全一致的，这就是"同"，也就像乏味的汤、单调的音，实在不好。国君提出一种想法，大家议论，有的从这方面提出反对意见，有的从另一方面提出质疑，使国君的想法更加完善周全，这就是"和"。这样制定出来的政策，就可能是最佳方案，是集思广益的结果。"和而不同"强调多样性的统一，也是体现中国古代的民主精神，以及互相尊重的平等精神。

有的学者据此认为孔子讲和谐不讲平等，代表上层统治者的利益。说墨子代表下层民众的利益，是尚同，是讲平等的。这个"同"表示平等吗？有点像！大家都有同等的待遇，都有同样的人权，这不是平等吗？墨子讲尚同，是主张平等吗？我们可以看一下《墨子·尚同》是怎么说的。墨子认为社会问题在于思想不统一，"天下之人异义，是以一人一义，十人十义，百人百义"，而且"人是其义，而非人之义，故相交非也。"他主张"乡长之所是，必亦是之；乡长之所非，必亦非之。"乡长率万民"以同于国君"，"国君之所是，必亦是之；国君之所非，必亦非之。"再升一级，"天子之所是，必亦是之；天子之所非，必亦非之。"这就是墨子主张的"尚同"，"尚同乎天子"（《墨子·尚同中》）。简单地说，民众同于乡长，乡长同于国君，国君同于天子。这就是墨子所说的"尚同"思想，这哪有什么平等？这是奴隶社会、封建社会的统治者都能接受的，都力求实施的大一统方针。一切服从上级，就是尚同。与平等相去甚远。却有权威人士认为将"同"理解为"平等"可能更符合孔子的原意，实在让读者费解！墨子有平等的思想，不在尚同，而在尚贤。他认为提拔官员要像选拔射手那样，谁射得远射得准，就选谁。这是机会平等。以远与准为客观标准来选拔射手，更有合理性。他认为其他官员也应该这样选拔，不考虑与此无关的其他因素，如亲疏远近，长相如何，财产多少等。这样就可以打破唯成分论，实现"官无常贵，而民无终贱，有能则举之，无能则下之"（《墨子·尚贤上》）的合理用人制度。

马克思主义提出共产主义社会理想，其中有生产资料公有制，生活用品按需分配，劳动成为人们的第一需要，解放全人类。马克思主义所描绘的共产主义社会与儒家的大同理想很相似。差别在于：儒家没有说明这种理想的大同世界是怎样实现的，而马克思主义提出共产主义社会的实现有两种可能：一是要经过阶级斗争、无产阶级革命与专政；二是通过和平过渡，从资本主义过渡到社会主义、共产主义。大力发展生产力，使物质财富极端丰富，人们的思想觉悟极大提高，逐渐消灭工业与农业、城市与乡村、体力劳动与脑力劳动三大差别。从而实现生产资料公有化，建立无阶级、无剥削、无战争的三无世界。这个世界与儒家所讲的大同世界极其相似。马克思与孔子相隔千年，相距万里，提出的最高理想却是极其相似的。正所谓"人同此心，心同此理"。

比尔·盖茨 2007 年在哈佛大学毕业典礼上的演讲中说："我离开哈佛的时候，根本没有意识到这个世界是多么的不平等。人类在健康、财富和机遇上的不平等大得可怕，它们使得无数的人们被迫生活在绝望之中。""人类最大的进步并不来自于那些科学发现，而是来自于那些有助于减少人类不平等的发现。"最后他说："我希望，30 年后你们再回到哈佛，用来评价自己的标准，不仅仅是你们的专业成就，更要包括你们为改变这个世界的不平等所作出的努力，以及你们如何善待那些远隔千山万水，与你们毫不相干的人们。你们与他们的共同使命，都是同一个人类。"① 一个世界首富认识到世界的最大问题是不平等，而且以减少不平等作为自己的平生志愿，自觉地为解决这个问题不遗余力地实践着。善待那些与自己远隔千山万水、毫不相干的人们，表达的思想与儒家仁爱思想完全一致。董仲舒认为仁爱思想不仅要爱自己以及家人，爱与自己有血缘关系的人们，还要爱与自己没有血缘关系的人们，爱得越远，爱的人越多，就越伟大。白求恩不远万里，来到中国，支援中国的正义战争，是伟大的。比尔·盖茨爱到与自己远隔千山万水、毫不相干的人们，爱全人类，也是一样伟大的。

第四节　简议平等观

平等是资产阶级的一个口号，也是封建时代的一种理念，但是不平等却是普遍现象。数千年人类文明史只有局部的、小范围内的某种意义上的相对平等，从来没有大范围的全面的绝对的平等。不平等的内容与形式，不平等的标准与内涵，都在变化中。中国在周代的封建制中，诸侯爵位与封地是可以继承的，这叫袭封。秦朝建立中央集权制度以后，封建制改为郡县制，郡县的行政长官太守和县令都由皇帝直接派遣，他们的子孙都没有继承权。只有皇位是世袭的。从周朝制度到春秋战国时代，社会上平等的因素是非常罕见

---

① 《中外管理》，2007 年第 10 期，48～49 页。

的。有一点值得注意，士这一阶层在社会上可以自由发言，这种发言权是平等的，因此才有当时的百家争鸣。讲得有道理，信众可能就会多一些，讲得道理不充分，得不到群众的认可，信徒就少一些。在春秋后期，儒墨得到广大群众的认可，成为当时的显学。战国中期，墨家与杨家十分流行，不信利他的墨家，就信利己的杨家，天下之言论不归杨则归墨。秦统一天下以后，尊崇法家，"以法为教"，"以吏为师"。对于百家书，特别是儒家的经典，就采取禁止措施。那个时代，言论就没有自由。百家失去了平等的发言权。"焚书坑儒"说明对儒家的压迫更加厉害。到了汉代，汉武帝独尊儒术，儒家有了最高的发言权，而其他各家就被不同程度地边缘化了。在汉代，各家的发言权也不是平等的。从汉朝以后，言论平等就很罕见了。虽然在混乱的时候，各种言论可以自由发表，一旦统一稳定以后，言论自由度就降低了，有了各种限制。各朝各代思想家都发表了各种言论，撰写了各种著作，各代又都有文人对这些流传下来的著作进行整理，选择、修订、重编、再版。一代接一代地不断整理下来，各种著作自然也就在不断的淘汰之中。只有能说服历代文人的著作才能一再重刊，数千年一直保存下来。能保留一千年以上的著作，没有合理性，是不太可能的。连说话都没有平等权，其他方面的平等就更不可能了。

关于资产阶级的政治平等，是资产阶级向封建贵族提出的挑战。它反对的正是封建世袭制度，那是一次大的进步，但是在财富方面的不平等就更加突出了。现在那些民主国家，对于平民来说，平等，那就是在数年一次投票选举总统时表现出来的一人一票是平等的，除此之外，可以谈得上平等的也就不多了。受教育平等权利也非常重要。有钱人就选择条件好的学校。虽说这也是平等的，但在财富不平均的情况下也就不平等了。所谓政治平等，也是用财富来制约权力，来确定政治权力，来产生言语影响力。实际上，是用财富的不平等取代族群的不平等。许多人以为平等就怎么好，也不要太迷信了。深入了解一下，最讲平等的国家，它们是如何平等的。入侵者的士兵与奴役国的平民能有平等吗？老板与雇员能平等吗？当然，我们应该肯定资本主义制度比封建制度有了巨大的进步，在保护平民方面制定了很多法律，有钱人不能随便杀害穷人。贫富之间的差距仍然很大，即使到了社会主义，也一时不能消灭这种差距，只有到按需分配的时候，才会在财富上有平等，但那时可能又会出现新的不平等。差异是绝对的。从人类史来看，不平等逐渐减少、减轻，这就是人类的文明进步。在发达国家如果能在这方面作出表率，世界甚幸！从中国历史来看，不平等扩大到一定程度，就会逼民造反，导致改朝换代。从人类历史来看，不平等现象是普遍存在的，不平等现象的减少，不平等程度的减轻，就是人类的文明进步。不平等程度的增加，不平等现象的扩大，都是社会的倒退。退到一定阶段，不平等达到不可容忍的地步，这个王朝就要灭亡。平等是人类的共同理想，共同追求。不过，迄今为止，所有社会的平等都还处在极其狭窄的范围内，在极其个别的领域与方面中。不平等还是普遍现象。

最近，美国马里兰州贝塞斯达市的国家心理健康研究所的神经科学家 Caroline Zink 领导的一个研究小组在研究中发现：等级意识似乎深深扎根于人的大脑中。按这个说法，"无阶级社会"根本不可能成立，只是以不同的标准来划分等级。在原始社会，有天子与庶民的差别，如中国的尧、舜、禹。尧时，尧"以亲九族，九族既睦，便章百姓。百姓昭明，合和万国"。这里以血缘与地域的差异分等级，就有九族、百姓、万国的不同。禹传帝位于益，"诸侯皆去益而朝启"，启以后就传子不传贤，形成了"家天下"，孔子称为"小康"。周朝分封天下建立诸侯国，不仅天子传子，诸侯也传子，形成了封建的等级社会。这时，那些贵族才形成"社会阶级"，这是以血缘关系来分等级的，出身成为分等级的根据。正如范缜所说：一树桃花是平等的，一风吹过，桃花乱飞，有的落在地毯子上，有的落在粪坑里，这就有了很大的差别，而这种差别没有必然性，只是偶然的。出身贵族的人与出身平民的人，差别只在于出身的不同，出身不同导致政治权利的巨大差别。资产阶级反对这种差别，提出政治平等的要求。资产阶级的平等观有三条：一是机会平等，反对以出身差别决定社会地位；二是承认结果等级；三是以经济财富为等级的根据。在封建时代，人分许多等级，到了资本主义时代，简单化为两个等级：资本家与工人，即有产者与无产者。仅仅以财富来划分等级，比以前社会有了巨大的进步，但对于人性来说，仍然是不合理的。马克思、恩格斯揭露资本主义制度的不合理性，指出要消灭这种不合理性，要消灭因财产导致等级不同的社会问题，只有实现生产资料公有制，即共产主义社会。在那个社会，人们的相互关系不再考虑财产的因素，例如谈情说爱，结婚生子，不存在财产的因素，自然不必考虑经济问题。马克思主义是以经济财富来划分阶级，到那时候就不存在这种阶级了。但是，还可能出现以别的差别来给人类分等级。

第十二章
儒学与和谐社会

在 20 世纪的一百年中,儒学受到广泛、全面、彻底的批判。可以说是将孩子与污水一起倒掉。现在我们发现需要将孩子捡回来,儒学中有些智慧有助于当前构建和谐社会。儒学智慧对和谐社会有特殊贡献的内容,我们稍加整理,就有以下重要的几项。

第一节 经济上的调均思想

从历史上看,贫富两极分化,社会就不稳定。孔子说:"不患贫而患不均。"董仲舒认为"不均","有所积重,则有所空虚"(《春秋繁露·度制》)。一些人财富积累多了，另一些人就贫困了。富人骄暴，穷人偷盗，社会就不安定。圣人了解一般人的性情，知道乱是怎么产生的，就作出规定，使人有贵贱富贫的上下差别，"使富者足以示贵而不至于骄，贫者足以养生而不至于忧，以此为度而调均之，是以财不匮而上下相安，故易治也。"（《度制》）使富人足以显示自己尊贵而又不至于骄暴，使穷人足够生活而又不至于忧愁，根据这种原则来进行调均，这样就可以使财富不匮乏而上下可以相安，社会和谐、安定，就容易治理。

贫富不均的问题，要通过调均来解决。如何调均？那是当政者的责任。从历史上来看，执政者如果无法调均，就要亡国。这种亡国有两种情况：一是强臣膨胀到一定程度，就要篡权，或者强迫实行"禅让"。王莽夺取汉朝政权，是由于西汉皇帝已经失去控制能力，无法解决贫富两极分化的问题。王莽的势力日益强盛，一步一步走向夺取政权，最后连太后也无法控制他。曹操挟天子而令诸侯，过度膨胀，东汉皇帝失去控制能力，最后由曹丕正式实现权力转移。后来曹氏无力，司马氏同样实现和平过渡。二是百姓被迫无法生活下去，只好落草为寇，因为太多的人都被迫无法生活，都起来响应造反，腐败的朝廷就被农民起义所推翻。秦末农民起义，隋末农民起义以及明末农民起义，都是这种情况。总之，封建朝廷抑制不住强臣，救助不了弱民，亡国则是不可避免的。

执政者要是真正想调均，又有能力实行调均，解决问题就不是太困难的事情。如果不想调均，或者没有能力实施调均，那么，只能等着亡国了。儒家的调均思想是有很好的参考借鉴的价值。所谓执政能力，实际上就表现在抑制强臣富豪和救助弱者贫民这两个方面。两方面实际上只有一个问题：贫富两极分化，解决的办法就是调均。调均，不是平均主义。是损有余而补不足，建立和谐社会。

第二节　政治上的仁义原则

儒家讲仁政，以民为本，将仁爱精神贯彻在行政中，主要体现在公平上。公平首先表现在机会均等上，中国科举考试实行了一千多年，就是因为它体现了一种公平的原则。公平原则也体现在义上，义就是合理分配。利就是各种利益。义利关系的讨论，在历代儒家中没有间断过。无功不受禄，现在叫按劳取酬，是现代社会的公平原则。不平则鸣，不公平，就会有意见，有意见就要通过各种方式来表达，开始可能只是说说而已，普遍存在不公平，又长期不能解决，那就会引起大的动乱。《春秋》载："臣弑君，子弑父，非一旦一夕之故也，其渐久矣。"（《史记·太史公自序》）杀身成仁，舍生取义，生命是利的最高体现。为了义，可以舍去生命，舍弃一切利。说明义大于利，义重于利。国家重于个人，集体重于个人，也是义的重要一项。爱国主义，为国捐躯，都是义的表现。坚持大义，坚持合理性，是儒家构建并维护和谐社会的重要原则，也是儒家对和谐社会的贡献。历代皇朝都是由于解决不了公平的问题而被推翻的。因此，陆贾说："万世不乱，仁义之所治也。"（《新语·道基》）

第三节　精神上的和谐观念

和谐观念主要有两个：一是自强不息；二是辩证思维。

一、自强不息

《周易》上有："天行健，君子以自强不息。"现在讲竞争，儒家的原则是与自己争，就是自强不息。

《韩诗外传》卷三·第二十章载：

> 能制天下，必能养其民也。能养民者，为自养也。饮食适乎藏，滋味适乎气，劳佚适乎筋骨，寒暖适乎肌肤，然后气藏平，心术治，思虑得，喜怒时，起居而游乐，事时而用足。夫是之谓能自养者也。故圣人不淫佚侈靡者，非鄙夫色而爱财用也。养有适，过则不乐，故不为也。是以夏不数浴，非爱水也。冬不频炀，非爱火也。不高台榭，非无土木也。不大钟鼎，非无金锡也。不沈于酒，不贪于

177

色，非辟丑也。直行情性之所安，而制度可以为天下法矣。故用不靡财，足以养其身，而天下称其仁也。养不害性，足以成教，而天下称其义也。适情辟余，不求非其有，而天下称其廉也。行成不可掩，息刑不可犯，执一道而轻万物，天下称其勇也。四行在乎民，居则婉愉，怒则胜敌，故审其所以养而治道具矣。治道具而远近畜也。

这里讲的"自养"，类似于孟子所说的养吾浩然之气。这个自养，也是自强不息。要克服自己的"淫佚侈靡"的欲望，真正养好自己。自爱、自尊、自信、自强。

《吕氏春秋·本生》载："贵富而不知道，适足以为患，不如贫贱……出则以车，入则以辇，务以自佚，命曰招蹶之机；肥肉厚酒，务以自强，命曰烂肠之食；靡曼皓齿，郑卫之音，务以自乐，命曰伐性之斧。三患者，贵富之所致也。故古之人有不肯贵富者矣，由重生故也，非夸以名也，为其实也。"这里讲的"知道"，就是掌握客观规律。在生活中，有许多必需品，没有不行，太多了也不行。贫苦人家虽然也想多享受一些，没有条件。富贵人家有条件享受，不知"道"，不知按客观规律给予适当节制，过分享受，结果却产生损害健康的后果。古代知道的圣人，不愿意富贵，不是为了好名声，是为了珍惜自己的生命，珍惜实实在在的健康。我们当前应该注意的就是：告别奢侈，适度消费。

吃的平衡：一是五味调理，不能只吃甜的，也不宜只吃咸的，各种味道都要有。中医认为五味与五脏是相关联的，酸与肝，苦与心，甜与脾，辛与肺，咸与肾，都有相应的关系。二是饥饱适当，吃得太少，肚子饿，营养不够；吃得太饱，影响消化吸收，营养过剩也会导致各种疾病。现在知道，脂肪摄入量过多，容易患心血管的疾病。钙摄入量过多，也会导致一些疾病。所有的东西都应该有适当的度，超量或不足，都会影响生理平衡，有害健康。有些人出于商业利益的考虑，违背科学，讲什么人人需要补钙，只说钙不足有什么不好，没有讲钙太多会有什么害处。这种片面性，是非常明显的。三是保持间隔。每两次进食的时间都要有一定的间隔，不能连续进食，这样才能保证肠子里实虚相间。穿的平衡，不寒不暖。"欲要小儿安，三分饥与寒。"住的平衡：台高多阳，室大多阴，多阳则痿，多阴则蹶，阴阳不适之患也。行的平衡：太久则伤筋，太少则病蹶。生活的其他方面也存在需要平衡的问题，例如声色娱乐，也要适当。所有感官不能只接受一方面的长期刺激，经常改换，才有利于平衡。生理平衡是多方面的，其中最重要的可能就是动静结合与饮食平衡两方面。

二、修养心性

心理不健康，主要问题在于心理不平衡。如何实现心理平衡？我们只要研究心理不平衡有哪些情况，都是如何引起的，只要消除那些因素，就可以达到平衡。所以，平衡要从不平衡中求得。不平衡因素有哪些呢？

第一，情绪过激。情绪对健康的影响：喜伤心，怒伤肝，思伤脾，忧伤肺，恐伤肾。有喜不要太高兴，乐极会生悲；遭难不要太悲观，绝处逢生，"大难不死，必有后福"。尽量保持冷静，不要过于激动。古人有："西门豹急，佩韦以自缓；董安于缓，带弦以自促。"（《论衡·率性篇》）西门豹是急性子，佩戴韦草，不断提醒自己不要性急。董安于是个慢性的人，带着弦，促进自己凡事要快一点。有的人写一大"忍"字挂在家中，提醒自己要忍耐，不要发脾气。控制感情是非常难的事，要有很高的修养，有涵养，才能逐渐做到。发生任何不满意的事，首先要返身而诚，就是想"问题出在自己身上"，要会做"自我批评"。好比射箭，射不准，不能埋怨别人将靶放歪了，而是要从自身寻找原因，调整好自己的姿势，继续练习。首先要冷静下来，才能做到心理平衡。

第二，害怕艰苦。孟子讲："故天将降大任于斯人也，必先苦其心志，劳其筋骨，饿其体肤，空乏其身，行拂乱其所为，所以动心忍性，增益其所不能。"所以说"生于忧患而死于安乐"（《孟子·告子下》）。这些都是说艰难困苦是培养人成功的重要条件。所谓"自在不成人，成人不自在"。

张载说："贫贱忧戚，庸玉女于成也。"① 逆境是用来帮助你达到成功。没有逆境，没有磨难，没有忧患，哪有成功？大师也都是在艰难困苦中锻炼出来的，不是用哪一种非常合理的模式培养出来的。如果真有一种模式可以培养大师，那么大师也就可以批量生产了。从古今中外的大师中，我们看不到一种能够培养大师的模式。

没有在苦难中锻炼的人，没有吃苦的意识，心理很难平衡。任何时代都有自己的苦，长征时吃皮带，20 世纪 50～70 年代，吃饭还很成问题，许多人吃不饱，吃不好，也是一种苦。现在青年人面对竞争，精神压力很大，考试、奖学金、就业、出成果、评职称、报项目、争经费、出国进修等，都在不停地竞争之中。而生活方面的压力也很大，赡养老人，结婚生孩子，孩子入托、上学，数字可怕的赞助费，买房子等，有一系列令人头痛的事。只要在困难中不屈服，坚持下去，就会走出困境，登上坦途，迎接光辉前程。开始盲目，这是正常现象，哪一个人也不可能从小就明确自己一生奋斗的目标，奋斗目标也是在实践中逐渐形成的。一个中学生要报考大学，自己不知道如何选择专业，家长与老师可能也不懂，如何能够一选就准呢？入学后，发现自己不适合这个专业，这种情况经常发生。有的学生改变自己，适应新情况，经过努力，逐渐适应。有的可能通过考研究生，来改变本科专业，再后来还可以考博士生来提高自己与专业的适应度。一般地说，博士毕业决定了自己今后的生活方向，但也不尽然，有的博士生由于各种原因，可能下海经商，可能入仕为官，还可能改变自己的生活方向。即使没有那些变故，从事专业工作，有的教学，有的研究，有的从事编辑工作，都不算脱离本专业，而职业却有很大不同，也有需要适应的问题。我的体会：吃苦是宝，吃亏是福。

第三，浮躁心态。一分耕耘，一分收获。这是浅显易懂的道理。但是，一些人虽然羡慕名人名家受到社会的普遍尊重，却不想下决心长期艰苦奋斗。看到有人当了官，也想去当官。看到别人经商赚

---

① 《西铭》，载《张载集·正蒙·乾称篇》，北京，中华书局，1978。

了大钱，自己也想下海。看到别人当了博士，或者评上教授，又想搞学问。什么好处都想要，又不想下大工夫，急功近利，做什么都不专心，最后只能什么也得不到，浪费青春，虚度年华。社会上有一些人通过不正当的手段获取不义之财或者其他利益，如名誉、地位、职称等，有的人就很羡慕他们的不劳而获，像羡慕小偷津津有味地在那里吃偷来的烧鸡，没有看到小偷被抓挨打的情况。不诚实的人最后吃大亏。前人有很多教训，应该吸取。眼前正在占小便宜的人，不值得羡慕。

古代轻重家利用政权宏观调控市场的思想也被后代儒家所吸收，关于发展经济有成功经验的企事业家与商人，在《史记·货殖列传》中有记载，可以参阅。墨家主张兼相爱，交相利，就是现在所说的双赢原则，也被后代经商的儒家所采纳，这些人便是"儒商"。这些思想就不展开论述了。在伦理上讲和谐，那就是要讲"三纲五常"，以及许多伦理德目。如果从教育方面讲，要特别重视品德教育，其次才是知识的传授与技能的训练。要重视素质教育，提高分析问题与处理问题的能力，而不是死读书，背教条，为了应付考试。大学生的自杀与残杀，都是心理失衡的极端表现，而心理失衡又与教育理念、教育体制有关。

第四，修身。要解决以上问题，就要靠修身。修身，提高个人的精神境界，提高素质，这是最重要的。儒家有许多关于修身的理论与方法。《大学》上说："自天子以至于庶人，一皆以修身为本。"儒家强调修身，上自天子，下至庶人，都要以修身为根本。修身做好了，"其身正，不令而行"，这样才能齐家、治国、平天下。以身作则，是中国管理思想的特色与精华。当政者如果自身没修养好，就不能实施仁政，"其身不正，虽令不从"（《论语·子路篇》），就可能以权谋私，贪赃枉法，贪污受贿，为害一方。个人如果修身问题没有解决，那么，对上可能犯上作乱，对下可能胡作非为，危害社会，祸害人民。最后，"多行不义，必自毙"（《左传》隐公元年）。仁者寿，有仁爱之心的人容易长寿。"义之养生人，大于利而厚于财也。"（《春秋繁露·身之养重于义》）义，对于养身比财利都更重要。

181

实际上是说，人的精神需要超过物质需要。

朱熹关于读书的论述很多，大意就是读书，要把书中的思想经过思考变成自己的思想，化成自己的行动。这样读书，才能提高自己的素质，才是为己之学，保留"古之学者为己"的遗风。现在许多人将学问当做外在的东西，学了让人看，说了让人听，对自己的思想没有作用，或者说只是学会了骗人。这是言行不一，正如孔子所说："今之学者为人。"因此，有的人虽然学习了一些儒家思想，只能跟别人说，没有能够改变自己的气质，自己原本什么样子，还是那个样子。有些领导干部说反腐败的道理很对，他自己却由于以权谋私，腐败堕落，触犯法律，而被判刑。这都是没有把学到的道理化为自己的思想和行动。我们学习辩证唯物主义理论，是否变成自己的思想方法？是否能在实践中正确运用？我们学习儒学，是否应该从中吸取适合现代的思想因素呢？是否能将古老的智慧化成构建现代和谐社会的先进文化？值得我们不断思考。和谐社会，需要提高全民的素质，特别要首先提高干部的素质。

儒家的思路是修身，齐家，治国，平天下。修身是为了治国平天下，内圣要转化为外王。和谐社会不是少数人的事，是社会全体成员共同关心的大事。社会不安定，谁也不安宁。因此，洁身自好，离和谐社会还有很大距离。朱熹强调读书要先读《大学》。提倡用数月工夫看《大学》，《大学》是修身治人的基础。《大学》断言："自天子以至于庶人，一是皆以修身为本。其本乱而末治者否矣。""大学之道，在明明德，在亲民，在止于至善。"朱熹称此为"三纲领"。他根据程子说法，对于"亲"的理解："亲，当作新。"接着他发挥己见："新者，革其旧之谓也。言既自明其明德，又当推以及人，使之亦有以去其旧染之污也。"朱熹把"格物、致知、诚意、正心、修身、齐家、治国、平天下"作为儒家的"八条目"，"正心以上，皆所以修身也"，"修身以上，明明德事也。齐家以下，新民之事也。"（朱熹《大学章句》）儒家讲推己及人，如孟子讲："老吾老以及人之老，幼吾幼以及人之幼。"讲的是对待别人的态度。朱熹讲的却是个人，独善其身是不够的，自己修养好了，也要帮助别人加强修养。

这很像佛教所讲的自己觉悟了，也要让别人觉悟，超度别人脱离苦海。儒、佛都强调自己首先做好了，然后才能教育感化别人，解救别人。朱熹告诫弟子，首先是自己在读书与思考中理会天理，灭去人欲，然后才能教化别人，共同达到至善。所谓"至善"，就是"无一毫人欲之私"，事理达到"当然之极"，"天理之极"，就是达到最合理的程度。这时候，社会就完全和谐了。这是朱熹的理想社会，相当于孔子的大同理想，与共产主义理想也一样，都是最高理想。

要实现最高理想，就需要"新民"。新民就是革旧，就是去掉"旧染之污"，清除过去染上的脏东西。在人民中实行去污的工作，也就是移风易俗。《礼记·学记》载："君子如欲化民成俗，其必由学乎。""古之王者，建国君民，教学为先。"《学记》是古代最重要的教育专著。教学就相当于现代的教育。要移风易俗，最好的办法就是发展教育。教育是施仁政的基础。儒家讲富而后教，没有教育，就无法施仁政。因此，统治者非常重视教育，提倡"教学为先"。朱熹所讲的"新民"，就是发展教育，改变民众过去遗留的坏习俗，创建新风尚。这是个漫长的过程，不是一阵子革命所能完成的。

当统治者腐败到不可救药的时候，统治者统治不下去时，被统治者无法忍耐下去的时候，革命就发生了。统治者与被统治者矛盾没有激化的时候，社会上也有矛盾，上下关系也有某种不和谐，这主要是因为当官者未能去掉私心，行政不公平，还有一些制度不完善的问题，需要长期磨合，不断调整，逐渐达到和谐。一般情况下，只需要微调，保持稳定局面，更有利于发展。如果全面腐败，又无法调整，那就需要彻底推翻，这就是革命。如果没有那么严重，就不需要革命。20世纪，天天讲革命，什么都要革命，实际上是滥用了"革命"这个词。在中国历史上讲"革命"的，有周武王推翻殷纣王，武则天建立周朝代替唐朝。所以，"不断革命"的口号，是不恰当的。政府特别腐败时，需要革命；基本安定的社会，就需要协调和谐。如果要构建和谐社会，那就需要改变革命时代的思路，选择有利于和谐的思想路线。我们对待社会，要坚持唯物辩证法，这个辩证法主要是对立统一规律。革命时代强调差异、矛盾、对立、斗争，那是革命的需要。到了建设时期，就要强调统一的方面，重视求同思维。国内要构建和谐社会，两岸关系也要在求同存异的基础上实现统一大业，国际环境也需要反对霸权主义，以和而不同的精神，协调国际关系，创建和平的大环境。在不同的时代，要研究形势，对于具体情况，要作出深刻的分析，这才能从实际出发，作出决策。如果讲辩证唯物主义，只从原则出发，忘了研究现实问题，那么，再好的理论，以前有过成功经验的理论，停止了，僵化了，也会陷入唯心主义形而上学，背离辩证唯物主义基本原理。当然我们强调求同思维的时候，也不能绝对化，也要时常注意具体情况下的矛盾斗争，只是主次要分清。

三、辩证思维

造成心理失衡的原因很多，主要是缺乏生活经验，许多想法脱离实际。这与环境也有关系。例如，一个县城里的姑娘从上小学到中学毕业学习成绩都很优秀，在高考中又是全县状元，在家长、乡亲、老师和同学心目中，是好孩子的典型代表，从来没有受到过批评，一直在表扬声中长大，这也成了习惯。考上名牌大学，又一次受到大家的热烈鼓励，甚至在电视台上接受记者采访，获得企业家的巨额捐助。那种踌躇满志，可想而知。意想不到的是，到了大学，县级状元算什么呀！省级状元还有一大批。别说在学校，就是在一个班里，四十名学生中已排在三十几名。别人写的文章发表了，自己做的作业，老师不给高分，还提了不少意见。这种落差，应该如何对待？这里就有思想方法的问题。差别是绝对的，努力可以进步快一点，不是就会超过别人，因为别人也在努力。想不开，睡不着，学习成绩下降，问题日益严重，最后导致自杀。如果换一种思路：我虽然名列后几名，我还是名牌大学的学生，只要扎实学习，终究能闯出一条自己的路子，走向光辉的未来。首先要相信自己只要努力，不辜负青春年华，就仰不愧于天，俯不愧于地，对得起父母乡亲，对得起老师、同学和朋友，问心无愧。既不懈怠，也不浮躁，踏踏实实地走向自己的目标，实现光辉的理想。拥有现在，就是最大的幸福。珍惜已有，就充满快乐。有机会为人民贡献自己的才华，就是最大的幸运。这样想，思想就平衡了。至于自己排在第几名，不要看得太重，人生就像下棋，不到结局，胜负就未定。即使到了结局，也还有任后人评说的问题。历史上许多不幸者，却是最大的幸运者。董仲舒不得志，写了《士不遇赋》，后来著书立说，名流千古。王充"仕数不耦"，当官不成，回家教学与著述，有名著《论衡》存世。柳宗元改革失败，被一贬再贬，最后到柳州当刺史。他不得志，结果著述很多，成为唐宋八大散文家之一，也成为唐代主要的哲学家。柳州至今有柳侯祠，柳侯公园，后代人一直纪念他。他如果变法成功，也许会当上什么大官，却未必能如此风光，长受后人纪念。据此，我们可以说，只要努力，会有自己的实际贡献。争一时的名利，特别是虚名，意义不大，还浪费很多时间和精力。鲁迅笔下的阿Q只有一种虚的想法，不可能产生实的效果。学习唯物主义辩证法，并且深入体会，会解决心理平衡的问题。如果一个人学习唯物主义辩证法，只是讲给别人听的，写给别人看的，对自己思想没有任何触动，那么，辩证唯物主义在这个人身上也不会产生什么作用。

第十三章
儒学现代化

第一节　什么是现代化

　　关于儒学，容易理解，它是中国历代儒家共同创造的思想，这些思想是非常复杂的，一是根据原始儒家的说法；二是按照历代儒家共同的基本思想。

　　如何理解儒学现代化。工业现代化、农业现代化、科学技术现代化、国防现代化，都是说的使这些行业采用最新的科学技术和管理水平，有比较具体的内容，也容易理解。在文化思想方面的现代化，就难以界定了。在科学技术方面，我们按欧、美的模式作为现代化的标准，没有太大问题。如果文化思想和价值观都按欧、美模式，那就有大问题了。例如美国，实力强大，对外国进行经济制裁或者军事制裁，对国内，从一场飓风水灾，可以看到美国抛弃国内的穷人，一大批穷人死亡，政府不能及时救助，还喜欢指责别国的人权问题。自己的事情做不好，还老想管别人的事，在伊拉克驻军，而本国的灾民难民，却得不到及时救助，这不是什么国际主义精神，这是霸权主义。法国《新观察家》周刊 2008 年 9 月 8 日发表文章说："'卡特里娜'飓风暴露了一个人人为自己的社会的弊端和矛盾。"我们国家的现代化不能处处以美国为标准模式。欧洲与美国不同，但也不是可以成为中国发展的模式。中国的和平崛起，倒是他们应该学习的。于是，关于现代化的问题，就有必要重新探讨。它不是西化、欧化、美化。

现代，是时间的概念，就是现时代的意思。但是，加上化，就不同了，起了性质的变化。化，就是变化的意思。理论上说有两大化：一是空间上的化，一是时间上的化。例如马克思主义中国化，就是说，马克思主义变化成了中国的用而成功的东西。现在有的用"本土化"这个词，就是说外来的思想变成本地的用而成功的思想，这是有普遍性的。马克思主义传到苏联，成了苏联的马克思主义，也就是苏联化了；再传到中国，当然需要中国化。有些教条主义者要坚持苏联化的马克思主义运用于中国，失败是很自然的。中国的传统医学传到韩国，就是中医的韩化，再传到日本，就要日本化，日本化的中医，在日本叫做"和医"即大和民族的医学。同样佛教从印度传到中国，产生了中国佛教，中国佛教传到日本，则成为了日本佛教。

思想在空间的传播有化的特点，思想在时间的传播也有化的特点。这个特点就是不断地现代化。儒家思想从先秦传到汉代，就被汉代儒者现代化了。汉代是中央集权制度，儒学要适应这种社会政治的需要，就要融合先秦各家思想，经过创造，形成新的思想体系，能够适应时代的需要，这叫与时俱进，得到统治者的肯定，登上独尊的宝座，也是用而成功的一例。否则，它就被统治者冷落了。战国后期，韩非认为："儒以文乱法，侠以武犯禁，而人主兼礼之，此所以乱也。夫离法者罪，而诸先生以文学取；犯禁者诛，而群侠以私剑养。"（《韩非子·五蠹》）说儒、侠（墨）违法乱禁，人主对他们礼敬是不适当的。儒学经过汉代新儒家的努力，汉代化即汉代的"现代化"了，得到统治者的推崇。侠不能与时俱进，坚持自己的信念，受到冲击、贬斥。隋唐时代，儒、释、道三教争立，到宋代，朱熹进行综合创新，形成新儒学，符合统治者的需要，在封建社会后期的八百年中成为科举考试的必读书，具有意识形态的作用。宋代新儒学，也是儒学的宋代化。同样道理，儒学在进入现代的 20 世纪，也要现代化，有的人将这种"现代化"叫做"时代化"。从历史长河来看，"时代化"对于那个时代的人来说，也都是"现代化"。我们所讲的现代化，是这个时代的时代化。后代人也只能称为"时代化"。不能在世界历史这样宏观角度考察问题的人容易有时代的局限性和地方的局限性。

什么叫"用而成功"？在工农业上，在科技与国防上，提高生产率就是标准。但是，在文化思想上，以何为标准？理论只要彻底，就能说服群众。能够说服群众，就能掌握群众。掌握群众，就能产生巨大的物质力量。马克思主义中国化后，产生了巨大的力量，战胜日本军国主义，战胜美国支持下的国民党。印度佛教在中国的广泛传播，就证明它已经中国化。中国佛教在日本的广泛传播，也证明中国佛教已经日本化。为什么说日本化的佛教是中国佛教，而不是印度佛教？看那些宗派就知道了。日本佛教的宗派基本上是中国的禅宗，京都著名的寺有金阁寺、银阁寺、泉涌寺、清水寺、东西本愿寺。

金阁寺原名鹿苑寺，银阁寺即东山慈照寺，都是临济宗相同寺派的禅寺。被称为御寺的泉涌寺是弘法大师到中国宋朝学习佛法，回到日本建立的。后来的湛海律师于建长七年（公元 1255 年）按唐玄宗的爱妃杨贵妃的形象雕刻了等身坐像观音菩萨像，称为"杨贵妃观音像"。清水寺是北法相宗的禅寺。东西本愿寺是华严宗的寺院，东本愿寺办一所大学叫大谷大学，西本愿寺办的是龙谷大学。

仙台市的瑞岩寺是禅宗的寺，琵琶湖边的浮御堂是禅宗临济宗大德寺派的建筑。中国佛教禅宗在唐武宗灭佛以后发展起来，势力很大，后分五派：沩仰、临济、曹洞、云门、法眼。这些宗派传到日本，发展很快，多数寺院门外都标明是哪一宗哪一派，多是中国禅宗的。

据说日本京都在第二次世界大战中没有受到美军的轰炸，保留神社寺庙比较多，有3600多处，外国人每天参观游览一处，需要十年时间。有的神社寺庙比较大，多数比较小。京都市中有一条鸭川、鸭川上游有一贺茂桥，东桥头一平方里内有四个寺，西桥头还有几个寺。京都北部有八大神社，大约不到一亩地，是名叫"八大"的很小的神社。

孔子儒学在教育、伦理、政治、文化诸方面对于当今世界还是有价值的。如果孔子儒学已经过时，没有价值了，那么，发达国家的人们，特别是诺贝尔奖获得者，怎么会讲出那样的话呢？

根据以上的各种界定，关于儒学现代化，可以理解为：将传统儒学变化成现代的新儒学，即可以用于现代获得成功的新形态的儒学，或者说，儒学在现实生活中得到群众认可。儒学的具体意义是在不断变化的，而基本精神则是超时空的。要将具体意义和基本精神分开，就需要阐释。经过阐释，才能进行继承，这种继承就是冯友兰说的抽象继承。否则，就是僵化，就是教条主义，任何好经都会被歪曲了。

第二节　儒学已经现代化

我们经常讲弘扬中国传统优秀文化，或者中华民族优秀文化。但一般不明确提儒学，20世纪批儒批孔，给人们留下深刻印象，至今还有不少人"谈儒色变"，一说孔子儒学，就是落后保守的代表，就是过时的历史垃圾。现在许多人在探讨儒学要不要现代化，能不能现代化以及如何现代化的问题。如果是落后保守的，就不要现代化，如果是"过时的历史垃圾"，就不能现代化。无论是不要还是不能，都没有必要探讨如何现代化的问题。我却有另一想法，我认为儒学要现代化，能现代化，而且已经现代化。这是不好理解的说法，需要作一些必要的论证。

在革命时代，在政治实践中，中国共产党提出理论联系实际，提出马克思主义理论要与中国革命实践相结合。参加革命的绝大多数是工人农民。这些工人农民都深受中国传统文化的影响。马克思主义与这些工人农民相结合，实际上就是跟中国传统文化相结合。中国传统文化的核心是儒学，因此，马克思主义就早跟儒学结合了。表面上看，许多人用马克思主义批判儒学，实际上二者是在批判中结合的，俗话说"不打不相识"，当时叫做"批判继承"。没有不继承的批判，也没有不批判的继承。缺乏辩证法思维方法的人，总是绝对化地理解所有问题，否定与肯定也都是绝对的、全盘的。不能理解用马克思主义批判儒学的过程中，马克思主义跟儒学就开始了融合，逐渐实现马克思主义中国化，同时也使儒学逐渐现代化。这两方面是同时进行的，是合在一个过程中的。如果分开来说，我们只说儒学现代化方面，可以看到这样的事实：毛泽东在抗日战争中提出优待俘虏，这是儒学中的仁爱思想的体现。"从群众中来，到群众中去"继承了中国传统的倾听群众意见的民本思想。周恩来倡导的"和平共处五项基本原则"是发扬了儒学中"和而不同"的精神，邓小平的"一国两制"更是中国传统的继承与发展。孔子提出"君子和而不同"，即不同的因素可以和平共处。周代实行封建制，秦代改为郡县制，汉代两制并存，实际上就是最早的"一国两制"，后来清代实行的是一国多制。戴逸教授说："在少数民族地区，设立的行政机构又不一样，实行的是一国多制。比如在西藏设驻藏大臣，在新疆、东北设将军制，在西南地区改土司制为流官制，在蒙古设盟旗制，在维吾尔族地区设伯克制。这都是因地制宜，不把内地的一套全部用到少数民族地区。它们的形式与内容都不一样，但目的都是集中权力使得中央政治便于管理。"① 国民党时代，故宫宫墙内外也是两种截然不同的社会制度。中华人民共和国成立之初，西藏保留当时的农奴制，与全国各地实行社会主义，也是两种社会制度并存的局面。1959 年达赖叛乱，才取消农奴制度。大约两制并存了近十年。毛泽东、周恩来、邓小平的决策，体现了中国的特色，特色在于马克思主义理论融进了中国传统的思想，主要是儒学。有儒学，才有了中国的特色。

与此同时，一批学者也在思想理论界努力做儒学现代化的工作。20 世纪有一批学者长期接受儒学的教化，有比较深厚的儒学功底，然后学习西方文化，有的还到国外留学，有的在东洋日本学习西方文化如徐复观，有的到西洋欧、美诸国学习，也有的学者就在国内学习。在西洋文化流行的时候，到处充满西洋文化的气息，谁也无法隔绝而不受其影响。有识之士开始将自己心灵深处的传统文化与新接受的异质文化进行比较分析，根据自己的理性、悟性，展开激烈的斗争。在斗争中融会贯通，综合创新，形成新的思想体系。有代表性的如梁漱溟的新儒学，冯友兰的新理学，熊十力的新唯识学，贺麟的新心学，张岱年的新唯物论，以及牟宗三等人的新儒学。这些都是在吸取西方文化以后，丰富发展儒学的成果。2005 年 9 月 28 日那天，全球首次联合祭孔。到了 2005 年，在全世界五十多个国家成立了一百多所孔子学院。这些都说明儒学对构建和睦家庭、和谐社会与和平世界具有重要意义。海外兴起"孔子热""汉语热"，都不是孤立的现象。联合国教科文组织在 2005 年首次成为孔子文化节的主办方，并推动全球联合祭孔大典的举行。联合国当然要做对国际有意义的事，孔子儒学的现代意义不言自明。孔子儒学已经让世界感到一种需要，这就是儒学现代化的表现。如何能否定它的现代化呢？

---

① 洪波：《盛世的沉沦——戴逸谈康雍乾历史》，载《中华读书报》，2002 年 3 月 20 日《文史天地》专栏。

第三节 儒学需要继续现代化

现代化是一个过程，不是一锤子买卖。儒学已经现代化，也可以说还在现代化的过程中，现代化是需要长期继续进行的。对于儒学现代化，我们还要做哪些工作，这倒是应该好好研究的。

一、要改变观念

关于辩证法，讲的是对立统一。过去战争年代，为了发动群众起来闹革命，强调矛盾对立的一面，讲斗争是绝对的，认为斗争的结果是一方吃掉一方。结合现实来讲这些原理，有时非常难以论证。例如工业与农业是一对矛盾，能不能共存，如何吃掉对方？现在时代变了，需要安定的环境，和谐的社会，需要强调另一面，强调矛盾统一的一面，这才能实现和谐，才有利于建设事业和实现祖国统一大业。当然我们不能忘记斗争的一面，因为在统一过程中还存在着斗争，有时也很激烈。但是主流应该是统一，是和谐。与此相关的是阶级斗争观念，阶级斗争原理规定一部分群众与另一部分人是阶级敌人，存在不可调和的矛盾。而现在就要将世界上所有的人看做人类的一分子，都是应该尊重的，只当他们犯罪的时候，才由政府按照法律给予处治，其他人都在西方"博爱"和东方"仁爱"范围之内。虽然社会上还存在许多不平等的现象，但是追求平等已经成为社会风气。美国轰炸阿富汗，进攻伊拉克，虐囚事件以及在灾难中抛弃本国穷人，都受到世界舆论的批评。观念改变，最重要的是改变斗争哲学为和谐哲学。

二、要研究实际问题

实际问题很多，先是个人的，再是国内的，最后是国际的，当然也还有人与自然的。先是个人修养的问题，那就是儒家说过的"古之学者为己"，为己之学，为了提高自己的素质而学习。现在许多人是为别人学习，从心理上说是很被动的。因此有弄虚作假、投机取巧的现象，考试舞弊、论文抄袭也时有发生。有的将儒学当做知识来学习，不能转化为自己的思想，虽然也能说一套，却不能用，只是骗人的。首先改造自己，才能改造世界，只有先修身，才能齐家、治国、平天下。

从历史上看，贫富两极分化，社会就不稳定。孔子说："不患贫而患不均。"董仲舒认为"不均"，"有所积重，则有所空虚"（《春秋繁露·度制》）。一些人财富积累多了，另一些人就贫困了。圣人了解一般人的性情，知道乱是怎么产生的，所以就作出规定，使人有贵贱富贫的上下差别，"使富者足以示贵而不至于骄，贫者足以养生而不至于忧，以此为度而调均之，是以财不匮而上下相安，故易治也。"（《度制》）使富的人足以显示自己尊贵而又不至于骄奢，使穷的人足够生活而又不至于忧愁，根据这种原则来进行调均，这样就可以使财富不匮乏而上下可以相安，所以就容易治理。调均的思想应该是指导我们当前经济改革，制定法规的参考。行业垄断，是什么问题？是制度腐败，还是行业腐败？还是部门主要管理干部的腐败？

国际问题也需要研究。现在世界不太平，主要是霸权主义和恐怖主义，恐怖主义是霸权主义逼出来的，这是"优胜劣汰"传统观念的负面作用。它的正面作用是重视竞争，提高社会活力，促进科学发展。为了协调国际关系，需要儒学的补充。"和而不同"，"己所不欲，勿施于人"，这里有反对霸权主义的内容，也反对充当奴隶，不欺侮别人，也不允许别人欺侮。我们强大的时候，像郑和下西洋的时候，明朝国家实力可以将沿途国家变成中国的殖民地，却没有这么做，就是儒学的和平主义表现。后来落后，各国列强入侵，特别是抗战时期与日本军国主义的搏斗，充分体现了中国人不屈服的品格。如果世界各国都能接受儒学，那么，强者不称霸，弱者不服霸，天下就太平了。如果哪个强者想称霸，那么弱者就会联合起来，共同抗击强者。世界上有许多问题不好解决，如果儒学弘扬起来，也许会好一些。在中国历史上的动乱，往往是经济不平衡引起的。经济不平衡是由于政治腐败加上自然灾害形成的。因此，国内最需要的是儒学的调均思想，消除腐败，防治灾害。国际上主要需要和而不同。欧洲有识之士寄厚望于中国的儒学，联合国教科文组织出面推动全球祭孔，全世界各国争相成立孔子学院，这些都不是偶然的事件。

当今世界存在什么问题呢？主要的问题就是不安定。从美国发生"9·11"灾难以后，世界各地恐怖事件此起彼伏，不断地发生惨案。分析世界形势，主要问题是贫富不均衡，关系不协调。以众暴寡，以强凌弱，以富欺贫，以智诈愚的现象不断发生。特别是超级大国的霸权主义，促使矛盾激化，引起恐怖事件。霸权国家又想以霸权实力消灭恐怖主义，其结果只能激起更多的恐怖事件发生。这叫"火上浇油"，只能使反抗之火燃烧得更旺。同时也会使自己众叛亲离，孤立无援，陷入困境。现在如何解决这些复杂的世界性的霸权主义与恐怖主义的问题呢？首先要探讨问题的原因。

董仲舒说："大富则骄，大贫则忧，忧则为盗，骄则为暴，此众人之情也。圣者则于众人之情，见乱之所从生，故其制人道而差上下也……今世弃其度制，而各从其欲，欲无所穷，而欲得自恣，其势无极，大人病不足于上，而小民羸瘠于下，则富者愈贪利而不肯为义，贫者日犯禁而不可得止，是世之所以难治也。"（《春秋繁露·度制》）这段文字的大意是：太富就骄横，太穷就忧愁，忧愁无法解决，只好当强盗，骄横就残暴。这是一般人的心态。圣人从群众的情绪，知道乱是怎么产生的，因此就制定人的等级差别，并用制度加以限制。现在社会抛弃各种限制，顺从自己的欲望，自由发展，欲望是无穷的，发展的趋势是没有极限的。这样一来，上头富人不满足，下头平民更穷困。富裕的人越贪利又越不肯施舍，贫贱的人每天违犯禁令又无法制止。这样，社会就很难治理了。一边富者搞霸权主义，一边贫者被迫搞恐怖主义。天下不太平了，人民生活也就不安全了。董仲舒讲的调均就是防止贫富差距扩大，因为贫富差距扩大是社会不稳定的重要原因。

孔子说："君子和而不同，小人同而不和。"（《论语·子路篇》）和而不同这个原则，对于个人、团体、国家，都是适用的。我们中国现在说的永远不称霸，现在所提倡的和平共处五项基本原则，是

"和而不同"思想的继承和发展。对于强者来说，要承认差别，要尊重别人的价值观，还应该保护并帮助弱者。对于弱者来说，要坚持自己的立场，不屈服于经济制裁和武力威胁，敢于坚持真理，敢于斗争。如果强者接受儒学教育，奉行和而不同，尊重别人，"己所不欲，勿施于人"，那么就会得到其他人的尊重和崇敬，就会自然成为大家拥护的中心。强者如果实行霸权主义，欺负弱者，那么弱者就要联合起来，共同反抗强暴，使强者不能为所欲为。在这样的情况下，才会有所谓的正义、平等、自由、博爱。如果强者以"优胜劣汰"观念对待弱者，认为弱者就是属于应该淘汰的对象，残暴地奴役弱者，如果弱者没有反抗精神，心甘情愿地挨打受辱，充当强者的奴隶，那么，这个社会就成为强者的天堂，弱者的地狱。在这"弱肉强食"的社会，就不可能有什么正义、平等、自由、博爱。有，也是假的，是骗人的。在这种意义上，"和而不同"与正义、平等、自由、博爱是相通的。

第四节　儒家重要遗址

孔庙：山东曲阜有孔庙，主体建筑是大成殿，殿中有最大的主神是大圣人孔子，旁边是四配：复圣颜渊、宗圣曾参、述圣子思、亚圣孟子。前两名都是孔子弟子，子思是孔子的孙子、曾子的弟子，孟子则是子思弟子的弟子，算是后学。圣人包括孔孟颜曾四大家族。殿内两侧排列十二哲，前十一名都是孔子的弟子，最后一位是朱熹，那是宋代大儒。孟子入四配，朱熹入十二哲，都是有特殊贡献的儒家。殿前两庑供奉历代儒家，从春秋战国到清代，其中包括荀子、董仲舒、王弼、韩愈、王安石、陆九渊、王阳明、王夫之等历代名儒。

孔庙中孔子是长存的，其他人的地位不断改变。宋代，王安石曾为四配之一。明代孟子曾经被赶出过，因为他说民贵君轻。朱元璋当皇帝时认为不应供奉他。后来又被请进去。皇帝的权威也顶不住。荀子讲性恶，与孟子性善论对立，也被请出过。

殿前有一排浮雕龙柱，后有青石线雕八棱龙柱，这是北京故宫博物院所没有的。据说皇帝来朝圣时，还要用黄布将龙柱包起来，免得皇帝因"唯我独尊"的心态产生嫉妒心理。殿前有一片碑林，是历代皇帝所立，最大的两块石碑：一是元代立的；一是清代康熙皇帝立的，都是少数民族入主中原时立的。这也可以说明孔子儒学受到汉族以外的民族的崇拜，说明儒学的包容性，而不是排他的。这就是和而不同。各民族友好相处，才能形成多民族的统一大国，直到现在中国还是继承这一传统。

孔林：孔子及子孙后代的墓。孔子死后，弟子守墓三年，子贡经商在外，回来晚了，他以守墓六年来作为弥补。现有他守墓的小房，还有他用以雕刻孔子像的楷木树干。孔子墓前不远，有儿子孔鲤的墓与孙子孔伋（子思）的墓。

孔府：北宋仁宗朝圣时封孔子46代孙也宗愿为"衍圣公"，孙弘以后历代相袭。孔府就是历代孔子嫡孙衍圣公的住宅。孔府也称衍圣公府，大门口两边对联是："与国咸休安富尊荣公府第，同天并老文章道德圣人家。"富字上面没有点，意为富贵无头。章字中间一竖向上伸到日中，意为文章通天。

四孟：孟庙（亚圣庙）、孟林、孟府、孟母林。孟子出生在四月初二，这是孟母成为母亲的日子。孟母三迁，断机教子，"母仪天下"。李汉秋、骆承烈、王殿卿等学者参加策划，以此日为中华母亲节。一批学者这一天（2007年5月18日阴历四月初二）在孟子出生地山东省曲阜市小雪镇凫村举行首届中华母亲节庆祝大典及纪念孟子诞辰2379年的祭祀活动。我作为组委会主任，在会上致词，讲了三点意见：一是同意定四月初二为母亲节，因为当地村民长期以来都是在这一天纪念孟子，已经约定俗成。二是东西方文化各有优长，既不要搞狭隘的民族主义，也不要崇洋媚外。既要保存本国的优秀传统，也要吸纳外国的优秀文化。三是组织者安排发言有眼光，能针对社会上对母亲节的反响，让专家学者作出回答，表达会议的总体精神。会后，又到孟母林举行祭祀活动。

三孔与颜庙就在曲阜。四孟在孟子家乡邹县。曾庙在曾子的家乡嘉祥县。这一学派的重要人物多在山东，古代是鲁国。有的称邹鲁文化，有的说齐鲁文化。曾庙，又叫宗圣庙，东西两门有"一贯心传"和"三省自治"。正殿是曾宪梓题"宗圣殿"，殿内有神像：曾子居中，东有子思坐像，西有孟子坐像。东有配殿"三省堂"，西有配殿是先贤曾点。此外，还有万历碑、乾隆曾子赞碑等。总之，山东是儒家文化的重要基地。

全国有许多孔庙和文庙，重要的有浙江衢州南宗孔氏家庙，泉州孔庙、德阳孔庙。我国台湾每一县都有孔庙或文庙，2006年参加祭孔的有台北孔庙与台南孔庙。日本、韩国也有许多孔庙。我参观过日本孔庙，庙不大，非常干净，进门要脱鞋。韩国孔庙也不大，但是很肃穆，有的韩国教授进门就下拜，五体投地。研究孔庙，可以形成孔庙学。还有一个叫文昌帝君，不是孔子，而是四川一个姓张名亚子，事晋有功，元朝仁宗延佑三年曾封为"辅文开化文昌司禄宏仁帝君"。道家谓玉帝命梓潼掌文昌府及人间功名、禄位事，因此称为梓潼帝君。

第五节　关于孔子标准像

孔子的标准像，我没有看到过。到底孔子像的标准是什么，我也不知道。孔子是两千多年前的文化名人，大圣人，即使在汉代独尊儒术的时候，也没有给孔子画个标准像。现代人如何画得出标准像呢？

一千年前的唐代画家吴道子画孔子像虽然不一定符合孔子形象，它毕竟已经一千多年，得到孔庙保存、认可，还是有一定的权威性。一千年后的现代人再画一个孔子像，就比一千年前的吴道子画的孔子像更标准，这可能吗？吴道子画的就可靠吗？也难说。我在曲阜孔庙看到的吴道子画的孔子像，被很多出版物所翻印，甚为流行。但是，最近我到浙江衢州南孔庙看到另一幅孔子像，也署吴道子的大名，却很不相同。上面题目是《先圣遗像》，字体是篆字；曲阜的孔子像上的题目却是《先师孔子行教像》，字体是楷书。另有十六字是："德侔天地，道贯古今，删述六经，垂宪万世。"这十六字的字体和在两画的位置，也不相同。南孔一幅这十六字在"先圣遗像"下，是篆字；曲阜一幅这十六字在右边，是楷体字。南孔一幅没有署名；而曲阜一幅则在右边画内，下方有吴道子署名并有方形印章。南孔一幅画内无字，画外右边有一行小字："扈跸南渡四十七世孙兵部尚书传 四十八世袭封衍圣公端友敬立。"曲阜一幅没有这一行字。从脸孔看，南孔一幅略胖，眼睛大而圆；曲阜一幅，眼睛窄而细。从手势看，南孔一幅，左手掌向上，右手放在左手上，掌心向下；曲阜一幅，两手掌心向内，左手在里，右手在外。从服装上看，南孔一幅比较简单；曲阜一幅在衣领和袖缘上有花纹，左边有一文明杖或剑。再细看，还有许多差别。一般地说，吴道子画孔子像，只画一幅，不会画两幅相似的。因此，这两幅画应该有真假之分。

孔端友南渡时带走两件传世家珍。作为衍圣公的孔端友，逃难时带走的应该是真品。《先圣遗像》是其一，另一是楷木圣像，是子贡服丧六年，用孔林中的楷木雕刻的孔子像与亓官氏像。如果这是子贡所刻，应该是比较正确反映孔子的基本形象。子贡所刻的孔子像，耳朵特别大，比南孔《先圣遗像》中孔子像的还要大，而曲阜的孔子像耳朵最小。楷木圣像中手势与前两画都不一样，是左手放在右手上，掌心相对。最大的区别是，两画头上都是系着布巾，而楷木圣像上，头顶戴着帽子，帽沿还缀有两排小珠，身旁没有佩物，也是很明显的差异。《先圣遗像》上胡子是三缕，而两画上的胡子都是一大片络腮胡子。离开子贡的楷木雕像和唐代的画像，我们现在要设计出一种孔子的标准像，根据什么呢？汤恩佳先生给大学赠送二百尊孔子铜像，标准不标准呢？如果不符合标准像，那该怎么办呢？拆除重铸，还是继续保留？

我们如果给孔子作出一个标准像，那就是说别人画的孔子像或者塑的孔子像，都是不标准的。不但有汤恩佳先生赠送的孔子铜像，还有美国华人街的孔子像，德国和许多其他国家都有孔子像，怎么能统一到标准像上。我以为搞孔子标准像，是不可能的，也没有必要。现在大家认可的吴道子画的孔子像，就在约定俗成中成为标准像。这个版权是吴道子的，谁也垄断不得。如果想通过垄断孔子标准像来谋取私利，那就有违孔子心志，不合儒学大义，必将损害孔子形象。圣人像会不会被人乱画乱塑，有损形象？我以为这种担心是多余的。现实是世界上有那么多孔子像，哪一个是乱画乱塑的？塑一个铜像需要十多万元人民币，哪能胡乱来？画像、塑像都是出于尊崇，怎么可能乱画乱塑。

附　录

标准与谎言

张丰乾

最近孔子基金会"发布"了"孔子标准像"，引起了很大的争议。基金会辩称，"发布""孔子标准像"不是商业行为，而是为了给"文化传播和交流提供统一载体"。其实这样的辩白有"此地无银"的嫌疑。自古以来，"文化传播和交流"就离不开商业活动，商业和文化本来也不是截然对立的，以商业为目的贩卖粗制滥造的文化产品和以文化为幌子谋求不正当的商业利益才是需要谴责的。

我想最主要的争议还是在于"标准"。"标准"具有唯一性或排他性以及稳定性或持续性。孔子基金会为孔子塑像本来无可非议，尤其在孔子故里，也是必要。问题在于"标准"的依据在哪里，其他的机构（比如国际儒学联合会或者中华孔子学会）、其他的地方（比如我国香港和新加坡）为孔子塑像，难道就"不标准"吗？事实上，已经存在那么多的孔子塑像，可以说遍布世界各地的华人聚集区，难道那些塑像都不标准吗？基金会的负责人解释说孔子的标准像来自唐代著名画家吴道子的"孔子行教图"。吴道子的画非常著名，但吴道子并非儒家学者，也不是孔子后裔，更没有"圣人故里"的籍贯，而仅仅是因为他的艺术水准"穷丹青之妙"，后世公认"天纵其能，独步当世"。吴道子更有影响的画其实是和佛教、道教以及民间鬼神信仰等题材有关。吴道子的"先师孔子行教像"被广泛接受也不是因为它的"标准"，而是它成功塑造了孔子学而不厌，诲人不倦的形象，栩栩如生。

既然是塑像，就需要从艺术的标准去要求。既然是历史人物的塑像，就需要接受历史的选择和考验。基金会的负责人还说现在国内出现了很多"神化"和"丑化"孔子形象的塑像，所以需要"标准像"，这也是似是而非的理由。历史上孔子的形象本来就形形色色，即使是画圣吴道子的"先师孔子行教像"也不是一家独尊。根据个人粗浅的观察，基金会"发布"的"标准像"失掉了吴道子画像所塑造的孔子渊博而和悦、认真投入而循循善诱的导师形象，是不是"矮化"了孔子的形象呢？

有趣的是，名居世界大学之冠的哈佛大学校园里有一个哈佛的雕像，哪怕是路过哈佛校园的人，也要在这个塑像前面留影，更有人去摩挲哈佛塑像的左脚，认为这样可以带来好运。这个雕像成了游览哈佛校园必看的"景点"。哈佛大学设立了专门的办公室，安排学生担任校园导游。但是，学校的官方网页上说明关于哈佛雕像，你可以了解到，这个雕像由三个谎言组成。

所谓的"三个谎言"，和哈佛雕像底座正面镌刻的三条信息有关。三条信息分别是："约翰·哈佛，创办者，1638"，乍看起来，的确会以为这是哈佛本人的雕像，是他在 1638 年创办了哈佛大学。这些都是和历史事实不符合的。哈佛大学创立于 1636 年，是当时的马萨诸塞湾殖民地总议会决定设立的第一个教育机构，最初叫学校还是学院都没有确定。约翰·哈佛是它的第一位捐助者，哈佛所捐助的是他的近四千册的私人藏书和一半的遗产（数目不是很大）。1638 年是哈佛去世的时间。1639 年，马萨诸塞湾殖民地总议会决定把他们设立的第一个教育机构命名为"哈佛学院"，1780 年正式更名为"哈佛大学"。尽管今日有"先有哈佛，后有美国"以及"哈佛帝国"的说法，但是，约翰·哈佛并不是哈佛大学的创办者。而那个最吸引游客的"约翰·哈佛"的雕像，完成于 1884 年，也不是那位约翰·哈佛本人的形象，而是被雕塑家随机找来的模特。

其实哈佛雕像的作者丹尼尔·弗兰克（Daniel C. French）是 19 至 20 世纪美国著名的雕塑家，他最著名的作品是林肯的坐像以及林肯纪念堂的设计。他也不是要故意欺瞒世人，而是当时已经找不到可信的约翰·哈佛本人的图像。所以，关于哈佛雕像的谎言，其实是误解。吴道子的"先师孔子行教像"也一样，那不是孔子本人，而是关于孔子教学神态的"画像"。画像和雕像本来就是一种纪念和象征，即使有本人可靠的图像作依据，最基本的要求也是"神似"而不是"形似"。

哈佛大学"宣传"说，关于哈佛雕像，有三个谎言，这不仅没有"神化"或"丑化"它的名声，也不妨碍人们对约翰·哈佛的怀念，反而增加了世人津津乐道的掌故。哈佛去世两百多年以后，他的真实形象已经湮没在历史的尘埃中，但是，哈佛大学的名声越来越响亮——这样的名声不是金钱堆积出来的，更不是某一个机构或个人"发布"的，而是三百七十年来持续不懈地对学术、对真理的追求。

孔子的伟大根本不在于有什么"标准像"，有关孔子思想的传播更不需要什么统一的媒介。时至今日，无论以孔子冠名的机构多么庞大，研究孔子的学者多么权威，以及孔子的"老乡"多么热忱，包括孔子的后裔多么直系，都没人说自己有资格"发布"一个孔子的"标准像"。这些人集合起来，也没有资格这么说。孔子的塑像是受欢迎的，是可以接受的，但是，孔子去世两千四百多年以后，有人大张旗鼓地"发布""孔子标准像"，实在匪夷所思，远不如"三个谎言的雕塑"有趣。